JOSEPH MESSINGER

Joseph Messinger, écrivain et psychologue, est spécialiste du langage non verbal. Il est l'auteur, à ce jour, de dix-sept ouvrages sur le décryptage des gestes. Son best-seller, *Ces gestes qui vous trahissent* (First, 2005), s'est vendu à plus de 200 000 exemplaires.

Ces gestes qui vous séduisent

Joseph Messinger

Ces gestes qui vous séduisent

FIRST ÉDITIONS

Le papier de cet ouvrage est composé de fibres naturelles, renouvelables, recyclables et fabriquées à partir de bois provenant de forêts plantées et cultivées durablement pour la fabrication du papier.

ISBN 978-2-266-16135-0

Sommaire

Avertissement

Plus qu'un ouvrage pratique de référence, ce livre vous convie à vous initier à la compréhension des codes de séduction. Il est doublé d'une **véritable méthode d'apprentissage** des subtilités de la parade amoureuse à destination de tous mes lecteurs des deux sexes. J'ai cependant voulu privilégier mes lectrices pour changer l'orientation coutumière dans ce type d'ouvrage. Il est vrai qu'on y parle plus volontiers des frasques des séducteurs que des séductrices. Le masculin est fortement valorisé côté jardin, le féminin largement connoté du mauvais côté, c'est-à-dire côté cour. Pourquoi les femmes n'auraient-elles que le droit de subir ou de se soumettre ?

Le passage à l'acte en version féminine ne se compare pas à celui du séducteur. La femme n'est pas l'homme et les règles qui régissent ses conduites amoureuses ne reposent pas sur les mêmes critères. Chez la séductrice, tout est dans la discrétion du geste, la subtilité des postures, la finesse des micromessages non verbaux auxquels elle doit se plier, comme le danseur classique intègre les attitudes corporelles imposées par le scénario du ballet qu'il interprète. En cette matière, comme en bien d'autres, la spontanéité est une légende qui a la vie dure. Il ne faut pas chasser le naturel mais lui offrir un écrin gestuel qui sera en harmonie avec la personnalité de la séductrice.

Voilà, en quelques mots, l'objectif ambitieux de ce livre.

Prologue

Le corps humain se compose d'un squelette de 208 os représentant un poids total de 9 kg, environ. Plus de 600 muscles qui le composent représentent un peu moins de 45 % de son poids total. Le système sanguin contient de 5 à 7 litres de sang suivant les individus, actionné par un cœur qui accomplit un effort tout au long d'une vie lui permettant de projeter un poids d'une tonne à une distance de 250 km dans l'espace. Le système nerveux est dominé par un cerveau en comparaison duquel le plus puissant ordinateur au monde est une machine antédiluvienne. Les poumons traitent 15 m^3 d'air par jour. Le corps dispose en outre d'un système de refroidissement comportant deux à trois millions de glandes sudoripares. Le système d'alimentation dispose d'un canal alimentaire long de 8 mètres qui permet de convertir plus de 50 tonnes de nourriture en l'espace d'une vie. Les reins sont en mesure de filtrer 200 litres de liquide par jour. Sans compter 1,5 m^2 de peau pour recouvrir le tout.

Le corps humain dispose enfin d'un système de reproduction propre à repeupler la planète mais dont les Hommes se servent pour séduire et érotiser leurs rapports mutuels, une conduite humainement animale qui est l'objet de ce livre.

Joseph MESSINGER

Première partie

Chapitre 1

Le besoin de plaire

Quand on veut plaire, il faut apprendre à séduire.

Au début des années 80, j'ai travaillé à l'élaboration d'un doctorat collectif au sein de la faculté de criminologie de la VUB (Université néerlandophone de Bruxelles). Le sujet portait sur la prostitution. J'étais responsable du terrain, je travaillais en sous-marin, pour ainsi dire. Pour être accepté dans ce milieu interlope et très fermé que les belles de nuit appellent les « caves », je me suis présenté comme un vendeur ambulant de vêtements de travail à destination du milieu des bars montants, ces maisons closes à la belge. Ce sont généralement des bistros implantés au bord des routes nationales, illuminés de néons mauve fluo avec une large vitrine, où s'exposent les demoiselles de garde. Ces bars ne ferment jamais. Les jeunes femmes et les moins jeunes qui y reçoivent le client font les 2/12. On était loin des 35 heures à l'époque ! Durant deux années de ma vie, j'ai observé ce milieu de l'intérieur. J'y ai rencontré des proxénètes, des voyous, des pervers de tous ordres qui parlaient de leurs perversions sexuelles comme s'il s'agissait de diplômes certifiés conformes à l'image qu'ils se faisaient de la sexualité. J'ai aussi interrogé plus de 700 prostituées originaires de tous les coins du monde. On peut dire que j'ai baigné dans la séduction sonnante et trébuchante qui n'est pas très différente de celle qu'on peut observer en été sur les plages ou dans les discothèques. Mais l'observation la plus remarquable que j'ai pu faire à cette époque concernait les techniques d'approche des proxénètes en chasse. Car ces messieurs ont une qualité hors du commun, quels que soient leur look, leur âge, leur QI ou la taille de leur instrument de travail, ce sont de vrais chasseurs de têtes. Des têtes si possible féminines et prêtes à tout sacrifier, famille et amis, métier, passé, pour conserver l'amour de leur « mec ». Je croyais naïvement que ces femmes appartenaient à une infime minorité, j'étais dans l'erreur. Le pouvoir de séduction d'un proxénète de bon niveau est tellement efficace qu'il peut « recruter » dans n'importe quel milieu des femmes qu'il parviendra à prostituer au bout du compte, que ce soit sur le trottoir ou dans des books d'agences spécialisées.

À force de fréquenter certains proxénètes, j'ai fini par recueillir des confidences, car ces messieurs aiment se vanter de leurs exploits. L'un d'entre eux, nous l'appellerons Xav', était un garçon de 27 ans formé au métier par son frère aîné. Une affaire de famille comme dans tous les secteurs d'activité.

Xav' était marié avec une « bourgeoise » qui ignorait totalement comment il gagnait sa vie. Il lui avait dit qu'il était représentant d'une marque d'alcool et se baladait avec une tonne de documentation dans un attaché case, pour donner le change à tout curieux qui s'intéresserait à lui d'un peu trop près. Papa de deux enfants en bas âge, Xav' quittait la banlieue de Paris en début de semaine pour aller faire ses tournées... en Belgique où il passait récolter les profits de huit prostituées dont il était le souteneur. Toutes étaient ses maîtresses attitrées. Certaines se connaissaient mais demeuraient inéluctablement amoureuses de leur Xav'. Vous l'auriez vu, vous lui auriez donné le Bon Dieu sans confession. Un garçon adorable, bien baraqué mais sans excès, habillé comme un VRP de bonne maison, s'exprimant avec une certaine recherche, avec un BTS action commerciale en poche. Il avait l'air de tout sauf de ce qu'il était. Pas cynique pour deux sous, il assurait la protection de ses « employées » et leur « servait la soupe » quand elles lui réclamaient des câlins. J'ai vu beaucoup de séducteurs depuis lors, mais peu d'entre eux arrivaient à la cheville de Xav'.

Pour vous donner une idée de ses talents, je vous livre une anecdote que j'ai vécue en sa compagnie et qui est restée imprimée dans ma mémoire. Je l'ai vu emballer une jeune femme accompagnée dans un restaurant où nous dînions.

Nous conversions de choses et d'autres, mais Xav' avait fixé son regard sur une jeune femme accompagnée, assise à deux tables de la nôtre. Le restaurant était bondé. « Je t'écoute, me rassure-t-il, tout en continuant son manège. » Je n'ose pas me retourner pour voir la personne qu'il observe avec tant d'acuité et sans le moindre souci d'un possible esclandre avec son compagnon. Il l'avait repérée du coin de l'œil et s'était arrangé pour qu'elle s'en rende compte. Son ami était de dos. Il ne pouvait voir le manège de Xav'. Mon proxénète a observé la jeune femme un long moment tout en me parlant, quand soudain il s'est levé de table en opérant un mouvement roulant des yeux en direction du fond de la salle. Faisant un détour par la table de la jeune femme, il est parti en direction des toilettes. Vous n'allez pas me croire, elle s'est levée quelques secondes après pour se diriger à son tour vers le fond de la salle. Xav' est réapparu au bout de deux ou trois minutes, avec une lumière de diablotin dans le regard. Trente secondes après, la jeune femme regagnait sa table en souriant amoureusement à son compagnon.

« Tu ne l'as pas... ? » Il secoua négativement la tête en mettant un index sur ses lèvres.

Il m'a raconté le fin mot dans la voiture. Elle l'a rejoint dans les toilettes des hommes. Il l'a enlacée sans un mot et l'a embrassée sur la bouche. Il a fait mine de vouloir la prendre debout contre le mur. Elle était consentante. Mais il a calmé le jeu en lui glissant le numéro de téléphone de son hôtel et une heure particulière pour le toucher le lendemain soir. Elle a rappelé, évidemment. Je crois bien que je lui enviais cette capacité de séduire toutes les femmes. Et puis, j'ai compris ce qui les attirait chez Xav'. Elles devaient pressentir qu'il n'était pas un séducteur de bistro mais une sorte de voyou hors normes. Il est vrai qu'il émanait de sa personne, de son regard et des traits de son visage une assurance mêlée d'un charme provocateur qu'on ne trouve que chez ceux qui n'ont peur de rien ni de personne. C'était son cas ! La bravoure, même si elle n'est qu'annoncée, demeure le meilleur moyen de séduire une jolie femme. Bravoure, audace, culot, témérité, quelle importance ! Les femmes aiment les hommes qui n'ont pas froid aux yeux. Voyez, tout au long de l'Histoire, tous ces bandits au grand cœur qui séduisent encore les lectrices romanesques de nos jours.

A priori, le besoin de plaire se conjugue au féminin. L'homme préfère séduire. Orgueil, vanité, prétention sont les attributs que la femme juge insupportable chez son compagnon. L'excessive fierté des mâles, hommes ou bêtes, n'est pas qu'un mythe. L'œnanthe leucura, un petit oiseau noir à queue blanche, originaire du sud-ouest de l'Europe, peut transporter à la saison des amours jusqu'à dix kilos de pierres, uniquement pour impressionner la femelle qu'il convoite. Le volatile en question pèse quarante grammes.

Il n'existe pas de besoin de séduire, mais en revanche, il existe bien un besoin de plaire, d'amadouer l'agressivité primaire, animale que chaque être humain véhicule dans ses conduites primitives. Les fleurs se parent de couleurs attrayantes pour attirer les abeilles (leur plaire), le chien qui lèche la main de son maître, le chat qui se frotte aux jambes de sa maîtresse ; tous les animaux domestiqués par l'Homme expriment ce besoin de plaire pour désamorcer une conduite de destruction toujours possible. Par extension, ce besoin de plaire a été assimilé à une conduite de soumission par certains psychologues, une conduite d'apaisement par d'autres. Mais qu'en est-il ?

Quand vous souriez à une personne qui vous aborde dans la rue pour vous demander son chemin, vous ne faites rien d'autre que de dresser une barrière contre l'agressivité supposée de l'inconnu(e). En revanche, si vous êtes une femme et que vous souriez à un inconnu qui vous observe du coin de l'œil, votre sourire ne sera pas interprété comme émanant d'un quelconque besoin de plaire mais comme une invitation à faire connaissance, donc une conduite de séduction. Dans l'autre sens, l'homme assis à une terrasse de bistro et qui sourit à une consommatrice installée à la table voisine sera considéré comme un *vulgum pecus* si son apparence déplaît à la dame. Le message véhiculé par son sourire est identifié comme étant l'ébauche d'une entreprise de séduction.

Faut-il plaire avant de pouvoir séduire ? Si c'était vrai, la plupart des entreprises de séduction seraient vouées à l'échec. Heureusement que ce n'est pas le cas !

A priori, le besoin de plaire correspond au besoin de **se plaire** dans le regard de l'autre. La séduction ne serait qu'un moyen utilisé par le Moi pour évaluer son impact séducteur ? Les tout-petits en âge de communiquer ne font rien d'autre, ils séduisent pour conserver la cote d'amour de leurs parents. Et bien avant cette période, le nourrisson abuse de ses sourires et de ses babillages pour la même raison : attirer l'attention.

On peut considérer la séduction comme un jeu. Elle ne l'est que partiellement. La séduction est, en réalité, la première des conduites de préservation du Moi au sein de la société. C'est dire son importance ! Le fan qui décore sa chambre d'une multitude de posters représentant son idole ne cherche qu'à s'imprégner de la personnalité mythique de celle-ci pour arriver à s'accepter ou, en d'autres termes, à se plaire par procuration. Il s'identifie à son modèle, si le fan et l'idole sont du même sexe, ou idéalise son idole comme une sorte de père amant idéal, si le fan est de sexe opposé.

Selon les psychologues américains qui ont inventé un test, *The Mach Scale*, pour mesurer le degré de manipulation dans les relations interpersonnelles, il s'avère que les hommes se montrent plus machiavéliques que les femmes, contrairement aux croyances populaires. Les séductrices qui se servent de l'écran (petit ou grand) pour séduire le public ne sont que des images virtuelles (des projections fantasmatiques) de l'inconscient collectif. Ces mêmes actrices redeviennent des femmes au comportement conventionnel en privé. Elles aiment plaire et laissent la séduction active à celles qui exercent le plus vieux métier du monde. Et même ces dernières redeviennent de bonnes petites bourgeoises quand elles quittent le trottoir ou leur cabinet de relaxation pour se mêler à l'anonymat de la foule. On ne cherche pas à séduire sans raison, que cette dernière soit professionnelle, libidinale ou affective.

Il faut bien reconnaître que « le cul et les écus » ont de tout temps été les seules valeurs qui ont mené les hommes par le bout du nez et justifié des actions aussi sublimes que tragiques, aussi généreuses que démoniaques. Ils sont indissociables dans la mesure où le sexe est le carburant du plaisir et l'argent, le marchepied du pouvoir. Or, existe-t-il un plaisir plus orgasmique que de posséder le pouvoir qui attire inéluctablement le sexe et, parfois, l'argent ?

Oui ! Le pouvoir de séduire qui est le pouvoir de l'alchimiste moderne !

« La première femme que j'ai séduite avait 25 ans. Je venais d'avoir 15 ans, me confie Gilbert. Elle m'a emmené dans un petit hôtel pour me déguster à la petite cuiller. J'étais fou d'elle, mais elle était mariée à une sorte de PDG. On s'est endormis, épuisés par notre fringale sexuelle. Quand je me suis réveillé, le lendemain matin, elle avait disparu. J'ai bien cherché à la retrouver pendant quelques jours. Peine perdue, elle devait être de passage à Nice. Pour les vacances, sans doute ! Elle m'a marqué au fer rouge. Depuis, je n'ai jamais pu séduire une femme plus jeune que moi ou de mon âge. Je suis inévitablement attiré par les femmes d'âge mûr, dans la quarantaine, tu vois ? »

À l'époque où Gilbert m'a fait cette confession, il avait à peine 30 ans. Il était propriétaire d'une petite boutique de prêt-à-porter visant la clientèle des femmes de 40 ans. L'arrière-boutique avait été décorée comme une chambre de lupanar. Des miroirs au plafond, sur les murs, sur la porte et un lit immense au milieu de la pièce.

« Tu l'utilises souvent ? » Ma question lui arrache un sourire.

« Non ! avec les années je suis devenu très difficile. Je drague, mais je consomme de moins en moins.

– La peur du sida ? – Peut-être ! »

On n'a jamais autant écrit sur le sexe et tout ce qui s'y rapporte directement ou indirectement. Comme si la peur des MST avait besoin d'être exorcisée grâce à des kilomètres de phrases asexuées mises bout à bout et une théorie de livres aussi pervers que les songes érotiques de scientifiques puceaux. L'homme peut-il envisager son existence sans recourir au plaisir charnel et à son préalable incontournable : la séduction, sans consommer *intra* ou *extra muros* ? L'homme ou la femme, s'entend ! Le sexe est, reste et demeure le premier sujet de préoccupation de notre société, bien avant l'argent, le pouvoir ou la violence qui n'en sont que des déclinaisons objectales, par ailleurs.

Pourquoi le sexe est-il aussi essentiel ? Parce qu'il est le seul moyen naturel dont disposent les hommes pour se protéger contre l'angoisse de la mort. Et tels les soldats qui montent en première ligne pour défendre la patrie en danger au péril de leur vie, l'homme use et abuse de sa sexualité, affronte le danger de la séropositivité, donc de la mort à terme, pour ne pas mourir de peur.

Les religions ne diabolisent pas la sexualité sans y trouver leur compte. Si l'homme parvient à écarter le danger permanent entretenu par cette angoisse morbide en recourant à sa sexualité, il est moins enclin à demander aide et protection à l'autorité insondable de la prière et de la pénitence. D'où la condamnation, virulente et sans appel, des jeux de séduction qui détournent les brebis innocentes de la Foi.

Dieu (celui qui nous a inventés et non celui qu'*ils* ont inventé) a-t-il péché par omission, comme les caméras de télévision ? En créant l'homme et son sexe, la femme et le sien, Il devait bien se douter de l'utilisation multiple qu'en feraient ses créatures. Car, en offrant à l'homme et à la femme des sexes complémentaires, il semblait évident qu'ils en feraient un meilleur usage que celui de perpétuer l'espèce humaine. La sexualité est une fête, un sujet de conversation intarissable, un objet d'humour inégalé, la clef universelle du mieux-être et le meilleur moyen de monter au paradis de son vivant. Et cette sexualité est indissociable de la séduction qui en constitue la prémice obligée.

Nous sommes tous à la poursuite de l'orgasme, de ce moment d'extase et d'oubli dont le ressort se situe au centre de gravité de nos plaisirs charnels, même si l'orgasme n'est pas le seul bénéfice de la relation amoureuse. Heureusement pour les uns ou malheureusement pour les autres, nous sommes également tous différents dans notre fonctionnement libidinal, même si nous sommes les mêmes en apparence. Notre sexualité n'est pas un flipper dont les lumières clignotent furieusement tandis que la bille d'acier rebondit sur les bornes.

Le tout sexuel ne se départit jamais d'un zeste d'affection, de tendresse ou de haine-amour lorsque la relation s'entérine. Le cas contraire n'est pas vrai. Quand un couple renonce à l'entente sexuelle, les sentiments qui les unissaient se défont rapidement, et s'installe entre eux un mur d'indifférence, voire de rancœur tenace. Le lien sexuel est une alliance divine, indispensable à la construction du couple. Le sexe est un lien charnel par définition et un chaînon qui entretient la complicité à l'intérieur du couple et assure la pérennité de celui-ci jusqu'à l'issue du contrat qui lie les deux partenaires.

« Tu veux que je te prête mes yeux ?, récriminait une épouse dont le mari reluquait un peu trop une table voisine. – On peut toujours consulter le menu même si on n'a pas les moyens de se payer des ortolans », lui rétorque son époux du tac au tac, en glissant un regard complice vers notre table. Ces deux-là se détestent sincèrement mais ne parviennent pas à rompre une bonne fois pour toutes. Peur de la solitude ? Que non ! Intérêts communs indivisibles ? Pas du tout ! Besoin de se faire souffrir moralement pour atteindre l'orgasme pendant les agapes sexuelles du couple ? « Touché ! » me confirme Cédric, mon coach séducteur de haut vol avec lequel je partage mon repas dans un grand restaurant parisien.

« Tu les connais ? »

Il me fait oui de la tête tout en se découpant un gros morceau de steak.

Séduire est un art. Et qui dit art dit aussi aptitude ou talent. On nous éduque à marcher, on nous apprend à être propre, à parler, à lire, à écrire, etc., mais personne ne songe à nous enseigner l'art de séduire. Il est laissé au hasard d'un destin aléatoire. Grattez ici !

Chapitre 2

Du premier regard au premier baiser

Le coup de foudre naît dans un regard
et meurt souvent au bord des lèvres.

Le premier regard

Il y a au fond des yeux une sorte de mécanisme d'alerte toujours vigilant qui traduit instantanément la signification d'un regard étranger : hostilité, curiosité, introversion, extraversion, séduction, etc. Aucun regard appuyé n'est insignifiant. Tous les regards perforants sont des viols annoncés du territoire affectif de celui ou de celle qui accepte d'être la cible d'une entreprise de séduction.

« Je suis assis dans un fast-food avec mon plus jeune fils. En relevant la tête, mon regard croise celui d'une jeune femme installée à la table voisine. Elle est en compagnie de sa petite fille. Pas de compagnon à l'horizon ! L'échange visuel n'a duré qu'un quart de seconde, mais il était porteur d'un embryon de promesse, d'une demande évasive de contact. Sans la connaître, je sais déjà qu'elle est disponible pour une rencontre informelle et plus si affinités, que je lui plais

et qu'elle attend que je fasse le premier pas. Et si je me faisais des idées ? Je décide d'attendre un peu pour avoir confirmation de ma première impression. »

Fin de la première scène !

Qui n'a pas vécu une situation pareille ?

Si vous êtes divorcé(e) et qu'il vous arrive d'accompagner vos enfants dans un McDo, vous êtes d'office sur un terrain de chasse privilégié. Jardins zoologiques, parcs d'attractions, jardins publics, théâtre de marionnettes, cirque, etc., sont tous des terrains de séduction pour autant que vous soyez accompagné d'un « enfant prétexte » ou d'un animal de compagnie.

Hors d'un contexte de séduction, vous avez certainement déjà remarqué à quel point le regard insistant d'un étranger est difficile à soutenir. Les regards se croisent mais évitent en règle générale de s'affronter. Le regard direct en face-à-face est un **regard globalisé** qui évite les yeux mais demeure dans leur périphérie. Le dialogue est verbal, rarement visuel, sauf chez les amoureux ou dans le contexte d'une entreprise de séduction.

Un petit conseil qui ne coûte rien et peut vous rapporter gros !

Quand vous quittez une personne avec laquelle vous venez de vous entretenir, figez toujours votre regard dans le sien avant de disparaître. Juste une **petite perforation oculaire** ! Ce mode de fixation est un véritable **ancrage séducteur**, au sens large du terme, qui marquera sa mémoire de votre passage dans sa vie.

Votre visage restera imprimé dans sa rétine.

Autre info importante en matière de séduction : si vous regardez attentivement vos yeux dans un miroir, vous constaterez qu'ils n'ont pas la même intensité. L'œil gauche sera plus tendre que l'œil droit, par exemple. Un regard s'allume ou s'éteint en fonction des sollicitations du milieu mais aussi en rapport avec les pensées qui vous traversent l'esprit. Quand vous observerez une prochaine rencontre, orientez votre corps en fonction de votre œil le plus tendre ou le plus vif. Tout dépend de votre attitude mentale basique : êtes-vous plutôt rationnel ou plutôt créatif !

Cette différence d'intensité lumineuse entre les deux yeux découle en droite ligne des différences de quanta énergétiques investis dans les deux aires cérébrales. Vous remarquerez que l'**œil droit** d'un individu plutôt cartésien, réaliste ou rationnel est plus lumineux que son œil gauche. À l'inverse, l'**œil gauche** d'une jeune femme rêveuse sera toujours plus tendre que son œil droit. Le cartésien affichera un œil gauche terne et un œil droit éveillé, l'émotif un œil gauche tendre et un œil droit introspectif. Ces luminosités particulières ne se reproduisent qu'en cas de contact avec autrui, évidemment. Si vous observez tout bêtement vos yeux dans le miroir de la salle de bains, vous ne constaterez pas ce genre d'expressivité du regard.

« On peut tout lire dans le regard de l'autre, c'est la raison pour laquelle je me focalise toujours sur les yeux des gens que je croise et surtout sur ceux des jolies femmes », me confie Cédric en souriant.

Je me suis adressé à un spécialiste de la séduction, un véritable coach, pour mieux cerner les atouts du regard dans une entreprise de séduction. Encore une fois, il m'a confirmé le rôle primordial de l'automatisation des attitudes séductrices.

Il a automatisé cette attitude de manière à saisir au vol les opportunités qui se présentent. Les opportunités de séduire, bien entendu. Car Cédric est un séducteur de fond, comme le coureur du même nom. Il séduit en masse en utilisant essentiellement son regard. C'est, d'après son expérience, la meilleure accroche qui soit.

« Encore faut-il que le message véhiculé par ton regard soit perçu comme une véritable caresse ou comme un compliment muet », rajoute-t-il.

Et c'est à ce niveau que tout se joue. Le regard est un mode de communication à part entière, comme le discours. Un mode émotionnel pur. Il renvoie à l'autre la synthèse d'une multitude d'impressions fugaces enregistrées par le **cerveau récepteur** (cerveau cognitif), celui qui voit. Le **cerveau émetteur** (cerveau affectif) renvoie une appréciation attractive ou répulsive, selon les individus. Les notions de cerveau émetteur et de cerveau récepteur ne sont qu'une extrapolation des spécialisations que les scientifiques leur accordent : le cerveau cognitif est logique, rationnel, cartésien ; le cerveau affectif est social, créatif, émotionnel et irrationnel. L'information est reçue et traitée par le cerveau cognitif, la réponse est renvoyée par le canal de l'émotion. En fait, les deux cerveaux participent aux opérations de traitement de l'information et de renvoi de la réponse au stimulus, avec une préséance subordonnée au contexte. Dans une situation de séduction, le cerveau émetteur prépondérant sera évidemment le cerveau affectif.

« On n'accorde jamais assez d'importance au regard des inconnus que l'on croise dans la rue. Les gens se servent de leurs yeux pour mater, pas pour transmettre un message », philosophe Cédric le poète, les yeux dans le vague. Il me déclame quelques vers en souriant :

Un regard allumé
comme un billard électrique
convoite un regard apeuré
aux pupilles en pointe de Bic.
Un peu plus loin,
un regard fuyant et douloureux
tente d'échapper à un regard austère
comme la bise d'un hiver rigoureux.
Un regard perforant comme une Black et Dekker
accroche un regard de bois tendre aux yeux verts.
La valse des contraires !

Le Moi est zappeur par nature. Il a peur de la confrontation, d'être pris en flagrant délit de curiosité ou de désir muet. Mais que se passe-t-il quand le **message visuel attractif** est reçu par l'autre ?

Méfiez-vous des individus au regard introspectif ou fuyant ! Ils ne sont pas disponibles sur le plan affectif, n'ont rien à offrir sinon un corps sans âme associé à un sexe sans plaisir.

« Le temps de réaction est très limité. Si tu laisses passer l'occasion, c'est fichu. La fenêtre de tir est étroite. Ta cible a entrouvert la porte, si tu n'y glisses pas ton pied pour l'empêcher de la refermer, il n'y aura pas de suite. »

Selon Cédric, tout est une question de scénario préétabli. Après le regard, vient le sourire. Et il faut savoir utiliser son sourire à bon escient et à l'instant T, comme nous le verrons par la suite.

Le rôle des pupilles

Mais quand on parle du regard, il est indispensable de consacrer quelques lignes au rôle des pupilles.

En lumière constante, la dilatation de la pupille intervient quand la conscience d'un individu est envahie par un désir massif. Réaction biomécanique qui se produit quand l'ombre gagne sur la lumière, cette dilatation trahit le désir et le plaisir. Elle est plus visible chez les individus aux yeux clairs. J'ai souvent observé ce type de réaction oculaire chez mes patients envieux qui venaient me consulter dans le secret de mon cabinet psy. Ils se laissaient aller à leurs fantasmes, rêvaient à haute voix de la réalisation de leurs objectifs chimériques et leurs pupilles se dilataient de la jouissance annoncée. Ce phénomène est surtout visible chez les enfants qui guignent un jouet ou une friandise qu'on leur refuse.

Quand la bouche salive, le regard se trouble. Les pupilles des jouisseurs réagissent nettement plus vite à l'émergence d'un désir que celles des sujets psychorigides.

La mydriase ou dilatation de la pupille s'accommode de la distance spatiale mais aussi de la distance qui est le fruit de l'art... de séduire. Car les vrais séducteurs savent d'instinct que la manœuvre d'approche la plus efficace est inversement proportionnelle à la distance qui les sépare de leur cible. Une trop grande proximité d'entrée de jeu n'est pas propice à la réussite d'une entreprise de séduction. Le succès de la première phase d'approche, celle du regard, est essentiel. Si vous ignorez cette phase et passez immédiatement au sourire ou au contact verbal, sans préalable, vous perdrez une marche indispensable au plaisir très progressif de la séduction et un atout considérable sur le plan émotionnel. L'impact du regard distille un message aussi subtil que fortement érotique, dès les premières secondes d'une rencontre. Ce n'est pas le cas du sourire ou des paroles échangées. L'échange oculaire entretient le mystère de l'autre. Et du mystère au sexe, il n'y a pas loin à courir. Savoir se servir de son regard en matière de séduction est un atout considérable qui raccourcit les distances et le temps suffisant et nécessaire à l'entreprise. Cédric me raconte :

« Je l'ai aperçue, assise au bar, en train de siroter un cocktail. Nos regards se sont croisés à plusieurs reprises avant que je ne l'invite à danser. Pas un mot échangé, juste un regard et un simple mouvement de tête en direction de la piste. Le slow était langoureux et nos mains voyageaient timidement sur le corps de l'autre. Je reculai la tête pour admirer son visage et lui dire peut-être quelques mots. Elle posa son index sur mes lèvres. Ses pupilles étaient très dilatées. Un instant après, je l'embrassais. Trois slows plus tard, nous n'avions toujours pas échangé un seul mot mais

plein de baisers. Elle était suspendue à mon cou et respirait mon odeur, la tête collée contre ma poitrine en sueur sous mon tee-shirt. Nous quittâmes la discothèque sans nous concerter. La plage n'était qu'à quelques dizaines de mètres. Étendus sur une serviette étalée sur le sable fin entre deux rochers protecteurs, nous fîmes l'amour en silence avec une passion d'autant plus étrange que nous n'avions toujours pas ouvert la bouche pour faire connaissance. Après l'amour, elle se glissa dans l'eau, nue. Sa robe légère et son string étaient restés sur la sable. Quand je me décidai à la rejoindre dans l'eau, elle avait disparu. Je la cherchai partout, pas trop inquiet, la mer était calme. En revenant sur la plage, la robe légère et le string n'y étaient plus. Ma Cendrillon non plus. »

Soyez toujours attentif aux pupilles de vos rencontres ! Si elles se dilatent franchement, vous saurez que la casserole n'est pas très loin et que vous risquez d'y passer un quart d'heure agréable. Évidemment, si cette casserole est sexuelle, je m'en voudrais de vous priver de votre plaisir, fût-il masochiste. Dans ce cas de figure particulier, les pupilles se dilatent, en principe, chez tout le monde, homme ou femme, séducteur ou cible. C'est d'ailleurs un bon moyen de vérifier le niveau de désir sexuel d'un ou d'une partenaire. Si ses pupilles demeurent rétractées pendant l'acte sexuel, il y a de fortes chances qu'il ou elle n'éprouve aucun plaisir. Si vous n'avez pas envie de savoir, éteignez la lumière !

Les sourires d'acclimatation

Le signal de confirmation par excellence est le sourire ou le demi-sourire évanescent chaque fois que les yeux se croisent. Chacun a observé l'autre à la dérobée. De temps à autre, les regards se rencontrent et les sourires présentent leurs excuses. Sous entendu : « Je suis curieux de vous regarder, d'en connaître plus sur vous car vous me plaisez *a priori,* mais sans engagement ferme et définitif. »

Nous sommes au deuxième niveau de la rencontre du troisième type. Les inconnus qui se croisent sont des extraterrestres l'un pour l'autre. Ils vivent sur des planètes différentes, jouent chacun un rôle dans des histoires différentes. Le sourire correspond à la vitesse de la lumière, il est le seul moyen de raccourcir la distance cosmique qui les sépare. C'est à ce niveau que la gestuelle séductrice entre en scène.

« Les coudes de la jeune femme sont posés sur la table. Ses mains voyagent autour de son visage de manière harmonieuse tandis qu'elle s'adresse à sa fille. Elle veut aller jouer sur l'aire de jeu du McDo. Sa maman ôte les chaussures de la petite et revient s'asseoir à la table voisine. Elle pourrait me tourner le dos pour admirer les cabrioles de sa fille, ce n'est pas le cas. Nouvel échange de sourires ! Il est temps que je brise la glace. Mon fils me demande la permission d'aller jouer. Si j'accepte, la rencontre programmée sera confirmée. Si je refuse, il n'y aura pas de rencontre. Ma voisine a croisé les jambes, la gauche domine la droite, elle est en posture d'attractivité. Le corps penche légèrement vers la gauche, c'est-à-dire dans ma direction. Un dernier regard : les pupilles de la jeune femme sont plus dilatées que rétractées. Le message est clair et net. Il faut que je prenne une décision, et vite. »

Fin de la scène nº 2 !

Cédric reprend le fil de la formation sur le pouce qu'il m'accorde. Nous sommes installés à une terrasse de bistro, mon café refroidit. Cédric est un orateur passionnant.

« Après le sourire, la parole doit immédiatement entrer en scène. Et crois-moi qu'à ce niveau l'impro-

visation est fortement déconseillée. Tu dois avoir en stock des répliques prêtes à l'emploi, en fait, des questions ouvertes qui obligent la personne à répondre de manière plus circonstanciée que par un oui ou un non. Si tu utilises un poncif du style : "Je vous trouve ravissante", tu auras droit à un sourire et un zapping pour toute réponse. Il faut l'obliger à se dévoiler. »

C'est évidemment le point de vue masculin. Mais comment faire après l'échange de sourires quand on est une femme ? Il est superbe, il vous plaît, il est seul à sa table et vous aussi mais la distance qui vous sépare est un handicap infranchissable parce que vous êtes une femme. Regards et sourires ne posent aucun problème. La femme que vous êtes accepte de renvoyer à cet homme si séduisant un regard attractif assorti d'un sourire furtif. Et après ? Les hommes n'aiment pas les femmes qui prennent l'initiative de la rencontre. Ils ont l'impression de perdre la main.

« J'ai réglé le problème, me confie Vanessa en souriant de toutes ses dents. Si un homme me plaît, je le laisse venir jusqu'à l'échange de sourires et j'attends qu'il se décide, mais pas trop longtemps. S'il n'ose pas franchir la distance qui nous sépare, je me rends aux toilettes et je prends mon temps pour me remaquiller et plus, si j'en ressens le besoin. L'absence bonifie avec le temps. S'il est accro, il va s'impatienter, voire s'inquiéter de ne pas me voir revenir à ma table. Je ne mets jamais moins de dix minutes et jusqu'à un quart d'heure avant de revenir. S'il n'est plus là, tant pis. Sinon, je te garantis qu'il suffit que je lui adresse un sourire pour qu'il se décide enfin à m'aborder.

– Et ça marche à tous les coups ?

– Non ! Mais souvent tout de même ! Avant, je me jetais à la tête des hommes qui me plaisaient. Je me faisais jeter comme un Kleenex. Depuis que j'utilise cette méthode, j'enregistre de meilleurs scores.

– Tu parles comme une sportive...

– Quand on n'a pas un physique de rêve, draguer un bonhomme ressemble souvent à un challenge sportif. Je n'ai pas envie de me mettre au yaourt pour séduire ces Messieurs, donc, je suis bien obligée d'avoir recours à d'autres stratagèmes. »

Vanessa aime le sexe pour le sexe mais refuse toute idée de séduction romantique au-delà d'un « 5 à 7 ». Elle a un petit garçon de 5 ans et ne veut pas lui imposer un vrai faux papa. D'ailleurs, il est le seul homme de sa vie.

Les usages en la matière sont aussi rigides qu'un corset à baleines et ceux qui les appliquent, plus intégristes que des islamistes frustrés. L'homme qui considère l'initiative de la femme comme une conduite vulgaire n'est qu'un vilain macho qui ne mérite pas votre attention. C'est un cocu en puissance. Laissez tomber sans une once de regret.

*« Invité à dîner chez les amis de mes amis, la conversation a glissé sur le sexe, comme il se doit. La maîtresse de maison trouvait normal de pratiquer la fellation à son époux, mais estimait que cette pratique ne devait pas rester à sens unique. Son mari, interloqué, exprima son dégoût de la fellation exécutée par l'homme à la femme. En revanche, il considérait celle que pratique la femme comme tout à fait normale. Après cette profession de foi, mon regard croisa celui de son épouse. Comment vous expliquer ? Un regard en forme de carton d'invitation ! Je l'ai rappelée le lendemain pour l'inviter à prendre un café à l'*Opéra, *un petit bistro discret juste à côté d'un petit hôtel tout aussi discret. J'ai gardé un souvenir impérissable de notre seule rencontre adultère. Le mari était un macho très sportif, "cocufiable" à merci, comme tous les machos du monde. »*

Les premiers mots

Que dire, comment le dire, quand le dire ? C'est la troisième étape du jeu de la séduction, celle qui décidera de l'avenir de la relation qui s'ébauche. Les quelques mots échangés de part et d'autre sont à la fois importants et insignifiants. On se parle pour se découvrir, c'est-à-dire pour entrouvrir la porte verrouillée de nos jardins secrets respectifs ! Les gestes s'effacent au profit des mots.

Les **mouvements oculaires** qui accompagnent le discours sont toujours significatifs. Ils ne sont d'ailleurs pas faciles à suivre en vertu du principe qui veut que quand la bouche s'exprime les yeux deviennent aveugles. En matière de décryptage, nous sommes pratiquement incapables de fonctionner sur deux niveaux d'observation. Ou vous regardez le ballet des yeux de votre interlocuteur, ou vous échangez des paroles ! L'écoute globale prônée par certains spécialistes de la communication est une fable quand il s'agit de décrypter le langage du regard en même temps que le discours, surtout en situation de séduction, une situation à haut indice d'octane émotionnel.

« Elle n'est pas aussi affriolante qu'une star du X, mais je la trouve ravissante. Elle a surtout de jolies mains, ce qui pour moi est un signe fort. Quel âge peut-elle bien avoir ? Sera-t-elle choquée de savoir mon âge réel et non celui de mes artères ? Les questions se bousculent au portillon de ma conscience. Les doutes, aussi ! Mon fils quitte sa chaise et rejoint l'aire de jeu. C'est le moment de franchir la frontière qui sépare l'indifférence de nos différences. Les mots s'enchaînent, se mettent en scène. Les voix se mélangent. Nous faisons connaissance en nous dévorant avec des regards affamés. Questions, réponses, informations se suivent dans le désordre ! L'adaptation sociale est indispensable. Que fait-elle dans la vie ? Suis-je divorcé ? Et

elle ? Comment s'appelle mon garçon, à qui ressemble sa fille ? Milieu social, profession, goûts et couleurs, âge des enfants avant d'aborder l'âge des parents ! Elle avoue 38 ans ! Je me demande si je vais me faire une ristourne où si je vais lui dire mon âge officiel. Vous me donnez combien ? 50, répond-elle, peut-être un peu moins ! Sympa ! J'en ai déjà 60, mais j'ai peur de les déclarer. La douane affective est sans pitié pour les baba cool. Vingt ans de différence, ça fait une génération de distance ! Des années-lumière ! Je la trouve de plus en plus craquante, maintenant que j'en sais plus sur elle. Elle est libre depuis un bon bout de temps et ouverte à vivre une aventure amoureuse, si le partenaire lui plaît. Elle vit seule avec sa fille. Le père l'a quittée depuis trois ans et vit à l'étranger. Il voit son enfant une fois par an. Je lui propose de prolonger la rencontre en allant s'aérer dans un jardin public. Elle accepte en souriant d'un air entendu. J'ai fini par lui avouer mon statut de jeune papy. Elle a avalé la couleuvre avec tact et un regard de maquignon sur l'ensemble de ma personne. Il est vrai que je ne fais absolument pas mon âge. Elle a flashé sur mes mollets. Je porte un short, j'ai des mollets de footballeur et pas l'ombre d'une varice. Si j'enlève mes baskets et qu'elle aperçoit mes pieds, elle craque. Mes pieds font l'admiration de mon médecin traitant. Le strip-tease sera peut-être pour plus tard.

Nous marchons côte à côte. De temps en temps, mon épaule frôle la sienne et je ressens cette délicieuse sensation d'un autre âge. Le frisson de la parade amoureuse adolescente. »

Fin de la scène n° 3 !

Touché ! C'est gagné !

Bien avant la phase définitive du baiser, il existe une hiérarchie gestuelle subtile que certains séducteurs ignorent superbement. Le contact physique peut passer par des attouchements timides jusqu'à un jeu de mains fortement teinté d'érotisme. Un préalable discret qui entrouvre la porte à une entreprise de séduction à forte valeur ajoutée.

« Elle a les mains chaudes et moites. Je lui ai demandé de me tendre sa main en lui expliquant la différence entre les mains chaudes et froides, moites et sèches.

Les mains chaudes et moites sont les mains de la sensualité ; chaudes et sèches, ce sont les mains de l'amitié, de la séduction ou de la sympathie ; froides et sèches, ce sont les mains de la séduction, de l'égoïsme et de la cruauté ; froides et humides, ce sont les mains de l'hypocrisie, de l'angoisse ou de la peur. Je n'ai pas relâché sa main immédiatement. Elle n'a pas cherché à la récupérer. Un premier contact tactile de ce type, dans une entreprise de séduction, est terriblement émouvant. J'ai conservé cette jolie main dans la mienne tout en parcourant une dizaine de mètres. Elle reprit brusquement sa main quand sa fille est revenue vers nous. Nous avons continué à nous toucher, à nous lâcher, à reprendre contact comme deux pantins de bois maladroits. Et puis, j'ai approché mon visage du sien et je lui ai fait un bisou sur le bout du nez (voir le menu des baisers). Elle ne m'a pas rendu mon bisou, manifestement gênée par mon audace. Je devinais qu'une tempête devait agiter ses sentiments car son regard tendait à esquiver le mien. Trop vieux ? Pas de sécurité matérielle ! Divorcé pour la seconde fois ! Je l'invitai à prendre un verre à une terrasse de bistro avec les enfants. Assise, elle croisa la jambe droite sur la gauche (posture de répulsion) et croisa le bras droit sur le gauche. *Double croisement, la posture de la forteresse. Je n'étais plus en cour malgré ses sourires et son envie verbalisée manifeste de poursuivre une relation de flirt à peine ébauchée. Nous échangeâmes nos numéros de portable, mais pas de premier rendez-vous à l'horizon. Elle tressa ses doigts en un geste de supplication, l'espace d'un instant, le pouce dominant était le droit. Offensive cognitive (elle) contre offensif affectif (moi) ! Quelques minutes plus tard, son portable résonna,* elle le porta à l'oreille gauche *pour écouter son correspondant. En ce qui me concernait, l'affaire était un échec annoncé. Son mode d'écoute trahissait un personnage introverti, tout comme moi. Et deux introvertis qui communiquent l'un avec l'autre ne peuvent que s'entendre parler sans jamais s'écouter. Ils sont tous deux en orbite autour de leur nombril. »*

Fin de la 4e scène !

Offensive cognitive introvertie (elle) contre offensif affectif introverti (moi) ! Une compatibilité faible fondée sur un coup de foudre narcissique ! Banal ! Seule la différence de **dynamique mentale** (affectif contre cognitive) offrait un zeste de compatibilité. Les deux autres réflexes gestuels étaient identiques et trahissaient dès lors une attirance fondée sur un critère narcissique, donc non complémentaire. Ce type de rencontre peut déboucher sur une relation courte et passionnelle, mais en aucun cas elle ne pourra s'inscrire dans la durée. La plupart du temps, ce genre de rencontre se termine pas un « on se rappelle » sans suite. Si nous avions eu au moins deux réflexes gestuels antagonistes et complémentaires, la relation aurait pu s'installer. Le problème n'est pas gestuel mais fondé sur ce qu'il signifie sur le plan psychologique. Les **offensifs introvertis** ont besoin d'un public pour s'affirmer et se rassurer. Deux offensifs introvertis ne sont pas bon public puisque trop concernés par leur propre ego pour être attentifs à celui de l'autre.

Il n'y aura pas de premier baiser, rien que le souvenir d'une rencontre avortée. Dommage !

Le premier baiser

– Jean-Paul Gaultier, le couturier, accueillait Madonna sur le podium de son défilé. Il l'embrassa avec le corps rétracté. Nul n'ignore que le couturier est homosexuel et donc peu concerné, en principe, par les charmes de la star américaine. Est-ce la raison pour laquelle il a reculé en l'embrassant ? Pour éviter le contact des corps ? Bien sûr que non ! Les homosexuels sont des garçons sensuels qui aiment justement ce contact essentiellement affectueux, que ce soit avec une femme ou avec un homme. Alors pourquoi ce recul ? Parce que Madonna est une séductrice anthropophage, doublée d'une nymphomane. Cette dernière étiquette est de notoriété publique.

Le baiser fait partie de la panoplie des conventions sociales de notre époque. On embrasse ses amis, les amis de ses amis quand on les rencontre ou quand on les retrouve, et l'on finit, dans la foulée, par embrasser tout le monde quand on se quitte. Le sens primaire du baiser social ou amical indique, en théorie, un élan de sympathie d'une personne envers une autre, qu'elle soit de même sexe ou de sexe opposé. Vous remarquerez que vous n'embrasserez pas, en principe, une personne avec laquelle vous venez de passer la soirée, si celle-ci ne vous a témoigné aucun intérêt ou si elle vous est antipathique. Le baiser amical est avant tout une marque de sympathie adressée à une relation de passage. Hiérarchiquement, ce baiser représente le degré au-dessus de la poignée de main. Cependant, certains baisers sociaux, dont on peut considérer qu'ils font partie de contraintes professionnelles ou familiales, sont des signaux de rejet. D'autres, en revanche, sont à ce point ambigus qu'on peut se poser des questions quant aux intentions effectives de l'embrasseur(seuse). Le bisou dans le vide, par exemple, ou le bisou avec rétractation du corps. Ce dernier réflexe peut être une réaction liée à un rejet olfactif. Mauvaise haleine, maquillage suret, odeur corporelle désagréable !

Dans son ouvrage culte, *Le Singe nu,* Desmond Morris explique que : « *Si vous avez d'aventure l'occasion d'être embrassé par un chimpanzé affectueux, le baiser qu'il peut vous appliquer vigoureusement sur le cou ne laisse aucun doute sur la faculté qu'il a d'émettre avec ses lèvres un signal tactile. Pour le chimpanzé, il s'agit là d'un signal de salutation plutôt que d'un signal sexuel, mais dans notre espèce on l'utilise dans l'un et l'autre contextes. Le contact par baiser devenant particulièrement fréquent et prolongé durant la phase précopulatoire. Il était sans doute plus commode d'avoir les muqueuses sensibles exposées de façon permanente, afin que les contractions musculaires spécifiques autour de la bouche n'aient pas à s'exercer tout au long des contacts prolongés par baisers, mais il y a davantage. Les lèvres au tissu muqueux dont je parle ont pris une forme bien définie et caractéristique. Elles ne se sont pas fondues peu à peu dans la peau du visage qui les entourait, mais elles ont pris un contour précis, devenant ainsi un remarquable émetteur de signaux visuels. On a déjà vu que l'excitation sexuelle produit un gonflement et un rougissement des lèvres et la nette démarcation de cette zone soulignait d'évidence le raffinement de ces signaux, en rendant plus facilement reconnaissables de subtils changements dans l'état des lèvres. D'ailleurs, même en état de non-excitation, elles sont plus rouges que le reste de la peau du visage et, par leur simple existence, sans indiquer de changement dans l'état physiologique, elles jouent le rôle de véri-*

tables panneaux, attirant l'attention sur la présence d'une structure tactile sexuelle » (Desmond Morris : *Le Singe nu.* Le Livre de Poche, chap. II, pp. 77 & 78).

Les individus dont les lèvres ont tendance à s'effacer trahissent morphologiquement le peu d'intérêt qu'ils accordent à la parade amoureuse et au besoin de séduire. Ce qui ne gomme nullement leur appétit sexuel.

Il poursuit dans un autre ouvrage *(La Clef des gestes)* : « *Autrefois, les égaux s'embrassaient – c'est-à-dire tête contre tête, sur la bouche, ou les joues – mais les inférieurs ne pouvaient se permettre de telles libertés avec les supérieurs. Plus bas était le rang de celui qui embrassait, plus bas devait être placé son baiser, et le dernier devait "embrasser la poussière". En d'autres termes, il devait embrasser la terre aux pieds du grand seigneur, n'étant même pas digne d'embrasser ses pieds. Au fur et à mesure que le statut s'élevait, la place du baiser s'élevait aussi. Parti des pieds, il progressait en remontant jusqu'à l'ourlet d'un vêtement, au genou et finalement à la main. Autrefois, les évêques, par exemple, avaient le droit d'embrasser le genou du pape, mais de plus humbles fidèles devaient se contenter d'embrasser la croix brodée sur sa chaussure droite.* »

C'est le baisemain – le moins excessif des baisers de soumission – qui a survécu le mieux jusqu'à nos jours. Dans certains pays, il est toujours de mise qu'un homme baise la main d'une dame. Mais cela tend à disparaître, les femmes luttant pour leur égalité sociale. Le pape a également perdu un ou deux points et ceux qui obtiennent une audience privée ont maintenant droit de baiser sa bague. Mais ils doivent se mettre à genoux, politesse formelle qu'aujourd'hui le pape seul partage avec Dieu.

Les lèvres émettent un signal sexuel puissant. Tous les gestes ne dégagent pas la sensualité propre à ce type de signal. Cependant, le plaisir ressenti ou non lorsque nous les touchons involontairement du bout des doigts ou lorsque nous passons la langue entre les lèvres pour les humidifier ne peut être nié. Pour Freud, elles sont le portique de la bouche dont nous nous servons pour absorber la nourriture-plaisir. Elles sont aussi le premier outil de contact privilégié dans la parade amoureuse achevée.

La bouche est le fruit du désir, et les lèvres,
les messagères du plaisir.

Comme les lobes des oreilles et le nez protubérant, les lèvres de notre espèce sont un trait unique, qu'on ne rencontre nulle part ailleurs chez les primates. Certes, tous les primates ont des lèvres, mais elles ne sont pas comme les nôtres tournées vers l'extérieur. Un chimpanzé peut faire saillir et retourner ses lèvres dans une moue exagérée, révélant ainsi la muqueuse qui, normalement, se trouve dissimulée à l'intérieur de la bouche. Mais les lèvres n'apparaissent que brièvement dans cette posture avant que l'animal retrouve son visage normal « aux lèvres serrées ».

Se penchant sur la signification de nos lèvres, muqueuses sans pareilles, les anatomistes ont déclaré que leur évolution n'est pas encore clairement comprise et ils ont laissé entendre qu'elle tient peut-être aux fréquents mouvements de succion exigés du bébé qui tète. Mais le jeune chimpanzé lui aussi tète longuement sa mère et ses lèvres préhensiles plus musclées sembleraient au contraire mieux équipées pour cette tâche. Cela n'explique pas non plus l'apparition d'une marge bien nette entre les lèvres et le visage qui les entoure. Pas plus que cela n'explique les frappantes différences observées entre les lèvres des populations à peau claire et à peau sombre. Si, en revanche, on considère les lèvres comme des émetteurs de signaux visuels, des différences sont plus faciles à comprendre. Si les conditions climatiques exigent une peau plus sombre, le phénomène va aller à l'encontre des possibilités de signalisation visuelle des lèvres en réduisant leur contraste coloré. Si elles ont vraiment une importance dans les signaux visuels, on peut alors s'attendre à une sorte de développement compensatoire et c'est précisément ce qui semble s'être passé, les lèvres négroïdes gardant leur caractère bien apparent en devenant plus grosses et plus protubérantes. Ce qu'elles ont perdu en contraste de couleur, elles l'ont compensé en taille et en forme. De plus, les marges des lèvres négroïdes sont plus nettement délimitées. Sur le plan anatomique, ces caractères négroïdes ne semblent pas primitifs, mais ils paraissent représenter plutôt un progrès positif dans la spécialisation de la région des lèvres.

Les lèvres gustatives

La réaction labiale de succion est assez courante chez les séducteurs de tous bords mais aussi chez les gustatifs qui savourent la succulence des mots. Aviez-vous déjà remarqué que les mots du mensonge sont moins amers que les mots de la vérité ? Ainsi les lèvres du président Chirac se resserrent autour de la succulence des mots. Le président est un gustatif, il savoure la bonne chair et les privilèges du pouvoir avec un égal plaisir gastronomique.

Le mythe du premier baiser

... Ou que fera-t-elle ou qu'attend-elle après le premier baiser ?

Hollywood a fait du baiser le geste suprême dans les années 50-60. Les cinéphiles vous diront que Cary Grant et Ingrid Bergman détiennent le record du plus long et du baiser le plus passionné jamais projeté à l'écran dans *Les Enchaînés.*

La phase des jeux de séduction passive est dépassée. L'homme et la femme ont fait connaissance et partagent la même table de bistro ou le même carré de sable sur la plage. La tension sexuelle est à son comble, mais rien ne s'est encore passé. Ils échangent des mots contre des mots. Leurs corps vibrent à l'unisson, mais le contact précopulatoire n'a pas encore été établi de manière formelle. Ils attendent le premier baiser, aussi chaste soit-il, pour faire connaissance à leur tour. Or, de ce premier baiser dépendra la suite des événements. Il peut déboucher sur le pire comme sur le meilleur. Car ils auront beau chercher à sceller leur nouvelle aventure amoureuse par un baiser classique de cinéma, ce qui compte et comptera toujours, c'est la réaction non verbalisée des deux protagonistes. De la manière dont l'homme prendra l'initiative de répondre aux avances discrètes de la femme dépendra tout l'avenir de leurs relations sentimentalement charnelles.

Dans cette optique, je vous propose un menu des baisers qui n'est pas inutile pour la lectrice ou le lecteur qui souhaiterait se faire une opinion tranchée sur ses chances de conclure une relation toute neuve mais encore hésitante. « Il » ou « elle » sont interchangeables, évidemment.

Bisous sages ou bizutages

Elle serre les lèvres et baise chastement celles de son compagnon et vice versa.

Elle feint d'être une ingénue, férue de potions magiques ! Si son interlocuteur l'invite à dîner chez lui, elle sautera sur l'occasion sans pour autant sauter dans son lit. Méfiance ! C'est une castratrice aux petits pieds ou un gros vantard qui n'a pas forcément les moyens de sa politique. Une bouche fermée est une porte verrouillée, dans tous les cas de figure.

Elle embrasse subrepticement son compagnon au coin des lèvres.

La voie est balisée comme une autoroute à quatre voies. Si son compagnon n'y va pas franco, il risque de se retrouver en carafe sur la bande des pneus crevés. Le baiser au coin des lèvres est très érotique.

Elle l'embrasse discrètement dans le cou.

Cette jeune femme est amoureuse. Il est possible que son interlocuteur soit déjà au courant mais s'il l'ignorait, il vient d'en avoir la preuve par neuf. Le cou est un endroit aussi sensible chez l'homme que chez sa compagne. Un baiser dans le cou est une déclaration d'intention sans rond de jambes.

Elle se penche vers son interlocuteur pour l'embrasser, tout en l'empêchant de se lever de son siège.

Elle a probablement envie de lui, mais elle ne sait pas ce qu'elle ferait s'il lui proposait d'aller plus loin. Elle est tellement imprévisible et extravagante qu'il est difficile de savoir ce qui se trame sous son joli crâne.

Elle se pend au cou de son compagnon pour l'embrasser ostensiblement sur les deux joues.

Elle cherche à lui plaire en testant son pouvoir de séduction sur lui. Au moment stratégique des baisers sonores, il suffit à son compagnon d'exercer une pression discrète dans son dos ou sur ses flancs pour savoir si elle est prête à dépasser les frontières de la bienséance. Si elle répond à la pression, tout sera pour le mieux dans le plus éternel des mondes.

Elle embrasse son interlocuteur tout en lui serrant les mains.

Chaleureuse mais pas en chaleur. Si elle ambitionne de le séduire, ce n'est certainement pas pour la cause habituelle mais plutôt pour des raisons plus avouables.

Elle lui embrasse les mains ou le bout des doigts.

Elle exprime un amour fondé sur le respect ou la reconnaissance ou la soumission érotique.

Elle embrasse sagement son interlocuteur sur la joue.

Elle se faisait sans doute des illusions sur le compte de son interlocuteur, d'où le bisou de consolation.

Elle l'embrasse sur le front.

Il faut bien commencer quelque part avant de s'aventurer plus loin. Ce n'est pas un baiser très séducteur. On peut toujours espérer que les choses évoluent dans un sens moins *soft*.

Elle l'embrasse sur le bout du nez.

C'est gentil tout plein, mignon comme un chaton, pas du tout destiné à séduire mais à plaire au minou castré de son plaisir de chat de gouttière. Le bisou sur le bout du nez est très paternant ou maternant mais pas du tout amoureux. C'est aussi un aveu d'impuissance.

Elle embrasse son compagnon sur les cheveux, sur le crâne quelque peu dégarni.

Elle domine son interlocuteur et ne se prive pas de le lui faire savoir. Pas du tout amoureuse de lui mais très taquine dans sa manière de se moquer de ses manœuvres de séduction. L'attitude est maternante et dominante.

Elle l'embrasse sur les paupières.

Elle n'est pas pressée de conclure. Elle tâte le terrain.

Elle l'embrasse sur les tempes.

Il ne s'agit pas d'un baiser de séductrice. Elle doit confondre son compagnon avec son papa ou son papy, s'il est encore jeune d'apparence. Il est vrai que si ce dernier a le double ou le triple de son âge, c'est une entrée en matière logique.

Elle introduit le bout de sa langue dans le creux de l'oreille de son compagnon.

Ce geste de provocation signifie que la séductrice est très impulsive et libérée de tous les tabous qui ont fait la fortune des sex-shops. En tout état de cause, cette attitude provocante signale son envie d'être conquise sans attendre.

Elle lèche les traces de café qui ornent les poils de la moustache ou de la barbe de son amant d'une petite langue pointue.

« Moi, Tarzan et vous, Jane ! » À consommer tout de suite et sans salamalecs préliminaires ! Soit elle est loufoque et elle pourrait changer d'avis dans l'heure, soit son compagnon est *le mec le plus nec plus ultra* qu'elle ait jamais rencontré de toute son existence.

Elle lui mordille le lobe de l'oreille tout en l'embrassant.

Épicurienne, obsédée par ces petites choses qui font qu'une femme plaît aux hommes. Ce faisant, elle annonce aussi sa religion érotique à son partenaire : clitoridienne plutôt que vaginale.

Elle attend, offerte les yeux mi-clos, que son compagnon se lance à l'aventure de ses zones érogènes visibles et socialement acceptables avec une bouche dévorante.

C'est l'attitude typique de la croqueuse de diamants. Il lui donnera tout tandis qu'elle ne lui donnera rien en échange. Et quand elle aura tout et que lui n'aura plus rien, elle le laissera choir comme une épluchure.

Le baiser amical s'accompagne d'un enlacement spontané du cou de son compagnon.

Que veut-elle ? Rien ! Une vague d'enthousiasme amoureux très fugace l'a jetée contre son compagnon, mais s'il ne répond pas dans l'instant, elle se retirera comme si rien ne s'était produit.

Le baiser amical de la séductrice est humide.

Chez le chien et chez l'homme, la salivation abondante est un signal d'appétit, qu'il soit sexuel ou gastronomique. Le baiser sec et souvent glacé que vous recevez chaque matin de vos collègues féminines ou masculins est clairement un baiser social, voire pseudo-amical. En revanche, le baiser humide est tout aussi clairement sensuel. Le baiser humide de la petite fille à son papa adoré est clairement celui d'un bout de femme amoureuse de l'homme de sa vie. Pourquoi ce même type de baiser devrait changer de sens vingt ans après ?

Au moment de se quitter, une hésitation mutuelle empêche l'un et l'autre de choisir la joue sur laquelle ils déposeront le baiser plus suave que sonore de l'au revoir. Leurs lèvres ont une fâcheuse tendance à se retrouver face à face, sans qu'ils l'aient cherché.

Que voilà une jolie attitude bien explicite ! On dirait que les inconscients se jouent des consciences, essayant de forcer la main aux personnes en présence ou de leur faire comprendre par la grâce d'un double acte manqué qu'il serait temps de penser aux choses sérieuses avant d'y passer.

Il existe mille et une autres manières d'embrasser sans passage à l'acte du baiser charnel. Et comme les livres ne sont pas extensibles, il faut bien s'arrêter quelque part et laisser au lecteur le soin de compléter cette nomenclature à la faveur de ses propres expériences amoureuses.

Chapitre 3

Les modes de séduction

Séduire, c'est réduire la communication à un besoin d'exister aux yeux de l'autre. Mais c'est aussi sublimer cette communication interpersonnelle pour lui donner un relief émotionnel ou affectif qui débouchera sur une entité composée de deux moitiés. L'homme et la femme sont biologiquement incomplets. Ils ne peuvent procréer qu'en ayant recours au sexe. La Nature aurait-elle pu se passer de la séduction pour assurer la survivance de l'espèce humaine ? Le sexe sans le ciment de l'amour ne pouvait déboucher sur une société équilibrée et surtout pérenne. Or, entre l'amour et le sexe, c'est-à-dire entre la femme et l'homme, le chaînon manquant indispensable est la séduction. Il fallait donc l'inventer pour que les deux pôles de la civilisation humaine puissent communiquer. Comme deux papillons qui virevoltent l'un autour de l'autre en se frôlant mais sans jamais se toucher, la Nature (ou Dieu) a décidé d'initier l'Homme aux règles de la séduction, afin de sauver l'amour et le sexe d'un naufrage inévitable. D'où l'importance accordée aux jeux de la séduction dans l'Histoire de la civilisation humaine ! Du premier regard au premier baiser, tout est codifié dans une bible génétique que tout être humain connaît d'instinct, quand vient le moment de séduire.

La situation de séduction est un moment d'excitation mais surtout une épreuve initiatique de dépassement de soi. C'est la raison pour laquelle les chanteurs et les artistes aiment tellement se produire sur scène. Ils sont confrontés à cette épreuve initiatique, soir après soir, jusqu'à ce qu'elle devienne une véritable drogue dont ils ne peuvent fatalement plus se passer. Les grands interprètes sont de grands séducteurs de masse avant d'être des artistes de talent.

J'ai dénombré quinze modes de séduction différents, mais je ne prétends pas avoir fait le tour de la question, loin de là. La séduction est un vaste sujet qui ne peut être abordé de manière exhaustive. Il nécessite un découpage réducteur et une classification fondamentale. Je n'aborde ici que la séduction amoureuse qui est de loin la plus connue du grand public. Mais il existe aussi des approches reposant sur :

- La manipulation *largo sensu.*
- La communication de masse (publicité, politique, télévision).
- La séduction artistique.
- La séduction commerciale...

Séduire est une conduite intentionnelle. Elle vise un objectif précis qui n'est pas toujours associé à une conduite amoureuse. Il existe sept registres transversaux qui recoupent tous les objectifs de la séduction :

- Influencer, convaincre, rallier, fédérer, persuader, etc.
- Réduire l'agressivité d'autrui
- Créer ou entretenir une relation de sympathie
- Perturber les émotions d'un interlocuteur pour le déstabiliser
- Combattre des sentiments d'angoisse existentielle
- Chercher un moyen de se rassurer
- Créer les conditions d'une relation amoureuse

Donc, j'ai situé quinze modes parmi les plus courants et dont je vous livre ici les descriptifs.

La séduction narcissique

Quand la séduction et la beauté se rencontrent, ils finissent par accoucher d'une illusion.

Jeannot l'Élégant est son surnom. Il s'appelle en vérité Jean-Baptiste et est issu d'un milieu social plutôt favorisé. Il s'est encanaillé vers l'adolescence et a largué son milieu bourgeois pour vivre aux crochets d'une demi-mondaine. Elle a craqué pour son physique de jeune premier, genre Delon mais en mieux. Jeannot adore draguer les adolescentes. Sa tranche d'âge privilégiée, c'est le bac. 18, 19 ans ! Il en a 24 et les filles lui tombent littéralement toutes rôties dans le bec. Paradoxe ! Jeannot est fidèle à sa demi-mondaine. Il drague mais ne consomme jamais... ou presque. Il joue au chat et à la souris sur le mode allumeur. Il est beau comme un jeune dieu mais craint déjà de vieillir. Toutes les vitrines de son quartier connaissent son reflet par cœur, tellement il s'y admire. Quand Jeannot pénètre dans un bar, tous les regards féminins convergent dans sa direction. Il le sait et en tire un plaisir quasi orgasmique. Pourquoi irait-il consommer comme un vulgaire séducteur dans ces conditions ?

La séduction narcissique, vous l'avez deviné, c'est la mise en valeur des atouts corporels ! C'est un mode de séduction passive. Le séducteur est élevé devant un miroir par des géniteurs qui se projettent sur la beauté plastique de leur enfant. Pour le séducteur narcissique, séduire c'est se plaire en se servant de l'autre comme d'un miroir. En un mot comme en cent, le séducteur narcissique s'aime tellement qu'il finit un jour par s'épouser.

La séduction objectale

Mise en valeur du séducteur par les objets dont il s'entoure : voiture, bijoux, originalité, prix et qualité des vêtements, maquillage au couteau, coiffure. Il faut être riche, évidemment, ou faire semblant de l'être en empruntant les oripeaux de la richesse à des potes plus friqués. Djamel Debouze, à ses débuts, subtilisait les clefs de la Ferrari de Guillaume Durand pour aller frimer en boîte. Il a même réussi à séduire un mur avec la Ferrari du journaliste. En somme, on peut en conclure que l'argent est à l'amour ce que l'érotisme est à la séduction.

Henri-Pol n'est plus tout jeune, mais il n'a pas encore raccroché. Physiquement laid à faire peur,, il roule en Porsche décapotable sur la Croisette. Il joue les producteurs de ciné tous les week-ends. Il est agent immobilier à Paris. Et ça marche du feu de Dieu !

« La Porsche est une voiture magique, me dit-il avec un grand sourire. Depuis que je l'ai, je n'ai plus qu'à me baisser pour les ramasser. Elles en oublient ma gueule pour ne plus voir que le capot de ma caisse. Explique-moi, toi qui es psy... »

Je lui brosse rapidement une explication digeste faisant référence au phénomène du transfert. L'homme riche est beau parce qu'il transpire la richesse, le conducteur d'une Porsche est beau parce qu'il conduit un bolide. La Porsche est un pouvoir, un titre de noblesse, un mythe, et les hommes qui s'assoient derrière le volant de cette voiture de légende appartiennent automatiquement à la noblesse des chevaux-vapeur.

Henri-Pol emballe ses cibles sur le trottoir, comme s'il s'agissait de vulgaires gagneuses. Il les emmène faire un tour de manège et revient les déposer dix minutes plus tard, si elles ont raté l'examen d'entrée.

« Je discute avec elles quelques minutes et je les laisse faire. Si la nana se cale contre la portière, je la

ramène aussi sec. Si elle se penche vers moi, l'air de rien, je sais que la suite sera croustillante. Si elle glisse ses mains dans les poches de son jean, je la dépose sans état d'âme. Si elle regarde le paysage ou les gens sur le trottoir au lieu de me regarder moi, idem. Je m'en débarrasse. Avec le temps et l'expérience, je suis devenu un expert. »

Je lui demande s'il a acheté sa Porsche d'occasion ? Il rigole. Il la loue pour le week-end. Point.

La séduction verbale

Les qualités intellectuelles et émotionnelles du discours verbal sont aussi des modes de séduction. Les beaux parleurs ne sont pas tous des don Juan de bistro ou des bonimenteurs de foire commerciale. Celui ou celle qui sait s'exprimer selon les règles de la rhétorique séductrice peut abuser des émotions de l'autre et faire oublier les atouts plastiques qui lui font bien souvent défaut.

« Le baratin est un art et le baratineur un artiste du crachoir », affirmait l'un de mes spécialistes de la séduction avec une certaine gouaille de titi parisien.

Coutumier des guinguettes au bord de l'eau, mon séducteur, Dédé pour les amis, se vantait d'emballer n'importe quelle mignonne « à la formule ou à la carte ». Il faut dire que ses mignonnes ne sont pas mineures et ont même quelques kilomètres au compteur. Dédé frise les 65 ans mais porte encore beau et danse le tango comme un Argentin exilé à Paris. De belles bacchantes, un crâne dégarni mais des cheveux longs qui lui tombent dans le cou, à la Léo Ferré. Il porte toujours un nœud pap. Ça fait intello, selon lui ! Le genre Monsieur Apostrophes !

Quand on a du baratin, il ne faut jamais oublier d'accorder cette qualité au décor vestimentaire qui lui sert de vitrine. Le nœud pap est un accessoire indispensable à celui qui se lance dans la séduction par les mots. Aucune femme ne peut imaginer que le porteur d'un nœud papillon puisse être un violeur en série.

La séduction vocale

Mode fondé sur le timbre particulier ou original d'une voix. Ce timbre a un impact vibratoire sur les émotions de celui ou de celle qui le reçoit. La voix de Jean-Pierre Marielle, par exemple ! Ne vous est-il jamais arrivé de craquer au téléphone à l'écoute d'une voix inconnue ? Moi, si ! Et je ne vous parle pas de la déception quand je me suis retrouvé en face de cette voix ensorcelante à souhait. Mais il arrive aussi et heureusement que le son s'accorde avec l'apparence.

Les voix graves des grandes fumeuses sont souvent très érotiques à l'oreille masculine, bien plus que les timbres haut perchés. Elles véhiculent, à la fois, un désenchantement et un sentiment hédoniste, annonçant un maximum de plaisir pour un minimum d'effort. Ce type de voix a été fortement prisé à Hollywood, après la dernière guerre mondiale. Une femme qui s'exprimait dans ce registre était cataloguée « glamour ».

« Il avait une voix très mélodieuse, bien posée. Je lui demandai s'il était comédien. Il me répondit en riant qu'il chantait dans une comédie musicale actuelle. Physiquement parfait et fort sympathique au demeurant, il me parla avec passion de son travail et de ses dix ans de galère avant de connaître un semblant de succès populaire. Quelques années ont passé, il commence à percer dans le métier mais reste un chanteur de comédies musicales à succès. » Il se nomme Vincent Niclot. C'est le chanteur vedette de la comédie musicale Autant en emporte le vent.

La séduction gestuelle

Harmonie du geste, postures craquantes et/ou des attitudes corporelles. Mouvements du corps tel le balancement des fessiers. La manière de poser son regard sur l'autre. C'est le mode de séduction privilégié par les artistes : acteurs, comédiens, animateurs de télé. Ils sont souvent passés maîtres dans l'art de sourire. Certains acteurs sont beaux de leurs gestes et/ou de la mobilité de leur corps. Le geste est la source de toute élégance.

En matière de séduction, les mots peuvent trahir mais le corps ne ment jamais.

« Elle n'était pas franchement belle, mais elle avait une manière de bouger qui me laissait sur ma faim. Je ne sais pas comment te dire, chaloupée pour la démarche. Les bras qui dansaient devant mes yeux quand elle s'exprimait. On s'était rencontré dans un cocktail, chez un éditeur de la région. Elle m'hypnotisait. Des mains sublimes avec des doigts parfaits et des ongles impeccablement manucurés. C'est important, les mains ! Elle avait une petite poitrine mais elle se tenait très droite, très cambrée et ses seins pointaient avec une arrogance érotique. En fait, ce devait être ses tétons qui transperçaient le tissu de son tee-shirt. Et puis, ses mains toujours en mouvement quand elle me parlait. J'ai fini par craquer. Je lui ai avoué que j'étais fou d'elle. Elle m'a regardé comme si j'étais un extraterrestre. Interloquée ! J'étais sûr d'avoir gaffé. Une gaffe monstrueuse ! J'étais mal. Elle était assise en face de moi. Elle s'est levée de son siège sans me quitter des yeux. Elle a saisi ma main gauche et m'a dit : "Viens !" Je l'ai suivie comme un zombie. À cet instant précis, je l'aurais suivie jusqu'en enfer. J'ai voulu lui parler, m'excuser, dire quelque chose. Elle m'a dit de me taire. Nous avons marché peut-être une longue heure, la main dans la main, sans un mot. Je ne savais pas où nous allions.

Soudain elle s'est arrêtée pour me faire face. Elle m'a dévisagé un court instant avant de m'embrasser délicatement sur les lèvres. Un baiser chaste mais humide. Et nous sommes repartis au hasard des rues. Plus je la sentais à mes côtés, plus j'avais envie de me dédoubler pour la voir marcher tout en la tenant par la main. Après un temps qui m'a paru interminable, elle s'est arrêtée devant la porte d'entrée d'une vieille maison de quartier. Elle a glissé sa clef dans la serrure et nous sommes entrés dans la pénombre du vestibule. Elle a refermé la porte derrière moi et m'a embrassé à pleine bouche, sans préavis. Quelques instants plus tard, nous faisions l'amour sauvagement, à même le sol, sur le tapis en coco du vestibule. Elle a arraché mes vêtements avec une rage que je n'avais jamais connue et m'a dévoré tout cru. J'étais subjugué, ensorcelé. Avec le recul, je me dis que ce sont les attitudes de son corps qui m'ont scotché. Ses gestes, quoi ! Depuis, chaque fois que j'écoute la chanson de Goldmann Tout était dit, *je repense à elle. »*

« Dans chacun de ses gestes un aveu, un secret dans chaque attitude

Ses moindres facettes trahies bien mieux que par de longues études

Un pied se balance, une impatience, et c'est plus long qu'un discours

Là, dans l'innocence et l'oubli

Tout était dit

(...)

On ne ment qu'avec des mots, des phrases qu'on nous fait apprendre

On se promène en bateau, plein de pseudo de contrebande

On s'arrange on roule on glose on bienséance

Aux codes des corps

Au langage de nos inconsciences

(...)

À ta façon de tourner tes pages, moi j'en apprends bien davantage
La moue de ta bouche est un langage, ton regard un témoignage
Tes doigts dans tes cheveux s'attardent, quel explicite message
Dans ton innocence absolue (...) »

Tout était dit, Jean-Jacques Goldmann

La séduction anachronique

Le vieux jeune premier ! Décalage entre l'âge réel du séducteur vieillissant et la trame de ses comportements, son mode vestimentaire, sa manière de s'exprimer, etc., qui donne une impression d'éternité juvénile. Exemple : Sacha Distel, 70 ans aux prunes et la cinquantaine dans les gencives. Mais aussi Jean Rochefort et autres dinosaures de talent qui sont encore capables de faire rêver les demoiselles de Rochefort qui rêvent de gloire et de stars. Je ne résiste pas à vous livrer un trait d'humour qui m'a beaucoup fait rire en son temps.

« Quel âge avez-vous ? demande l'indiscret à une dame qui semble aborder timidement la cinquantaine.

– 40 ans, minaude la femme coquette !

– Avec ou sans la TVA ? » susurre l'homme sans se démonter.

Du Louis Jouvet *post mortem*, si ce grand acteur avait connu la TVA...

La séduction tactile

Le mode favori des toucheurs qui sont aussi de grands manipulateurs devant l'Éternel. Jean-Pierre Raffarin est un séducteur toucheur. De fait, tous les politiciens en période électorale usent et abusent de ce mode de séduction pour engranger des voix. Le principe veut que chaque personne touchée soit marquée dans sa mémoire affective et soit susceptible de voter pour le toucheur dans l'intimité de l'isoloir. Les politiciens toucheurs sont des séducteurs proxémiques qui tentent de raccourcir les distances pour créer l'illusion d'une intimité qui se veut paternaliste. Le toucher est un dispositif hypnotiseur de type maternel. Mais le toucher est aussi un contact très sensuel en situation de séduction !

Henri est un toucheur. Il ne peut pas s'adresser à une femme sans lui prendre le bras au niveau du biceps ou se saisir de son avant-bras. Il m'a expliqué que cette tactique était hyper-efficace pour ne pas perdre son temps à draguer une allumeuse ou une castratrice.

« Si elle s'écarte quand tu la touches, tu la salues et tu vas voir ailleurs. Si elle se rapproche subtilement de toi, c'est gagné. Si tu la sens raide, trouve un prétexte pour te défiler. Et puis n'oublie pas de sonder les paumes ! Les mains froides et sèches, c'est mauvais. Elle n'a rien à offrir que son beau sourire. Les mains humides et froides, c'est encore pire. Elle fuira constamment pour que tu la suives, t'accordera un bisou mais refusera un rendez-vous galant sous n'importe quel prétexte. Et quand tu seras à point, elle te laissera tomber comme une vieille chaussette. Les mains tièdes et sèches, ce n'est pas beaucoup mieux. Elle n'a rien à offrir d'autre que son amitié et ses regrets sincères. Si elle te plaît vraiment, dégage et attends qu'elle te rappelle.

Les mains chaudes et sèches, c'est déjà plus prometteur. Elle aime faire l'amour mais encore faut-il que tu lui plaises. La porte est ouverte. À toi de faire en sorte que ses mains deviennent chaudes et moites. À ce niveau, elle est cuite à point.

– Tu n'es pas le premier à me parler de cette histoire de mains chaudes, froides humides ou sèches.

– C'est bien la preuve que ça fonctionne », réplique-t-il en souriant triomphalement.

Henri-Pol me confirme que ses observations fonctionnent dans les deux sens. Une séductrice peut parfaitement savoir si l'homme qui lui plaît est accro à son charme ou non en lui serrant tout bêtement la main. Sauf qu'au niveau masculin, les critères à retenir sont différents. En tout cas, selon Vanessa, ma séductrice émérite.

Les mains froides et sèches émanent d'un homme incapable d'émotion ; en revanche, les mains chaudes et sèches sont un signe fort d'attirance. Les mains tièdes et sèches indiquent une ouverture amicale, sans plus. Les mains moites et chaudes indiquent une angoisse liée à la situation de séduction. Les mains froides et humides ne valent pas qu'on s'y arrête. Les mains tièdes et moites sont un signe de timidité chez l'homme, donc de manque d'audace.

La séduction olfactive

Toutes les publicités qui vantent le pouvoir hypnotique des parfums et eaux de toilette pour homme utilisent ce mode de séduction particulier, assimilant la femme séduite au chien de la voisine. Les femmes sont-elles plus olfactives que les hommes ? Sans aucun doute ! L'odeur naturelle de l'homme qu'elles aiment est, pour ainsi dire, ancrée dans la mémoire de leurs sentiments. Toutes les mamans ne respirent-elles pas leur nouveau-né ? Voilà une idée qui pourrait plaire au producteur de *C'est mon choix* sur France 3. Reconnaître son homme rien qu'à l'odeur en jouant à colin-maillard. Nez bouchés s'abstenir !

Dans cette optique, la séduction gustative joue aussi un rôle non négligeable. Les baisers au tabac froid sont moins excitants que ceux qui sentent l'haleine fraîche.

Je pense qu'il y a des odeurs intimes qui valent bien des serments d'amour.

Et d'autres odeurs qui ne sont que les prémices d'un rejet affectif implicite. Haleine, odeurs corporelles, transpiration s'adaptent à la polarité des sentiments qu'éprouvent les partenaires l'un envers l'autre.

« On s'est rencontré le matin même. Elle avait 31 ans et travaillait dans un service d'urgences en tant que médecin. Ses baisers goûtaient la framboise. On a fait l'amour après le déjeuner. Je l'ai dégustée de la tête aux pieds. Elle sentait bon la sueur. J'ai failli tomber amoureux dans la foulée. On a discuté devant un café crème en fin d'après-midi, vers 17 heures. Son haleine était soudain devenue insupportable. Elle regrettait de s'être laissé séduire comme une ado écervelée et me parlait de son sentiment de culpabilité à l'égard de son mari et de ses enfants. Je la trouvais névrosée. Elle me trouvait stupide. »

La séduction charismatique

Le charisme est l'art de cultiver les silences qui en disent trop.

La séduction charismatique repose en partie sur l'art de cultiver les silences, c'est le mode privilégié par les hommes de pouvoir ! Le statut professionnel ou social joue un rôle essentiel pour nombre de séducteurs ou de séductrices. Ils (ou elles) deviennent séduisants parce qu'ils ont développé leur charisme par le truchement d'une *persona*. Médecins, journalistes, psy, avocats sont des professions charismatiques et attractives. Homme ou femme de pouvoir ou métier de pouvoir !

« Tu me plais terriblement, susurre le jeune homme à l'oreille de sa nouvelle partenaire. – Docteur ! rajoute-t-elle sur le même ton. – Comment, "docteur" ? réplique-t-il, surpris. – Appelle-moi "docteur" quand

tu me fais l'amour, mon chéri », chuchote la jeune femme, fraîchement diplômée de la faculté de médecine.

Vous ne me croirez jamais : cette scène est authentique ! Pour nombre de gens, la séduction est le moteur de toute réussite sociale, ce qui n'est pas tout à fait faux.

La séduction épistolaire

Elle revient en force avec l'intrusion massive du *chat* sur le Web. Le courrier instantané, voire lyophilisé (la séduction en poudre aux yeux), se refait une beauté. SMS et autres messages écrits viennent élargir la panoplie des outils des séducteurs analphabètes. Il redevient possible de séduire un ou une inconnue par **la magie de mots qui dissimulent si bien la laideur des pensées.** Style et originalité de l'expression écrite retrouvent des lettres de noblesse. Il y a des phrases qui tuent toute résistance comme celle-ci : *« Il faut sept notes pour écrire une symphonie et sept lettres pour écrire l'histoire de notre amour : je t'aime ! »* Comment ne pas craquer quand on aime les belles lettres ?

Jeanne a aimé Laurent dès les premiers échanges qu'ils se sont adressés par le truchement du Web. Ils ont fini par ne plus pouvoir se contenter de ces jolis messages de plus en plus chargés d'émotions. Les voix se sont rencontrées et le Web s'est tu. Jeanne avait « déjà » 42 ans. Laurent en avouait 49 ans. Il en avait 57 en réalité mais ne les faisait pas. La première rencontre physique fut bouleversante pour Jeanne. Pas pour Laurent qui n'en était pas à son coup d'essai. Séducteur de profession et détrousseur de vieilles filles par vocation. Jeanne, amoureuse jusqu'à la racine des cheveux, ne verra même pas ses économies fondre comme neige au soleil. Laurent lui avait demandé un prêt à très court terme pour monter une affaire juteuse.

Quand il a été sûr que son livret A était vide, il a disparu du jour au lendemain. Téléphone coupé et parti sans laisser d'adresse ! Au fait, Jeanne n'avait jamais mis les pieds chez Laurent. Il habitait un petit village de Provence. Elle y découvrira une vieille masure d'une pièce, meublée de trois fois rien. Le superbe mas de Provence dont il lui vantait le confort sur le Web avant d'emménager chez son coup de cœur épistolaire pour mieux la manger toute crue. C'est qu'il était beau, le Laurent de Jeanne. On a fini par l'arrêter en Suisse pour une escroquerie un peu plus audacieuse. S'il s'en était tenu à son scénario habituel, il ne risquait pratiquement rien aux yeux de la justice. Un serial lover *qui aimait surtout les livrets A bien garnis.*

Dans le même registre de l'écriture, bien des écrivains rêvent de connaître la martingale qui leur permettrait de séduire leur lectorat. Je n'ai pas la réponse mais j'ai pu observer que les ouvrages qui marchent sont souvent plongés dans le talent en fusion de l'auteur. Leurs livres apportent quelque chose d'original ou d'inédit que d'autres ouvrages oublient d'offrir à leurs lecteurs. Un livre ne fonctionne pas parce qu'on le médiatise, mais parce que son contenu séduit le plus grand nombre. Le bouche à oreille devient alors la déferlante qui « booste » son succès.

La séduction extrême

Koh-Lanta ! Les sports extrêmes fascinent non seulement ceux qui les pratiquent mais aussi ceux ou celles qui assistent aux exploits de leurs coups de cœur. Le courage de l'acte gratuit dégage une fragrance chevaleresque héritée du Moyen Âge. C'est une invitation à l'aventure, à la quête d'un Graal plus séducteur ou sentimental que l'expression d'une passion. Les *pom pom girls* ne sont pas loin. Les champions, non plus ! Les séducteurs audacieux aussi ont leurs groupies. Ils jouent sur l'adrénaline, la peur qu'ils suscitent chez leurs dulcinées les émoustille. D'ailleurs, tout héros qui ose braver la mort a droit à son repos du guerrier d'autorité. N'est-ce pas là le message que véhicule une majorité de films, américains pour la plupart ? Il faut bien admettre que l'image de soi se construit dans le regard de l'autre.

« Quoi ? tu fais du saut à l'élastique ? Jamais je n'oserais ! » Benjamin s'arrangeait toujours pour glisser ce genre de bobard dans la conversation qui s'engageait. Ça les émoustillait. Il n'a jamais sauté dans le vide. Il a le vertige. Mais les femmes raffolent des héros. Elles le regardaient avec d'autres yeux quand il leur confiait sa passion pour ce sport extrême. Jusqu'au jour où...

« Je suis tombé sur une pro du saut à l'élastique. Elle m'a invité à venir sauter quelque part en Provence. Je me suis défilé et je ne l'ai jamais revue. Dommage ! Elle était sublime mais complètement givrée. Elle s'est assise à poil sur la corniche de mon studio sous les toits pour me défier. Elle voulait que je la rejoigne pour regarder en bas. Six étages plus bas ! Comme je refusais, elle m'a traité de dégonflé, s'est rhabillée et m'a laissé sur ma faim. Je n'ai plus jamais parlé de ma pseudo-passion pour le saut à l'élastique. Je me suis fait "piercer" la langue et ça les excite encore plus que le saut à l'élastique. C'est moins risqué aussi ! »

La séduction artistique

Chanteurs anonymes, futurs écrivains ou vrais poètes, artistes peintres méconnus mais qui gagnent souvent à être reconnus pour d'autres talents que les nus qu'ils tentent de reproduire sur la toile, etc. La créativité est un mode de séduction qui efface aussi les petits défauts naturels que la chirurgie esthétique ne peut gommer. Le saviez-vous ?

Le boulevard de la séduction est perpendiculaire à l'avenue de la créativité.

Vanya est une artiste peintre et en a le look ! Longs cheveux mal coiffés, petits seins libres sous une chemise généreusement échancrée, un jean en toile de lin très moulant et très usé, retenu par un foulard en guise de ceinture. Elle adore draguer les mecs qui lui plaisent. Mais Vanya ne se jette pas à leur tête. Elle est belle, d'une beauté un peu sauvage, et elle le sait. Elle utilise son regard, ses sourires et l'art du zapping au moment clé. Comme peintre on ne peut pas dire que ses toiles lui survivront mais ses amants lui en achètent régulièrement, ce qui lui permet d'en vivre. L'un d'entre eux est galeriste en Belgique. Il est très mordu, mais Vanya lui a expliqué qu'elle voulait conserver sa liberté sexuelle et qu'il devait s'en accommoder, s'il voulait la revoir. Vanya ne séduit les hommes que quand elle est accompagnée d'un ami. Elle adore mesurer l'audace ou la créativité des hommes qui lui plaisent et qui se demandent comment la rencontrer hors de la présence de l'ami. Quand elle jette son dévolu sur un inconnu dans un restaurant, l'homme mord immédiatement à l'hameçon et Vanya s'arrange pour lui refiler sa carte professionnelle sous un prétexte ou un autre. Au dos de cette carte, elle a inscrit à la main son numéro de portable.

« En fait, me dit-elle, c'est pour leur donner l'impression que c'est un numéro secret que je ne l'ai pas fait imprimer sur ma carte. Ils me rappellent tous le soir même et me fixent un rencard dans la demi-heure qui suit. » Elle refuse mais leur propose de se revoir quelques jours plus tard dans un bar à la mode, au milieu de la foule. Ça ne marche pas à tous les coups. En somme, elle se sert de ses copains comme d'autres utilisent leur chien pour draguer dans les jardins publics.

La séduction paillettes

Dernière-née des émissions de télé (*Star Ac, Nouvelle Star, Pop Star, Bachelor,* etc.), c'est un mode de séduction de masse qui véhicule un message équivoque : « Vous aussi vous pouvez y arriver, si vous avez du talent ! » À moi, les petites nanas, les beaux mecs et vive la télé ! Les producteurs de ces émissions très populaires ont tout compris. Et leur science de l'audimat se résume en une phrase : sans l'intervention de l'émotion, le jeu de la séduction ne serait qu'un billard électrique.

Elle voulait faire carrière dans le show-biz, sûre de son talent de chanteuse et surtout de ses atouts plastiques. Elle a surtout rencontré des producteurs bidon qui lui proposaient d'entrée de jeu la promotion canapé habituelle, si elle voulait qu'on s'occupe « sérieusement » de son avenir. Justine n'était pas un canard sauvage, ni une écervelée. Encore moins une faible jeune fille, elle était ceinture noire de tae kwendo chez elle en province. Plus d'un producteur entreprenant s'est retrouvé au tapis en demandant grâce. 50 kilos toute mouillée mais d'une vivacité inattendue ! Les mois ont passé et les résultats sont restés sur le carreau. Ses économies aussi ! De maquette en studio et de musicos en scènes tremplin, elle a fini par craquer. Et comme il fallait bien bouffer, elle a accepté un emploi de serveuse dans un bistro à la mode. Finis les rêves de gloire ! Justine avait du talent mais il lui manquait quelque chose de plus important que le talent pour réussir dans ce métier inaccessible au plus grand nombre : la capacité de séduire la masse. On ne séduit pas un public comme on fait craquer un homme ! Le quantum d'émotion investi n'est pas le même. Celui qui manquait à Justine repose sur la hargne du coq de combat prêt à tous les sacrifices pour bousculer son destin. Le séducteur de masse ne se pose même pas la question de savoir s'il y arrivera mort ou vivant. Il ne mesure jamais la distance avant de l'avoir franchie. C'est de ce type d'attitude mentale que naît la vraie star. Ses doutes ont viré leur cuti, sa foi est chevillée au corps de ses vertus. C'est de ce message global qu'il transmet au public lors de chacune de ses apparitions que naît ce que d'aucuns nomment la chance qui conduit au succès. Justine a fini par comprendre ce qui lui manquait pour réussir dans ce milieu.

Du talent, du travail, une foi à l'épreuve des balles et... surtout pas de chance ; car la chance est une maîtresse démoniaque qui fait payer ses bonnes fortunes au prix de l'échec. Le pouvoir de séduction de masse se construit à partir de ces trois paramètres, il n'y a pas d'autres secrets.

La séduction érotique

Quand on veut plaire, il faut apprendre à séduire, tel est le *credo* des séducteurs sensuels. Ils privilégient la sensualité des rapports sociaux, des attitudes, de la gestuelle enveloppante sans pour autant verser dans la séduction par le toucher ! La séduction érotique rejoint la séduction sensuelle. Elle n'est pas forcément liée à la manière de s'habiller, c'est-à-dire à ce que cache imparfaitement le vêtement ou à ce qu'il dévoile subrepticement. La vraie séduction sensuelle est une sorte de jeu dont la règle principale consiste à éviter tout contact physique pour faire monter les enchères.

« Je devais avoir dans les 10 ans quand j'ai rencontré ma cousine Hana pour la première fois. Elle faisait escale à Bruxelles avant de reprendre l'avion pour les États-Unis. Hana voulait devenir actrice de cinéma à Hollywood. Nous étions en 1955. Elle était absolument divine et j'étais fier de pouvoir dire que j'étais son cousin germain. Elle avait 22 ou 23 ans. Un ami de

mon oncle Albert, le juif le plus riche de la communauté à l'époque, avait invité toute la famille dans un restaurant de luxe pour pouvoir approcher Hana dont mon oncle lui avait brossé un portrait de rêve. La sensualité de ma cousine était tellement forte que notre hôte l'a demandée en mariage au milieu du repas. Elle s'est mise à rire à gorge déployée et lui a rétorqué d'une voix de contralto qu'elle n'avait pas l'intention de se marier avec un prétendant mais d'épouser sa carrière d'actrice. Quinze ans après les faits, je me retrouvai en présence de ma cousine. Elle était devenue actrice et était toujours aussi sensuelle. Je ne rêvais que d'une seule chose : la culbuter et lui faire l'amour. Il est déjà difficile de résister à la beauté, mais il est presque inhumain de résister à la sensualité d'une femme qui s'offre en permanence sans rien donner et en évitant soigneusement tout contact physique. »

Bien évidemment, les vêtements qui mettent le corps en valeur (seins, fesses, nombril, ventre, épaules ou pieds) appartiennent aussi au mode de la séduction érotique. On peut voir mais pas toucher la marchandise. Il faut dire que beaucoup de jeunes femmes confondent séduction et étalage !

Rappelez-vous toujours qu'une jolie femme qui dévoile ses charmes, ses lignes ou ses courbes n'a rien de plus à vous offrir qu'un espoir avec vue sur la frustration sexuelle pure et dure.

La provocation

Mode de séduction privilégié par les ados et les adultes qui ont bloqué leur compteur, la provocation peut être associée aux attitudes, au type de vêtement, aux codes du langage mais surtout à la passion amoureuse. La passion amoureuse est une gabegie d'énergie, mais la dépense en vaut toujours le coup dans l'esprit du provocateur.

La provoc séductrice peut se fonder aussi sur un véhicule idéologique, culturel ou religieux. « Je t'aime mais je ne t'épouserai que si tu te convertis », déclare le jeune beur à sa fiancée d'origine catholique. L'amour est soumis à condition.

Reste une nouvelle génération d'animateurs télé dont le fonds de commerce est un mélange de culot et de provocation verbale ou d'exhibitionnisme (Michael Young, Cauet, Sylvain Anouna ou Laurent Baffie). Ils séduisent à contre-emploi car ils osent passer à l'acte là où certains ne rêvent que de le faire. Les provocateurs sont des séducteurs hypernarcissiques. Toute leur créativité est tendue vers un seul objectif : se prouver que leur culot remplace avantageusement le physique qui leur fait défaut. Ce sont des cyniques militants, des méchants de comédie qui vivent et agissent en bande organisée. Du même coup, on peut les assimiler au profil du séducteur tribal adolescent. Car la provocation sans public est impensable. Leurs apparitions ne sont pas toujours du meilleur goût, ni d'un humour à se péter la panse, mais il faut croire que ça plaît à une certaine catégorie de public. Gainsbourg avait ouvert la voie avec, il est vrai, un talent incontestable. Il a fait des émules, mais sont-ils ses héritiers putatifs ? Ça reste à démontrer. J'ai croisé certains d'entre eux sur des plateaux de télé. Ce qui m'a sauté aux yeux, c'est leur manque absolu d'humour hors caméra. Les grandes gueules ont toujours la cote car on craint leurs débordements, que ce soit sur un plateau de télé ou au boulot. Ils séduisent, c'est vrai, parce qu'ils font peur.

Chapitre 4

La séduction passive

Il existe des gestes particuliers qui sont susceptibles de modifier partiellement ou totalement le physique d'un individu. Ce sont les gestes de la beauté qu'aucune femme ne devrait ignorer. Ils agissent comme un maquillage naturel des mimiques du visage, transformant souvent les petits défauts en atout et dissimulant les traits d'un visage asymétrique en lui offrant un écrin gestuel valorisant. Orientation du regard, utilisation efficace des doigts ou des jambes, attitudes qualifiantes pour le corps ou le buste, choix du profil, etc. Il suffit de peu de chose pour métamorphoser son image et offrir à son entourage un look rechapé de neuf à peu de frais.

Le corps humain est un volume en mouvement perpétuel. La manière dont il bouge est bien entendu fonction du mode de déplacement de ce volume mais aussi, et surtout, des pensées qui animent la conscience. De la même manière que la coupe d'un vêtement qui vous convient ou pas, chaque geste que vous reproduisez installe un décor mobile qui favorisera ou non l'image que vous offrez aux autres. Une image qu'il est difficile de dissimuler !

Les photographes de mode connaissent par cœur les règles qui leur permettent d'exploiter la beauté naturelle d'une femme. Ils en usent et en abusent pour mettre en valeur les atouts plastiques de leurs modèles, au même titre que le vêtement dont elles sont le support incontournable. Les comédiens ou les personnages publics choisissent sciemment des attitudes ou des mimiques faciales dont ils maîtrisent l'impact qu'ils produisent. La cote d'amour du public qui les apprécie en dépend inévitablement.

Ainsi, le physique le plus banal peut se métamorphoser en y inscrivant une série d'attitudes, de mimiques ou de gestes composés intégrés à la personnalité gestuelle de toute femme qui en éprouve l'envie ou le besoin. Certains codes gestuels expriment une sensualité refoulée ou proscrite par une éducation trop rigide, d'autres dévoilent un charme censuré par des postures dévalorisantes. À l'instar d'une coiffure, d'un style de vêtement ou d'un maquillage subtil, les gestes sont en mesure de modifier votre look sans que vous soyez obligée de vous soumettre à des séances de maintien. Le choix des gestes qui vous valoriseront est fonction de deux critères exclusifs : votre ressenti et un miroir.

Les gestes, contrairement aux langues étrangères, s'apprennent avec une facilité déconcertante, puisqu'ils s'intègrent par imitation. Vos enfants ne font rien d'autre quand ils vous copient instinctivement pour vous ressembler et s'identifier à l'idole que vous représentez à leurs yeux.

Plaire ou séduire ? Telle est la question qui se pose ! Celui ou celle qui cherche à plaire n'est pas forcément un séducteur. Il se sert de l'autre comme d'un miroir dont le rôle essentiel consiste à le rassurer sur son degré de séduction sans obligation de passage à l'acte. D'où le distinguo que je fais entre la séduction passive et la séduction active.

Les bagues

La combinaison de bagues au **majeur gauche** et au **pouce droit** trahit un sujet hypernarcissique ! « Parle-moi de mon look, il n'y a que cela qui me branche ! » Elle a besoin d'être admirée sur le plan purement plastique pour ouvrir les portes d'un jardin secret dont vous ne détiendrez jamais la clef, car elle peut également se montrer aussi imprévisible que la météo.

La combinaison de bagues à l'**annulaire** et au **majeur gauche** indique que votre nouvelle amie est très narcissique, amoureuse du reflet qu'elle observe dans son miroir mais tout à fait sociable et comestible quand elle est en chasse.

Le briquet

Quand vous offrez du feu à votre nouvelle amie, arrangez-vous pour que **la flamme soit dirigée vers vous** et non vers elle, le pouce à l'extérieur.

C'est une bonne manière de vous mettre en lumière, pour ainsi dire.

La chevelure

Votre amie rejette systématiquement ses mèches de cheveux en arrière et les coince derrière ses oreilles.

Sachez que le besoin de dégager ses oreilles est une manière inconsciente de toilettage de la face. Elle se recoiffe le moral en libérant l'encadrement (les oreilles) de son visage. L'objectif évident est de (se) plaire et non de vous séduire dans la mesure où vous êtes déjà dans ses petits papiers.

Votre interlocuteur(trice) plonge tout le temps la main dans les cheveux.

Individu narcissique qui recoiffe son image publique ou son moral. En tout état de cause, ce tic gestuel trahit un manque de confiance en soi.

Les cils

Siège du narcissisme primaire de l'enfant dont on vante la longueur des cils et qui débouche presque toujours sur un adulte très concerné par son image publique. **Elle recourbe ses cils d'un index aérien.** Il s'agit d'un sujet très préoccupé par l'image qu'il dispense.

La coiffure

Le foulard est noué dans le chignon ou la queue-de-cheval et retombe sur les épaules.

Attitude narcissique de la part d'un personnage surinvesti dans son image publique.

La démarche

Si votre coup de cœur marche à vos côtés en baissant les yeux sur ses chaussures.

Vous avez tiré le mauvais numéro. Narcissique jusqu'au bout des ongles, sa démarche trahit un tempérament de faux-self et une tendance à vivre par procuration !

Les dents

Votre interlocuteur **se cure précieusement le diastème** des dents avec l'ongle de son auriculaire. Réflexe typique d'une personnalité narcissique, faites-lui un compliment sur sa mise et vous emporterez le morceau.

Les doigts

Les doigts croisés et le menton posé dessus, poignets cassés en angle droit !

Cette attitude est l'un des classiques gestuels de la séduction. C'est une posture dont l'objectif affiché consiste à mettre en valeur le visage, comme s'il s'agissait d'un portrait. Elle trahit surtout les femmes très concernées par leur look ou très centrées sur leur image sociale et qui ont besoin de plaire à leurs interlocuteurs. Les actrices privilégient ce type de postures face aux photographes.

Les hanches

Elle pose ses deux mains en appui sur ses hanches.

Mise en avant de la silhouette, associée à un besoin de s'imposer.

Votre interlocuteur, debout, pose une main sur la hanche correspondante.

Geste typique d'un séducteur zéro défaut. Dans le film *Rencontre avec Joe Black,* Brad Pitt abuse de cette posture pour mettre en valeur sa silhouette.

La jupe

Elle porte une jupe fourreau l'obligeant à raccourcir ses pas.

Séductrice exhibitionniste qui se contente de capter les regards pour se mettre en appétit et consommer son petit mari.

Les hanches de votre interlocutrice sont marquées par une minijupe, ajustée au millimètre près, sur laquelle elle tire mécaniquement en s'asseyant.

« Parle-moi de mon... Moi, il n'y a que cela qui m'intéresse ! » Ne lui faites confiance qu'a posteriori, elle fonctionne sur le mode du chacun pour « moi » et Dieu pour tous. Elle est prétentieuse, puérile, autosuffisante, égocentrique et très portée sur le besoin de plaire sans pour autant consommer.

Le menton

Le sujet pose son menton dans la paume de sa main, doigts repliés, coude en appui.

Il s'agit d'une posture narcissique destinée à mettre en valeur le visage, surtout si le coude de support est le gauche.

Le nez

Comme toutes les excroissances, le nez est fort sollicité par ceux qui estiment que la nature ne les a pas gâtés. Vous remarquerez aisément que les individus dont le nez se marie idéalement avec le visage ont moins tendance à le triturer dans tous les sens que ceux qui n'ont pas eu cette chance. Les porteurs de nez camards **se le pincent souvent entre le pouce et l'index,** ceux qui ont un nez pointu ou trop long **se l'écrasent**. Enfin, certains individus qui portent leur narcissisme à la boutonnière ont tendance à le signaler distraitement d'un index innocent.

Les poches

Il plonge ses mains dans les poches arrière de son jean.

Cette attitude a l'avantage de mettre le torse en valeur au masculin comme au féminin. Au demeurant, excellente position pour combattre les effets pernicieux que la gravité terrestre exerce sur les seins.

Les seins

Elle tire son pull vers le bas à plusieurs reprises pour avoir l'occasion de se cambrer et faire admirer le galbe de sa poitrine.

Méfiez-vous cependant car ce geste est souvent reproduit par des femmes dont les seins souffrent de la gravité terrestre. Ce qui signifie qu'en ôtant le Wonderbra vous risquez d'avoir une drôle de surprise.

Elle porte toujours un décolleté, même en hiver.

Certaines femmes placent leur orgueil en ce lieu anatomique au détriment de leurs autres atouts. Pour quelle raison ? Peut-être parce qu'elles manquent de sensualité et qu'elles se servent de leur poitrine pour donner le change. La poitrine est souvent et malheureusement la jolie vitrine d'une boutique aux rayons un peu vides.

Le visage

Tous les gestes qui servent à encadrer le visage sont des séquences de séduction passive.

Chapitre 5

Séduire quand on est une femme

On ne montre bien que ce que l'on cache mal.

N'oubliez jamais qu'en matière de préambule amoureux, les hommes sont restés des *homo erectus* du Neandertal, ils demeurent aveugles aux évidences et s'inventent des fantasmes là où il suffirait d'agir pour les vivre. Et comme je l'ai déjà évoqué dans le premier chapitre, les séductrices qui se servent de l'écran (petit ou grand) pour séduire le public ne sont que des images virtuelles (des projections fantasmatiques) de l'inconscient collectif. Ces mêmes actrices redeviennent des femmes au comportement conventionnel en privé.

Mais nul ne vous oblige à souscrire à cette attitude de soumission bourgeoise et carrément décadente qui consiste à faire le pied de grue dans une réunion amicale ou dans une soirée dansante jusqu'à ce que le premier plouc venu vienne vous inviter à boire un verre ou à danser. Si vous souhaitez vous lancer dans une « carrière » de séductrice active, il faudra vous défaire de cette éducation hypocrite qui fait de vous l'égale d'une fatma de harem. Si un homme vous plaît, il existe mille et une manières de le lui faire savoir sans avoir besoin de vous suspendre à sa cravate ou de lui pincer les fesses en public.

Il existe certaines postures gestuelles discrètes et parfaitement efficaces qui peuvent vous aider dans votre entreprise de séduction et qu'il vous sera utile de mémoriser. Elles mettent en valeur votre visage ou votre corps, révélant les atouts plastiques dont vous n'êtes pas peu fière. Si vous voulez séduire, ne comptez pas trop sur votre beauté sauvage ou les produits de beauté qui dissimulent les petites imperfections. Les gestes décalés vous trahiront au moment le plus stratégique. Apprenez à bouger selon les règles de la séduction ! Ne craignez pas d'exagérer certains gestes qui vous plairont, tant il est vrai qu'il vaut mieux sonner faux que de ne pas sonner du tout. Et puis, tout geste est artificiel tant qu'il n'est pas devenu naturel. Et comment pourrait-il le devenir sans l'aide d'un apprentissage chorégraphique assidu ?

Les gestes sont les notes d'une mélodie corporelle. Les paroles ne suffisent pas, et la beauté innée n'est qu'une image d'Épinal sans l'assistance de l'harmonie gestuelle. Parlant de l'amour, Erich Fromm insiste particulièrement sur ce point : « L'amour ne se transmet pas par des mots ou par des explications. Il s'exprime par des gestes plutôt que par des idées, par un ton de voix plutôt que par des paroles » (*in Le Cœur de l'homme*).

Vous pourriez être disponible ou vous préparer à le devenir sans en avoir clairement conscience. Vous exprimerez alors cette disponibilité virtuelle par une série de postures ou de gestes mécaniques parfaitement innocents à vos propres yeux, comme le fait de « masturber » une bouteille de Coca-Cola ou votre verre de scotch les yeux dans le vague et l'esprit dans les nuages, ou encore de présenter votre profil gauche de trois quarts à un inconnu qui vous observe un peu trop attentivement (une façon de le défier du regard). Deux manières parmi des centaines d'autres de signaler que le feu est passé au vert ou que cela ne saurait tarder.

Mais, attention, comme nous le verrons, ces moments sont privilégiés, un peu comme des fenêtres de tir. Il existe bien entendu des invitations directes à figurer sur votre carnet de bal : le regard appuyé qui ne se dérobe pas en cas de confrontation visuelle, ou encore le sourire « Pepsodent » en voie d'apparition. En revanche, le « ...vous avez du feu, jeune homme ? » n'a plus la cote.

Aujourd'hui, tout est dans la subtilité du geste, l'évanescence de la posture, l'apparence générale ou les signaux vestimentaires. Un décolleté généreusement échancré n'est pas toujours un appel du pied, quoi que vous en pensiez. Une femme montre la naissance de ses seins comme un homme nanti d'une musculature bien charpentée s'habillera cintré pour faire valoir la déclivité de sa taille par rapport à la largeur de ses épaules.

Sans *vade-mecum* non verbal, vous passerez à côté de vos chances sept fois sur six. Car la disponibilité de ce bel inconnu qui vous fait déjà craquer est parfaitement extemporanée. Elle ne dure parfois que quelques secondes pendant lesquelles tout peut basculer. Vous hésitez à reproduire le geste qui tue, le temps d'un battement de cils et l'huître se referme. Son attitude d'invite subtile disparaît au profit d'un signal barrière pur et dur. Vous savez ce que vous voulez : « lui » ! Mais vous n'avez pas été assez attentive pour adopter l'attitude de la prédatrice. Dans le fond, tout cela n'est qu'un jeu que vous jouez sur le fil du rasoir, allumeuse ou « débauchable », le temps d'une soirée esseulée et/ou d'une nuit sans grasse matinée. À consommer sec et sans glaçon !

Il est des ébauches de sourire qui ne trompent pas sur les intentions de celle qui adresse ce sourire à l'inconnu qui passe dans la rue. La drague n'est presque jamais aussi fruste qu'on se l'imagine. Elle est souvent plus subtile, c'est une chorégraphie entièrement gestualisée avant la moindre prise de contact verbal.

Je dispose d'un dictionnaire gestuel très étendu, comme vous vous en doutez. Je m'y suis plongé pour situer avec précision toutes les postures et attitudes corporelles susceptibles de s'intégrer au lexique gestuel que je vous offre dans ce chapitre très particulier. Je vous rappelle qu'il est destiné, en exclusivité, à mes lectrices, ce qui ne doit pas empêcher certains de mes lecteurs de s'y plonger pour apprendre à décrypter les attitudes séductrices de ces demoiselles.

Tous les ouvrages pratiques consacrés à la drague pure et dure s'adressent toujours et sans exception à des lecteurs masculins. Pourquoi ce sexisme de la part des auteurs ? Sans aucun doute parce que chacun de ces livres est d'abord et avant tout un bouquin fétiche commis par l'auteur qui se rêve séducteur avant de s'affirmer comme un pédagogue de la séduction. Remarquez qu'aucune femme écrivain n'a jamais proposé ce genre de *vade-mecum* ! Comme si le cliché de la dragueuse s'apparentait à la prostituée ou à la femme de mauvaise vie. Un homme vient à passer. Il vous plaît d'emblée mais impossible de le lui faire savoir sans être immédiatement cataloguée.

Lors d'une émission animée par Évelyne Thomas, « C'est mon choix ! », le plateau était consacré aux dragueuses. Je me souviens de deux très jeunes femmes qui ont fait l'unanimité contre elles parce qu'elles s'affirmaient comme des dragueuses. Une femme n'a pas le droit d'aborder un homme sans être immédiatement étiquetée et rangée dans le tiroir du bas. Le sexisme ne vient pas des hommes mais de la société qui transmet des valeurs culturelles sexistes depuis la nuit des temps.

Mais avant de vous lancer, tête baissée, dans l'aventure, un dernier conseil qui vaut son pesant d'or et que je vous enjoins à inscrire sur la page de garde de votre carnet de rendez-vous : **« Un coup de foudre naît dans un regard et meurt souvent au bord des lèvres. »**

Les signaux gestuels féminins qui font craquer les hommes

Pouvez-vous imaginer que certaines de vos postures sont des micromessages de type sexuel ? Des gestes tabous ! Non pas ces gestes vulgaires, mais des séquences gestuelles subtiles dont la sensualité est ignorée du grand public et dont on retrouve des traces dans les danses sacrées hindoues. Des gestes qui servent à séduire discrètement un inconnu dans un endroit public ou que vous reproduisez sans vous en apercevoir face à une personne qui vous plaît. Toutes les femmes sont des séductrices sans le savoir, dès que la présence d'un bel inconnu les bouleverse sans avertissement. Dès lors le corps réagit à l'insu de la conscience, les pupilles se dilatent, les jambes s'orientent différemment, la poitrine se soulève imperceptiblement. Mille et un signes subtils se manifestent pour signaler aux inconscients en présence que le contact a été établi, mais que les consciences ne sont pas encore au courant.

Mais il existe aussi un répertoire gestuel particulier qui est susceptible de modifier partiellement ou totalement votre apparence physique : ce sont les gestes de la beauté. Ils agissent comme un maquillage naturel, transformant souvent vos petits défauts en atouts et dissimulant les traits d'un visage asymétrique en lui offrant un écrin gestuel valorisant. Orientation du regard, utilisation efficace des doigts ou des jambes, attitudes sensuelles et qualifiantes pour le corps ou le buste, choix du profil, etc. Il suffit de peu de chose pour métamorphoser votre image et offrir à votre entourage un look rechapé de neuf à peu de frais. Faut-il être belle pour être séduisante ? Surtout pas ! Car la beauté plastique n'est que la vitrine des séductrices passives. Elles vivent par procuration au travers d'une image figée et sans âme. Ce sont, en quelque sorte, des clichés statiques échappés d'un magazine de mode. La séductrice active existe à travers la richesse de ses attitudes corporelles et de son répertoire gestuel revu et corrigé. C'est dire qu'un cliché statique ne suffit pas à séduire même s'il peut exciter la curiosité d'en voir plus. La beauté d'une femme (ou d'un homme, d'ailleurs) est fonction du mouvement, de l'expression et de la richesse du vocabulaire gestuel laissant loin derrière le critère de beauté plastique pure. Les personnes sans charme sont relativement rares. La majorité des individus sont beaux sans le savoir, mais tellement figés dans leur expressivité corporelle qu'ils handicapent leur image publique d'entrée de jeu. Réapprendre à bouger pour mettre en valeur ses atouts physiques n'est pas une gageure. Ça passe par des cours de mime, de théâtre, de fitness, de danse rythmique, de pose de voix, de double conscience, etc.

Les centres de relooking insistent beaucoup sur la coquille externe mais s'intéressent relativement peu aux aspects que je viens de citer. Et c'est bien dommage ! Notez que je comprends les responsables de ces sociétés. Leurs consultants leur demandent des résultats rapides et ne sont pas forcément prêts à subir des initiations longues et difficiles pour devenir de vrais séducteurs. L'illusion devrait suffire, même si ce n'est pas du tout l'objectif de ces spécialistes du look.

Comment s'asseoir ?

Assise, glissez vos mains jointes entre vos cuisses, jambes croisées.

Il s'agit évidemment d'une pénétration simulée.

Ou reposez vos fesses ou le haut de vos cuisses sur le dos des mains.

La suggestion est plus qu'évidente. Ce ne sont pas vos mains qui devraient supporter le poids de votre corps. Il s'agit d'un geste relique de l'enfance qui rejoint l'époque où votre papa vous portait dans ses bras en empoignant vos fesses pour vous maintenir en équilibre.

Habillée d'un jean ou d'un caleçon, collez les voûtes plantaires l'une à l'autre, pieds sur les tranches, jambes ouvertes en losange.

Le caleçon épouse mieux les formes que le jean.

Ou posez vos mains sur votre pubis en formant en toute innocence un losange au moyen des pinces pouce index.

Penchez-vous vers lui en prenant appui sur la table, jambes croisées à la façon d'une liane, fessiers en déséquilibre sur le siège.

Vous violez son territoire physique et visuel, si la naissance de vos seins est au balcon.

Asseyez-vous sur les marches d'un escalier, les jambes largement ouvertes à 90° face à lui, pour autant que vous portiez une robe vaporeuse et que le volant vous retombe entre les jambes. La posture est très hard et hyperprovocante.

Au premier abord, apprenez à voir les choses de la France d'en haut en vous tenant toujours très droite en position assise.

Évitez les dos ronds ou les viols du territoire d'entrée de jeu. Si vous avez tendance à plier l'échine, faites de l'équitation pour apprendre à redresser votre dos.

Assise sur un sofa en privé, votre jambe gauche ou droite doit former un angle ouvert en direction de l'extérieur en appui sur le sol tandis que l'autre jambe sera repliée sous vos fesses.

C'est de la haute voltige et vous avez intérêt à vous entraîner avant de reproduire cette posture très ado.

Dans l'intimité, reposez toujours votre menton sur vos genoux, jambes repliées contre la poitrine.

En jouant les forteresses, vous déclencherez son besoin de vous conquérir.

En position assise, levez vos bras en extension au-dessus de votre tête d'un air nonchalant.

Une attitude qui révèle un besoin de voyager au-delà des conventions sociales. La posture a l'avantage de relever votre poitrine, un mouvement qui ne passe jamais inaperçu aux yeux d'un homme.

Votre bouche

Caressez-vous le tour des lèvres de l'index, comme si vous vous remettiez du rouge !

Évitez la bouche en cul de poule ! Le geste est typiquement féminin et le message émis trahit votre trouble réel ou fictif (voir aussi les lèvres).

Vos bras sont des ailes

Coudes en appui, vous posez délicatement la paume de votre main droite sur le dos de la main gauche bras tendus devant vous, tout en fixant votre interlocuteur d'un regard en biais.

« Je sais exactement ce que je veux... » est le sens de ce geste dans ce contexte particulier de séduction. Cette signification tient aussi au regard en biais.

Croisez les avant-bras, bras tendus, pour permettre à vos doigts de s'entrelacer à l'inverse du croisement habituel.

Le geste indique une demande de relation amoureuse fusionnelle.

Vos bras croisés contre la poitrine, vos mains s'accrochent aux épaules comme dans un geste de pudeur d'une femme surprise à moitié nue.

Il s'agit d'une invite sans détour adressée à l'homme qui vous fait face. Les bras préfigurent ceux de votre interlocuteur.

Quand la conversation se languit, levez les bras en l'air tout en repliant les avant-bras mains cachées derrière la nuque.

La posture du papillon ! Elle correspond à une supplique amoureuse tout à fait charmante. Attention ! Il faut répéter ce genre de posture devant votre miroir pour qu'elle soit aussi harmonieuse que possible.

La queue du Mickey

Conservez toujours votre briquet dans votre main libre quand vous fumez !

En tous les cas, jusqu'à ce qu'il vienne vous l'enlever de la main pour vous le prendre et apaiser votre prétendue anxiété de lui plaire. Ce stratagème est un geste relique relié au passé de chacun d'entre nous. Il symbolise la queue du Mickey et le pur bonheur de l'attraper en premier.

Les vraies fausses caresses

De quelle main vous caressez-vous ou vous grattez-vous le visage d'habitude ?

La gauche principalement ? Vous êtes nostalgique des caresses maternelles et en recherche de sensualité !

La caresse est la première de toutes les marques d'estime ou d'amour que chaque individu intègre dans son cadre de références, dès la naissance. On observe souvent des personnes se caressant distraitement l'une ou l'autre partie du visage ou du corps. Ce geste tellement commun n'est pas forcément lié à une carence affective. La caresse que l'on se prodigue à soi-même est plus souvent celle que la bienséance nous empêche de faire à l'autre. Caresse et créativité sont cousines dans l'inconscient. La première enclenche souvent le processus qui éveille la seconde. Or, de la créativité à la sensualité, le chemin est vite franchi.

Caressez-vous le menton de temps à autre en le quittant des yeux un court instant !

Geste d'évaluation, il a le mérite de réveiller la combativité et l'audace des séducteurs les plus timides.

S'il se focalise sur votre décolleté généreusement échancré..., **caressez l'ongle de votre index de la pulpe du majeur de la même main ou l'ongle du pouce de la pulpe de l'index de la même main.** Le message est on ne peut plus clair. Il le recevra 5/5 s'il n'a pas les yeux dans sa poche.

Vous vous caressez constamment le visage ou les bras tout en parlant avec vos amies sans oublier d'épier le ou les mâles présents.

Le phénomène tellement courant qu'on y prête rarement attention. L'autocaresse est un véritable appel du pied au partenaire, aveugle par définition. C'est également un puissant signal d'ouverture dans le contexte d'une parade amoureuse entre deux inconnus qui viennent à peine de faire connaissance.

Le cercle digital

La main de votre ami est posée sur un support quelconque. La pulpe du pouce a tendance à rejoindre celle de l'index, comme pour former un cercle digital.

Ce geste indique que votre futur chéri aura des exigences impossibles à satisfaire sur le plan sexuel. À bon entendeur...

Casque d'or

Puissant signal de séduction, l'état de vos cheveux est aussi un baromètre de vos sentiments. De même en ce qui concerne la brillance du cheveu et l'état général de son apparence. Dans la majorité des cas, la coiffure que vous adoptez est fonction de ce qui se passe dans votre tête. Ce qui signifie que votre coupe de cheveux trahit vos sentiments malgré vous.

Pourquoi rejetez-vous systématiquement vos mèches de cheveux en arrière en les coinçant derrière vos oreilles ?

Geste séducteur ou attitude narcissique ? Le besoin de dégager ses oreilles est une manière inconsciente de toilettage de la face. Vous vous recoiffez le moral en libérant l'encadrement (les oreilles) de votre visage. L'objectif évident est de (se) plaire, mais votre inconnu n'est pas forcément compris dans le menu. Ce geste totalement réflexe est, et c'est paradoxal, un signe de retrait ou de prudence non consciente. Les cheveux accrochés derrière les oreilles offrent en revanche un privilège à la beauté des traits du visage.

Les mains dans les cheveux obligent votre poitrine à remonter d'un cran.

Le truc est vieux comme le monde. Tous les modèles de photos érotiques en usent et en abusent pour mettre leurs seins en valeur et contrarier les règles de la gravité. Ça marche toujours aussi bien quand il s'agit de séduire un homme.

Les cheveux mi-longs qui s'arrêtent sur les épaules ou au niveau des omoplates sont des cheveux qui repoussent.

Si vous portez les cheveux mi-longs parce que vous avez choisi délibérément cette longueur, vous vivez peut-être une période de remise en question. Mais le plus intéressant concerne cette frange qui vous mange le visage et que vous rejetez d'un mouvement de la tête ou de la main. Que vous le vouliez ou non, il s'agit d'une tactique de séduction. La frange en rideau n'est donc pas là pour dissimuler mais pour dévoiler le regard espiègle de la femme sensuelle que vous êtes.

Évitez de plonger tout le temps la main dans vos cheveux !

Ce tic gestuel trahit un manque de confiance en soi.

Les cheveux très longs ?

Laissons de côté les mannequins et actrices dont la longue chevelure nous laisse souvent rêveurs et pour lesquelles cet artifice représente un atout, sinon un outil de travail ! Le besoin de paraître supplante le besoin d'être. Une femme d'âge mûr qui porte les cheveux longs appartient au clan de celles qui refusent de vieillir et investissent temps et argent pour entretenir leur soif de romantisme et non d'érotisme. Si vous aimez les longs cheveux mais que vous préférez le sexe au romantisme, relevez vos cheveux en chignon !

Coudes en appui, vous enroulez une mèche de cheveux autour de votre index, tout en regardant votre compagnon à la dérobée. L'effet est très romantique.

Vous relevez vos cheveux en chignon au sommet du crâne.

Geste séducteur popularisé par Brigitte Bardot dans le film culte *Et Dieu créa la femme,* il sous-entend une offrande érotique du corps. Les seins jaillissent et la taille s'affine donnant au bassin un aspect d'amphore romaine. L'élévation du corps révèle toujours un mode d'action contrairement au tassement qui trahit un mode de démission. L'attitude est surtout séductrice parce qu'elle procède d'un calcul cousu de fil blanc. Intelligemment mise en scène au moment *ad hoc*, elle provoque une montée d'adrénaline suffisante pour faire craquer les dernières résistances de votre victime consentante.

Enfin, sachez que... la **raie au milieu** révèle un personnage charmant mais non charmeur, plus influençable, voire hypersensible qui s'évertue à plaire mais non à séduire.

Vos cils

Vous recourbez vos cils d'un index aérien.

Le geste est consacré mais peu séducteur et trahit une personne très préoccupée par l'image qu'elle dispense. Je vous conseille de l'éviter, même si vous avez des cils d'une longueur olympique. Siège du narcissisme primaire de l'enfant dont on vante la longueur des cils et qui débouche presque toujours sur un adulte très concerné par son image publique.

Votre coiffure

Votre foulard est noué dans le chignon ou la queue-de-cheval qui retombe sur vos épaules.

L'attitude est narcissique et trahit une coquetterie qui peut plaire à certains hommes ou dans certains milieux huppés. Très classe !

Essayez donc les tresses africaines... pour visages pâles et blondes cendrées !

Un signal de séduction *hard*, même si celles qui les privilégient s'en défendent farouchement.

Le cou du cygne

Posez délicatement votre main gauche sur votre gorge de temps à autre tout en l'écoutant vous raconter sa journée de boulot.

Ce geste particulier peut révéler une conscience troublée par des désirs contradictoires.

Dans le contexte de la séduction, la nuque que l'on repose dans sa main peut parfaitement représenter celle de l'inconnu que l'on souhaite séduire en anticipant gestuellement sur le résultat.

Vous levez les bras en l'air et repliez les avant-bras tout en cachant vos mains derrière la nuque.

Posture du nœud ou du papillon qui vole de fleur en fleur sans jamais prendre le temps de se poser quelque part. Reproduit face à votre coup de cœur ou face à un inconnu qui vous plaît, ce type de code est une invitation à l'escale amoureuse.

Les cuisses érotiques

Si vous vous caressez distraitement les cuisses d'un mouvement régulier d'aller-retour...

Le geste parle de lui-même. La mimique de la pénétration est évidente pour tout le monde sauf pour celui qui refuse de la voir.

La statue de la Liberté sexuelle

... se tient parfois debout.

Un grand classique de la séduction discrète est souvent reproduit debout par une femme dont **les pieds forment un angle droit sur le sol, le talon de l'un est tourné vers la voûte plantaire de l'autre.** Quoi que vous en pensiez, ce code gestuel subtil est un signal de disponibilité amoureuse que vous adressez sans le vouloir à l'homme qui vous plaît, même si vous êtes accompagnée par votre partenaire officiel.

Quand vous êtes debout en face de lui, glissez votre bras gauche derrière le dos en agrippant votre bras droit suspendu le long du flanc droit.

Il s'agit d'un ancrage dit « rapporté » et de type amoureux.

Debout face à votre nouvelle rencontre, posez de temps à autre vos paumes à plat sur les hanches, les doigts pointés vers l'arrière.

La posture est excellente pour souligner les fessiers et mettre en valeur une poitrine peu fournie mais parfaitement opérationnelle.

La poupe de la chaloupe

En marchant songez donc à plonger innocemment vos mains dans les poches avant de votre jean, pouces libres à l'extérieur, les coudes en angle ouvert et bien détachés du corps.

Si vous voulez corser le menu, vous pouvez aussi enfouir vos mains dans les poches arrière. L'objectif consiste, comme vous l'avez deviné, à mettre vos seins et vos fessiers en valeur.

Quand vous marchez, repliez les bras en angle droit, poignets cassés et mains pendantes, sans oublier un déhanchement discret en option.

Un peu ado comme démarche mais, avec un peu d'exercice, vous pourrez la faire passer pour naturelle et même séduisante. Ce n'est pas pour rien que les homos l'ont empruntée aux femmes pour séduire leurs coups de cœur.

Vos épaules

Les séductrices n'utilisent pas assez leurs épaules pour séduire. Pourtant de jolies épaules, un peu creuses, peuvent beaucoup pour la silhouette là où un Wonderbra ne peut pas tout. Toutes les postures décrites ci-dessous sont des variantes subtiles d'une même famille de postures destinées à mettre en valeur de jolies épaules. Si vous en êtes dotées, n'hésitez pas à reproduire ces postures devant votre miroir jusqu'à ce qu'elles s'intègrent à votre vocabulaire gestuel.

Le bras gauche ou droit replié sur lui-même, vos doigts sont accrochés à l'épaule ou la clavicule correspondante, votre tête penchée légèrement du côté de la main.

Les bras croisés, accrochez vos mains au creux des épaules alternes, comme si vous l'invitiez à vous prendre dans ses bras.

Toujours avec le coude en appui sur un support, accrochez vos doigts au creux de votre épaule en posant votre menton sur le dos de la main.

La posture est plus glamour, mais elle peut être reproduite avec beaucoup de grâce.

La main gauche de votre coup de cœur est accrochée à l'épaule correspondante, le bras replié sur lui-même, sa tête repose sur le dos de sa main.

Très romantique mais aussi un peu calculatrice !

La main délicatement accrochée à l'épaule correspondante, elle présente son visage de trois quarts.

Il s'agit d'une attitude qu'affectionnent les séductrices de haut vol. Charmeuse et charmante, la femme qui reproduit ce type de geste cherche à mettre en valeur son buste bien plus qu'à véhiculer un message de séduction active.

L'épaule gauche remonte contre le menton offrant au visage un air mutin.

Attitude puérile reprise par une jeune femme qui joue les ados amoureuses en situation de séduction active.

Les deux bras sont repliés sur le buste, mains accrochées aux épaules correspondantes.

La posture sera difficile à reproduire si vous n'avez pas la longueur de bras suffisante et nécessaire. Elle est plutôt conseillée aux séductrices qui n'ont pas beaucoup de poitrine.

Vos fesses

Zone érogène par définition, que la mode des caleçons a remise au goût du jour au vu et au su de tous les voyeurs qui sommeillent en chaque homme, les fessiers sont une zone corporelle très particulière. Plusieurs gestes et attitudes corporelles qui y sont associés sont hautement révélateurs du climat mental ponctuel de la femme qui investit ses fessiers d'un pouvoir séducteur.

Vous vous caressez ou faites mine de vous caresser les fesses en passant les mains à plat sur les poches arrière de votre jean.

Il s'agit bien entendu d'une invitation inconsciente à un menuet à quatre mains.

Il vous regarde avec insistance. Vous vous savez belle. Le regard que vous renvoyez à l'inconnu qui vous regarde est impénétrable. Vous n'êtes pas seule. Vous vous rapprochez de votre compagnon qui vous devance et lui passez la main sur les fesses.

Une manière de signaler au voyeur qui ne vous est pas indifférent que la seule chose qui vous intéresse, c'est le sexe !

Les doigts magiques

Les index joints, coudes en appui, se calent perpendiculairement au bord des lèvres...

Les index collés l'un à l'autre préfigurent un pénis, la bouche est évidemment la vulve symbolique que les index aimeraient pénétrer. En situation amoureuse, le message est on ne peut plus clair. Ce type d'attitude est un véritable refrain gestuel en situation de séduction active. Reproduit par une femme, il révèle le désir sexuel de l'interlocuteur qui n'est pas encore le partenaire.

La jupe

Vous portez une jupe mi-longue généreusement fendue sur le devant.

Sachez que la fente du devant est agressivement érotique. Elle trahit souvent une femme plus libertine que ses attitudes ou son discours n'en donnent l'impression à première vue. Aucune comparaison possible avec les fentes de côté ou arrière. (Voir au chapitre des objets séducteurs.)

La langue

Vous lui tirez la langue de manière tout à fait inattendue.

Salve d'honneur du pitre à bout d'arguments mais aussi une licence qui permet de mesurer le degré de connivence entre deux individus. La langue au féminin qui se manifeste ainsi de manière intempestive représente aussi un appel érotique déguisé à celui qui tarde à se déclarer. Certaines femmes tirent la langue en riant. Cette curieuse manie indique un intérêt majeur pour le sexe. Ne vous fiez surtout pas à son discours ou à ses mines puritaines !

Les lèvres sensuelles

Elles sont plus une question d'attitudes que de morphologie. Les lèvres peuvent se muscler, comme d'autres parties du corps. On peut aussi faire appel à la chirurgie esthétique. Cependant, le choix des bonnes mimiques est une question d'observation spéculaire et de répétition, comme au théâtre.

Coudes en appui, appuyez légèrement vos lèvres entrouvertes contre le dos de la main droite ou gauche sans refermer les doigts.

Assise en face de votre cible, décollez subtilement la lèvre inférieure de la pince pouce index de temps à autre.

N'oubliez pas d'humecter vos lèvres du bout de la langue !

Ce geste possède un pouvoir hypnotique, s'il est reproduit au moment *ad hoc.*

Votre index gauche ou droit souligne votre menton tout en indiquant le chemin vers vos lèvres.

Suivez le guide !

Les lunettes de soleil

Quand vous remontez vos lunettes solaires sur votre nez d'un index raidi...

« Suis-moi, je te fuis ! », tel est le sens de ce geste symbolique très courant. Vous vous dissimulez derrière vos verres pour éviter d'afficher vos sentiments.

Vous baissez vos verres pour regarder par-dessus vos lunettes de soleil.

Ici, il s'agit plus d'un geste de séduction dévoilant l'intérêt croissant pour votre interlocuteur.

Vous mordillez les branches de vos lunettes tout en l'observant.

Vous affichez votre goût des situations sexuelles insolites.

Vous portez vos lunettes de soleil à califourchon sur la tête.

Certaines femmes vous diront qu'il faut bien les poser quelque part quand on n'a pas de poches. Logique mais pas toujours vrai ! Plus les verres sont grands, plus les lunettes remplacent avantageusement le serre-tête, offrant au visage un atout séducteur supplémentaire. Les opticiens devraient y songer. Les lunettes de soleil se portent aussi en sautoir, comme un diadème et les branches ne sont pas toujours aussi solides qu'on le souhaiterait.

Vos mains

Quand il vous tend la main, abandonnez langoureusement la vôtre, paume en dessous, comme pour un baisemain.

La qualité de la poignée de main est une entrée en matière essentielle pour passer le message de séduction. Pour mémoire : une main chaude et humide est une main sensuelle déjà conquise. Si votre main est chaude mais demeure sèche, le contact est positif mais sans plus. Si votre main demeure froide et sèche, la rencontre ne se présente pas sous les meilleurs auspices. Froide et humide, votre partenaire éventuel est rejeté par la collégiale de vos sentiments bien avant que vous n'en preniez conscience. Ces critères sont également valables pour la main de l'homme qui vous fait face.

Plantez de temps à autre votre index dans la paume de l'autre main, tout en lui donnant la repartie le plus sérieusement du monde.

L'index picador symbolise le combat entre vos désirs et celui qui en est la cible.

Manipulatrice ?

Tandis qu'il vous parle, concentrez-vous dans la manipulation d'un objet quelconque. C'est une attitude de fuite un peu rêveuse, il vous suivra comme un seul homme.

Le massage

En tout état de cause, **si vous l'observez par en dessous en vous massant le cou-de-pied,** le coup de foudre n'est pas loin.

Votre nez

L'homme qui vous fait face se caresse soudain l'arête du nez du bout de l'index, coude en appui, sans vous quitter des yeux.

Le nez est le siège du flair mais aussi le symbole du sexe. Tout dépend en somme du contexte de la caresse. Le nez est l'un des sièges de la sexualité en ce qu'il est une protubérance qui symbolise le sexe masculin ou le clitoris de la femme. Vous remarquerez que vos amis se tripotent souvent le nez quand ils font des confidences audacieuses ou quand ils racontent des blagues salaces.

Caressez-vous de temps en temps l'arête du nez du bout de l'un de vos doigts, sachant que le choix du doigt fait varier le sens du message.

Les pouces ne sont pas de la partie.

Index gauche : « Je te veux pour moi toute seule. »

Index droit : « Tu me plais mais ne me déçois pas ! »

Majeur gauche : « Sois beau et tais-toi ! »

Majeur droit : « Sois sensuel et plein d'idées ! Étonne-moi ! »

Annulaire gauche : « Sois romantique, délicat et poétique ! »

Annulaire droit : « Conduis-toi comme un mec ! »

Auriculaire gauche : « Je suis un peu vicieuse et j'aime voir ! »

Auriculaire droit : « Sois pervers ! Je n'aime pas faire l'amour de façon classique. »

Index et majeur accolés plantés devant les narines, ils remontent vers la pointe du nez en croisant les lèvres.

La demande sexuelle est claire et une certaine brutalité est au menu. Un zeste de sado-masochisme n'est pas pour vous déplaire.

Apprenez à frémir des ailes du nez (les ailes se pincent et se dilatent tour à tour comme si elles manquaient d'air) d'un air mutin.

Il vous trouvera adorable.

La pince pouce-index en V cache votre bouche et encadre votre nez un court instant.

Signe obscène d'origine arabe, dans lequel le bout du nez préfigure un phallus actif, et geste conventionnel en Angleterre pour conspuer les arbitres sportifs. Exécuté inconsciemment, il a un sens purement érotique et trahit les désirs inconscients qui vous taraudent.

Histoire contemporaine

« C'est incroyable d'être aussi proche de lui, il est si mignon ! », se souvient Miss Lewinski en levant les bras vers le visage virtuel de son idole (le président Clinton) qu'elle se représente mentalement. Elle a les yeux exorbités d'une groupie en extase. **Elle se gratte le bout du nez de l'index de la main gauche** à l'évocation d'un flirt très poussé.

Votre nuque

Coudes en appui sur la table qui vous sépare encore de votre cible, vos mains entourent votre nuque sans le quitter des yeux.

Une façon comme une autre de mettre votre tête sur le billot de ses désirs.

Objet phallique non identifié

S'il vous plaît vraiment et que vous êtes dans un lieu public où vous prenez un verre en sa compagnie, n'oubliez jamais de **« masturber » l'OPNI,** c'est-à-dire le verre ou la bouteille tout en utilisant votre fameux regard par en dessous. Très choquant pour certains mais parfaitement reproductible en public sans que personne ne s'en aperçoive, mis à part votre partenaire. Le rêve fantasmatique de tous les hommes consiste à se faire masturber par sa partenaire. L'évocation de ce fantasme est un macro-message sexuel d'une efficacité que je vous laisse découvrir par vous-même.

Le clin d'œil

Clin d'œil droit (l'œil droit est fermé, le gauche reste ouvert). Vos émotions priment sur votre raison. C'est le clin d'œil juvénile de l'éternel ado, un peu dragueur sur les bords et très séducteur à défaut d'être séduisant ! Votre degré d'investissement socio-affectif est réduit à une ou quelques personnes de votre entourage immédiat, ce qui vous conduit à préférer le cocon familial à la foule des relations professionnelles ou des copains d'enfance. En revanche, le **clin d'œil gauche** est plus complice que séducteur.

Vos omoplates

Vous vous grattez souvent l'omoplate gauche ou droite.

Dans un contexte de séduction, une inconnue qui se gratte l'omoplate en présence d'un homme qui lui plaît envoie un signal puissant : « Viens me caresser le dos ! » est le sens allusif de ce geste.

Vos oreilles

On a enregistré des cas d'hommes ou de femmes qui parviennent bel et bien à l'orgasme à la suite de stimulation du lobe de l'oreille. Contrairement à ce que vous pourriez croire, ce ne sont pas les lobes de vos oreilles qui sont les plus sensibles sur le plan érotique mais les hélix (l'arrondi supérieur de l'oreille) qui, caressés ou embrassés avec une certaine adresse, peuvent vous amener au bord de l'orgasme.

Vous palpez-vous le lobe de l'oreille gauche de la pince pouce-index ?

Le geste suggère une profession de foi sexuelle associée à une fixation sur le clitoris. Vous confiez votre vice favori : la masturbation librement consentie.

Coudes en appui, vous palpez le lobe de votre oreille droite ou gauche.

Sollicitation symbolique parfaitement efficace quand il s'agit de se lancer dans des aventures érotiques. Les lobes des oreilles sont des bouts de peau peu innervés mais, paradoxe, très sensibles à la morsure.

Vos pouces

Le pouce droit est le siège symbolique de la motivation et de la sexualité. Si votre coup de cœur emprisonne son pouce droit dans sa main gauche.

Il protège sa motivation contre vos débordements possibles. Du point de vue sexuel, vous faites face à un ancien combattant du plumard.

S'il cache un de ses pouces ou les deux, dans les poches de son jean, en marchant à vos côtés...

Les pouces entravés révèlent presque toujours une sexualité mal maîtrisée, voire problématique ou une carence affective profonde.

Quel est votre bon profil ?

Présentez votre visage de trois quarts profil gauche ou droite, épaule en proue légèrement relevée.

Un mauvais profil peut tout casser. Il est essentiel de connaître le bon pour choisir son angle d'attaque. Par exemple, si vous privilégiez votre profil droit, ne vous asseyez jamais à tribord (à droite) de votre partenaire. À l'inverse si vous privilégiez le profil gauche, ne vous situez jamais à bâbord, c'est-à-dire à sa gauche ou à votre droite. Il y a un monde entre le face-à-face et le côte à côte. À vous de décider ! S'il vous plaît vraiment, évitez le face-à-face et choisissez bien le bon côté et le bon profil.

Ce qui ne doit pas vous empêcher de vous asseoir de guingois sur le siège, afin de lui présenter le bon profil.

Ils en sont arrivés à se rapprocher de plus en plus. Elle s'assoit d'autorité à sa gauche. Hélas, Alain est un homme bâbord, il aime présenter son profil droit à sa belle. Mauvaise pioche. Elle a beau se coller contre lui, il tente de s'écarter d'elle, mal à l'aise. Il finit par se lever pour s'asseoir en face d'elle dans un fauteuil. Elle boude. Alain a envie de poursuivre, mais il ne comprend pas pourquoi il la fuit. Elle est mignonne à croquer, elle sent bon, mais il la trouve un peu envahissante. Elle ne l'est pas en vérité. Le seul problème du couple est un problème de latéralité. Si elle s'était assise à la droite d'Alain, il n'y aurait eu aucun problème.

Soyez hyperattentive à ce critère dont je vous reparlerai en détail dans la deuxième partie de mon ouvrage.

Vos pupilles

Si vous le rencontrez dans un lieu public, asseyez-vous dans le coin le plus sombre pour que vos pupilles se dilatent légèrement à cause du manque de lumière. Cela donnera à votre regard un aspect velouté plein de promesses.

L'arme fatale

Coudes en appui, posez délicatement la paume de votre main droite sur le dos de la main gauche ouverte tout en le fixant d'un regard en biais.

« Je sais exactement ce que je veux... » est le sens de ce geste dans ce contexte particulier de séduction.

Dirigez votre regard dans l'axe de son visage tandis qu'il tient le crachoir pour masquer son malaise.

Un bon acteur dirige toujours son regard dans l'axe du visage de son interlocuteur en le fixant, non pas dans les yeux, mais au niveau de la bouche. De cette façon, il abaisse subtilement ses paupières et donne à son regard un effet particulier très cinématographique, voire carrément magnétique.

Dans un autre registre, la femme amoureuse boit littéralement son compagnon du regard, tandis que ce dernier, gêné d'être l'objet d'une telle admiration, tente de masquer sa confusion en additionnant des kilomètres de phrases pour échapper à l'hypnotisation qu'elle lui fait subir. En règle générale, nous zappons tous pour éviter la confrontation oculaire avec nos interlocuteurs. Cette attitude réflexe, largement répandue, confirme le rôle fascinateur du regard. Représentants de nos émotions et du regard de l'âme, les yeux peuvent beaucoup pour celles qui savent comment s'en servir. J'y reviens plus en détail dans le chapitre consacré à l'anatomie de la séduction.

Apprendre à rire !

Si la bouche est contrainte d'adopter une mimique qui, dans une certaine mesure, rappelle une réaction sexuelle, elle se dissimule souvent alors derrière la main. Certaines sortes de rires et de grimaces sont caractéristiques de la phase de cour, et quand elles se produisent dans un contexte social, on peut fréquemment voir la main se lever aussitôt pour couvrir la région de la bouche.

Évitez de rire en vous pinçant le nez ou le dissimulant de la main.

C'est un rire gêné, souvent associé à une allusion sexuelle. Le geste est universel et totalement a-culturel. Il est visible dans tous les *talk show* où le sexe est l'invité vedette, même si le sujet annoncé l'exclut *a priori*. Riez à gorge déployée, même si vous n'avez pas de jolies dents ! Rien n'est plus séduisant qu'une femme qui s'abandonne au rire.

Vos seins

La poitrine est une zone érogène, aussi bien chez la femme que chez son compagnon. La beauté d'une poitrine bien mise en valeur peut faire oublier de nombreuses disgrâces. Sur le plan professionnel, une jolie poitrine peut être un atout non négligeable, quelle que soit l'activité exercée par celle qui en bénéficie. Aucun homme sur terre n'est insensible aux signaux de détresse d'un décolleté pigeonnant.

Si vous vous caressez la naissance des seins du bout des doigts.

Sachez que le message que vous passez est irréversible, pour autant que votre compagnon le comprenne. Vous songez déjà à la suite concrète des événements.

Vous soulignez sous ses yeux gourmands la générosité de votre décolleté en croisant les bras sous vos seins.

La posture très courue par les séductrices qui sont fières, à juste titre, de leur décolleté. Vous auriez bien tort de le priver, mais attention aux conséquences inattendues de l'effet hypnotique.

Arrangez-vous pour porter des vêtements dont les textures laissent pointer les aréoles de vos seins, si ces dernières sont érectiles au frottement.

Le mode est audacieux mais imparable si vous êtes très motivée à séduire votre cible, coûte que coûte.

Votre tête

Si vous inclinez la tête à gauche.

On constate régulièrement que les enfants adoptent ce code gestuel particulier pour séduire les adultes. C'est la traduction des oreilles baissées du chien. Il se soumet pour s'attirer la sympathie de son maître. L'inclinaison de la tête vers la gauche est commandée par l'aire cérébrale opposée, celle qui gère l'imaginaire ou la sensibilité. Ce geste s'accompagne souvent d'une détente du visage, voire d'un sourire discret. On peut le considérer comme un code gestuel de séduction.

La rotation de la tête vers la droite, regard dans l'axe, est une posture de défiance mais aussi de défi dans un contexte plus sensuel.

Vous appuyez votre joue contre le dos de votre main gauche, coude en appui, avec la tête légèrement penchée vers la gauche.

Une tête penchée est toujours plus séduisante qu'une tête guindée. Le dos de la main préfigure son épaule virile contre laquelle vous rêvez d'appuyer votre jolie tête pleine d'images érotiques.

Doigts repliés contre le bas de votre joue gauche ou droite, votre menton repose sur la paume de votre main, coude en appui.

Voilà une posture classique de la part d'une femme bien dans sa peau et ouverte à votre entreprise de séduction.

Fleur de lotus ! Vos doigts écartés sont les feuilles qui encadrent votre visage lui offrant un écrin de chair...

L'invitation est claire et nette. Il a le droit d'admirer le modèle avant d'y goûter avec toute la délicatesse voulue et en mettant les petits plats dans les grands. Séducteurs sauvages s'abstenir !

Votre épaule gauche remonte contre votre menton offrant à votre visage un air plus que coquin.

Il s'agit *a priori* d'une attitude puérile reprise par une jeune femme qui joue les ados amoureuses en situation de séduction active.

Votre menton repose sur le dos des mains posées à plat l'une sur l'autre, en plancher, pour mettre votre visage en valeur.

Le message est plus narcissique que séducteur et destiné à mettre en valeur un sourire ou un visage dont vous êtes fière à juste titre. Mais ce type de geste n'est qu'un bristol et pas forcément une invitation à la danse.

Quand vous posez votre menton et la joue au creux de votre main...

Cela peut évoquer tout simplement un état de fatigue ou de lassitude, mais tout dépend du contexte dans lequel ce geste est reproduit. Face à un homme, le geste en question peut figurer une bouderie amoureuse. Vous mimez inconsciemment le contact de votre joue contre celle de l'homme qui vous plaît. Le socle de la main droite révèle une attitude plus réfléchie tandis que le socle de la main gauche trahit une attitude plus rêveuse ou plus amoureuse.

Vous reposez l'une de vos oreilles contre la main correspondante, coude en appui, tout en penchant la tête sur le côté.

Le simple fait de pencher la tête est en soi une attitude de séduction. En plus, la main préfigure l'oreiller que vous souhaitez partager avec votre partenaire.

Coude en appui, vous posez votre menton dans la paume de votre main gauche ou droite, doigts écartés contre le visage. Les doigts pointent vers le haut et dissimulent en partie vos traits comme un masque digital.

À vous de choisir le profil que vous souhaitez privilégier. La dissimulation des traits du visage permet de contrôler ses mimiques. Dans un contexte de séduction, ce code gestuel est parfaitement sensuel.

Les doigts croisés et le menton posé dessus, poignets cassés en angle droit !

Cette attitude est l'un des classiques gestuels de la séduction. C'est une posture dont l'objectif affiché consiste à mettre en valeur le visage, comme s'il s'agissait d'un portrait. Les actrices privilégient ce type de posture face aux photographes.

Les doigts de la main droite tendus sont encastrés dans les doigts de la main gauche repliée. La figure évoque un coussin sur lequel votre joue gauche repose amoureusement.

Très belle posture qui se passe de commentaires.

Quand vous posez votre joue contre le dos des doigts de votre main gauche, index en antenne collé contre la tempe, coude en appui, cette posture indique que vous invitez votre partenaire à faire appel à son 6e sens pour deviner la marche à suivre.

Pour votre gouverne...

Tous les gestes qui servent à encadrer le visage sont des séquences de séduction. Quand un réalisateur veut rendre une scène de séduction plus réaliste à l'écran, il utilise ce genre de mises en scène posturales pour mettre en valeur le visage de l'actrice. Pourquoi ces gestes ne seraient pas efficaces hors écran ?

Quelques clichés masculins à la carte

Je vous livre quelques portraits de séducteurs vite brossés, histoire de vous aider à situer les modèles les plus courants, ceux qu'on voit en général à la télé dans les *reality show* scénarisés sur fond de séduction. Une typologie plus fouillée vous attend dans la troisième partie de cet ouvrage.

Le mec zéro défaut

(Brad Pitt, Richard Gere, Leonardo Di Caprio)

Gravure de mode, image d'Épinal pour grande fille romantique. Narcissique jusqu'à la pointe du prépuce, il n'est jamais une affaire au lit. En revanche, c'est le mec idéal pour faire baver d'envie les copines. C'est la *prima donna*, version Hollywood années 80 ! Il est vrai que nous avons plus de vingt ans de retard sur les Américains. Le prototype actuel du zéro défaut n'est plus aussi glamour qu'on le pense. Il doit faire crade pour ne pas être « nominé » par les médias. Mais, bref, notre mec zéro défaut à nous est généralement maniaque de l'ordre et de la propreté, il a le soucis du détail qui tue. La proportion épaules-hanches est parfaite ; le corps est glabre ou épilé ; la musculature entretenue sans excès de zèle ; le membre en érection fait plus de 7,5 cm, ce qui représente généralement la profondeur anatomique de votre vagin. Bref, il est parfaitement comestible mais pas forcément disponible.

Quelques-unes de ses attitudes typiques...

Il s'observe systématiquement dans le reflet des vitrines. Les rétroviseurs lui servent plus à ausculter sa denture impeccable (merci, le fil dentaire !) qu'à se méfier des automobilistes qui le suivent.

Il met souvent une main sur la hanche, veston rejeté en arrière pour camper sa silhouette de jeune dieu des bars branchés.

Il utilise son regard pour hypnotiser les inconnues mais zappe dès qu'il a fait connaissance. Couché dans l'herbe avec sa partenaire, il se laisse entreprendre mais ne prendra jamais l'initiative.

Il se passe souvent la main dans les cheveux pour discipliner ses mèches rebelles et pour se recoiffer le moral.

Le macho

(Gérard Depardieu, José Garcia, Sylvester Stallone, Robert de Niro, Bruce Willis...)

Prédateur, phallocrate, biscotteur mais pas forcément bizouteur ; il est pressé de vous sauter dessus pour asseoir son pouvoir de gros jaloux. Le macho est souvent un ancien sportif reconverti à cause d'un durillon de comptoir malencontreux. Fort en gueule, ancien chahuteur des cours de récré, le macho aime les demoiselles qui ont du répondant, genre gros lolos et fesses charnues. Et si vous n'êtes pas pourvue à ces deux niveaux, une expertise sexuelle peut parfaitement donner le change, voire mieux. Les machos sont très « sexe » et pas aussi mateurs qu'on le pense. Ils aiment le sexe pour le sexe, mais sont aussi capables d'aimer une femme avec passion sans pour autant être capables de lui rester fidèle.

L'obsédé

Forcément sexuel ! Tout, tout, tout vous saurez tout sur le zizi ! Ses connaissances sur le sujet sont intarissables, irréfragables et insubmersibles.

Le regard du mateur est un regard spécifique reconnaissable entre tous. Les paupières tombantes à force de se focaliser sur les seins, le galbe des jambes ou la rondeur prometteuse des fessiers. Un geste récurrent le trahit à son insu : **son pouce est souvent coincé entre l'index et le majeur.**

L'homme enfant

Romantique, platonique, timide, désolé de ne pas vous sauter dessus à la cosaque dans la mesure où il est souvent puceau par-delà ses 20 ans. Il aime que les autres choisissent pour lui, déléguant à ses potes le pouvoir maternel qui a guidé ses pas depuis l'enfance. La plupart des hommes enfants sont issus de familles monoparentales dans lesquelles l'image du père est absente ou démissionnaire. Il adore les femmes mais les fuit dès qu'elles font mine de l'entreprendre. On dirait qu'il a peur de tromper sa maman. L'homme enfant est un être vulnérable et complexe qu'il faudra déniaiser avec une patience infinie. Certains hommes enfants sont aussi alexithymiques (voir le profil de l'intello), ce qui n'arrange rien.

Le don Juan de bistro

À l'écouter, il les a toutes eues. Il est vrai qu'il n'a pas froid aux yeux et que le ridicule n'a pas prise sur son orgueil. Sa technique : l'entonnoir. Il recrute en masse jusqu'à ce qu'une victime consentante tombe dans son escarcelle.

Il rêve de rouler des pelles à toutes les femmes qu'il rencontre mais se ramasse neuf fois sur dix des râteaux. Très bavard, son discours sonne creux mais il déteste les blancs. Ne lui dites rien, il vous dira tout et quand il vous aura tout dit, vous n'aurez plus qu'à conclure en vous esquivant ou en l'embrassant pour qu'il se taise.

L'intello...

Quels sont les sentiments qui manquent à tous ceux qui ne parviennent pas à rencontrer l'âme sœur ? Une cécité affective serait à l'origine de ce type de comportement que le psychiatre Peter Sifneos a baptisé l'alexithymie, du grec a- désignant la privation, *lexis*, le mot et *thymos,* l'émotion. Cette affection désigne des gens qui sont incapables de traduire leurs sentiments. Daniel Goleman raconte le cas exemplaire de Gary dans son dernier ouvrage : *« Gary exaspérait sa fiancée, Ellen, car en dépit de son intelligence, de son sérieux et de sa réussite professionnelle, il était affectivement vide et insensible à toute expression de ses sentiments. Interrogé par un thérapeute, il avouait ne pas ressentir la moindre colère, la joie ou la tristesse, ni aucun autre ressenti intense, négatif ou positif. »* L'alexithymique a du mal à distinguer ses différentes émotions et leurs rapports avec des sensations physiques. Il dira qu'il a des palpitations, des étourdissements ou des sueurs, sans jamais faire le lien avec un état d'angoisse qu'il refusera d'ailleurs d'admettre. On peut comprendre que des individus atteints d'une telle cécité affective éprouvent des difficultés à rencontrer l'âme sœur. La plupart d'entre eux font d'ailleurs appel à des agences spécialisées ou s'inscrivent dans des agences de rencontres pour sortir de leur isolement émotionnel. On compte une personne sur dix atteinte de ce trouble à des degrés divers. Les conditions de vie des grandes métropoles favorisent les comportements alexithymiques qui sont, somme toute, une expression du repli sur soi quand l'ouverture vers les autres devient un véritable parcours du combattant. Les agences matrimoniales ont encore de beaux jours devant elles.

Le sauveur

Jésus-Christ reconverti dans le sauvetage des âmes perdues sur les tabourets de bar. C'est le bon samaritain dont les intentions ne sont pas aussi pures que les propos qu'il vous tiendra sur le pouce avant de vous inviter à visiter sa garçonnière sur cour. Très superstitieux, surtout s'il s'en défend, il privilégie les rencontres prédestinées, les regards prémonitoires et les hasards dont il sera toujours le metteur en scène...

Les coudes toujours en appui, sur une table, il vous écoutera en plongeant ses yeux dans les vôtres pour vous subjuguer sans ouvrir la bouche.

Méfiez-vous cependant des sauveurs qui prennent leur rôle trop au sérieux, ils peuvent se transformer en grands méchants loups et abuser de votre naïveté confondante. Certains sauveurs subjuguent leurs proies, ce sont des prédateurs déguisés en ange gardien.

Le comique troupier

Pour lui, la blague est à l'humour ce qu'une poitrine généreuse est à un bonnet A. Il se ramasse systématiquement mais repique au truc, dès qu'il a oublié son dernier échec en date. C'est le rigolo de la bande. Indispensable pour briser la glace, il commence à les briser quand l'ambiance tourne aux choses sérieuses. Son truc, vous faire rire pour désarmer vos mécanismes de défense. L'ennui c'est qu'il ne désarme rien et on ne le prend jamais au sérieux. Il bouge beaucoup, fait beaucoup de vent et finit par plonger dans l'inertie la plus totale dès qu'il est remercié, un peu comme un pantin abandonné par son manipulateur, quand le rideau tombe. Mais que vienne à passer une autre spectatrice, et le rideau se relève aussitôt.

La bohème

Artiste, bordélique, créatif, inspiré et fêtard par la force des choses, l'artiste ne drague pas mais s'expose comme un mannequin en vitrine jusqu'à ce qu'une groupie lui tombe toute rôtie dans le bec.

Il est incapable de s'asseoir normalement sur une chaise. Comme si l'ergonomie du siège ne convenait pas au désordre de ses pensées. Son regard se perd souvent par-dessus la tête de sa compagne quand il rêve à haute voix.

En conclusion...

Vous trouverez d'autres informations tout aussi précieuses et plus détaillées dans la troisième partie de ce livre. Il est vrai que la liste des postures de la séduction est tellement longue qu'il faudrait presque un dictionnaire pour énumérer tous les descriptifs.

La séduction est un art qui sera consacré quand la société aura compris sa nécessité vitale, bien au-delà des jeux infantiles et stupides que nous apercevons sur les écrans télé, ces derniers temps. Dans un sens, c'est bien qu'on en parle ! D'un autre point de vue, c'est dommage qu'on présente la séduction comme une occupation purement estivale. Comme si la fin des vacances sonnait le retour aux choses sérieuses.

Mais à quoi peut bien servir la séduction ?

Elle procède du besoin d'établir une communication harmonieuse au sein d'une société qui a institutionnalisé un clivage dangereux et stupide entre les hommes et les femmes. Le sexisme n'est, après tout, qu'un avatar du racisme. La profusion d'essais et de livres pratiques publiés récemment sur les différences entre les sexes est un signal d'alarme plus qu'une œuvre de pédagogie. Les livres qui remportent un succès populaire sont des manifestes destinés à interpeller les esprits. Certains de ces ouvrages ont dépassé un tirage d'estime et trouvé un public concerné bien plus important que prévu. Cette réaction du lectorat n'est certainement pas justifiée par un engouement soudain pour les joies du couple. Elle correspond à une prise de conscience du fossé qui s'élargit entre l'homme et la femme. Un fossé qui risque, à terme, de bloquer toute communication affective entre les deux populations antagonistes et complémentaires de l'humanité et qui ne peuvent se passer l'une de l'autre malgré leurs différences. Car il ne faut pas oublier que la femme est maudite depuis des millénaires :

« À la femme, Il (Dieu) dit : J'aggraverai tes labeurs et ta grossesse ; tu enfanteras dans la douleur ; la passion t'attirera vers ton époux, et lui te dominera » (Genèse 3, 16).

Cette malédiction est inscrite en toutes lettres dans l'Ancien Testament. Partant de cet extrait de la Genèse, les auteurs de ces ouvrages à succès insistent sur le fait que la femme est différente de l'homme (au cas où vous ne l'auriez pas remarqué). La femme vient de Vénus et l'homme vient de Mars, une métaphore intéressante qui a offert à son auteur un succès planétaire. *Pourquoi les hommes mentent et les femmes pleurent ?* interrogent Barbara et Alan Pease dans leur best-seller paru chez First.

Peut-être parce que Adam s'est hypocritement associé au serpent pour pousser sa compagne à cueillir le fruit interdit sur l'arbre de la connaissance ? Et comme Dieu, dans son infinie sagesse, ne pouvait obliger Adam à ramper pour l'éternité, il a maudit le serpent et chassé le couple du Paradis. Le fruit en question contenait le secret de la séduction (« ... la passion t'attirera vers ton époux... », ce qui n'était sans doute pas le cas avant qu'elle ne morde dans la chair du fruit). Cette connaissance lui a coûté très cher puisqu'elle a dû céder le pouvoir qu'elle détenait sur l'homme (« ... lui te dominera... », ce qui laisse sous-entendre qu'Ève détenait ce pouvoir auparavant). C'est aussi cette connaissance de la séduction qui en fait un être au fonctionnement si différent de son compagnon (« ... tu enfanteras dans la douleur... »). Car voilà toute la différence entre l'homme et sa compagne : elle porte l'enfant, le fruit de l'entreprise de séduction, un pouvoir absolu qui échappe totalement à son compagnon.

Deuxième partie

« Fuis-moi je te suis ou suis-moi je te fuis ! »
Telle est la règle fondamentale de la séduction !

Chapitre 6

Anatomie de la séduction

Le corps est le sanctuaire de l'esprit.

Chaque partie du corps participe au charme qui émane de votre personnalité. Nul n'est parfait et nous avons tous des atouts à promouvoir et des défauts plastiques à dissimuler aux yeux trop curieux de nos voisins de palier.

Cette deuxième partie de mon ouvrage vous apporte de précieuses informations sur la manière dont vous fonctionnez en situation de séduction. Je vous indiquerai également comment privilégier les atouts qui vous différencient des autres. Si vous êtes chauve et que vous estimez que votre crâne déplumé est un handicap majeur, choisissez un couvre-chef qui se marie idéalement avec votre style ou la forme de votre visage et portez-le le plus souvent possible. Que serait Madame de Fontenay (qui préside aux destinées des plus belles filles de France) sans ses chapeaux ? Elle n'est pas chauve mais sa chevelure ne doit pas l'avantager autant que ses coiffures à large bord. Tout le monde n'a pas la chance d'avoir un crâne aussi photogénique que Pascal Obispo ou Yul Brynner.

C'est comme pour ceux ou celles qui sont obligés de porter des lunettes de vue. Si vous avez un visage rond, les lunettes l'embelliront ; si vous avez un visage de forme ovale ou rectangulaire, je vous conseille de vous mettre aux verres de contact.

La vogue du relooking est relativement récente, mais son utilité me paraît de plus en plus flagrante. Je crois que le XXIe siècle sera le siècle de l'image publique et de son moteur inévitable : **le pouvoir de séduction**. La banalisation de la chirurgie esthétique, l'invasion des cosmétiques et la multiplication des émissions « Tu m'as vu, c'est moi ! » sur les chaînes nationales ou celles du câble sont à l'origine de cette révolution narcissique. Si vous estimez que vous êtes partie prenante dans votre époque, les conseils prodigués dans cet ouvrage vous aideront à crever l'écran d'indifférence de tous (toutes) ces inconnus(es) qui vous plaisent.

Pour faciliter l'approche anatomique de votre corps, j'ai classé les parties de ce dernier de manière alphabétique, ce qui vous libère d'une lecture dans l'ordre et vous permet une lecture en fonction de vos intérêts ou de vos caprices. En complément de cette approche, vous trouverez un forum de certains objets qui vous accompagnent dans la vie quotidienne et qui vous servent aussi d'accessoires de charme.

Les aisselles odorantes

Il y a des odeurs intimes qui valent bien des serments d'amour.

Les glandes axillaires (dites apocrines) ont une sécrétion plus grasse que celle de la sueur ordinaire. Elles sont activées par le développement des hormones sexuelles au moment de la puberté et se situent, notamment, sous les bras. Il existe un vieux mode de séduction, rapporté par Morris, et fondé sur l'odeur de la sueur des aisselles.

Autrefois, un jeune homme qui voulait séduire une

jeune fille au bal devait coincer un mouchoir propre sous son bras avant de commencer à danser. Il le sortait ensuite pour s'éventer face à sa cavalière, comptant sur l'effet hypnotique de son odeur pour la séduire.

Des recherches ont montré que les sécrétions axillaires différaient entre l'homme et la femme. Celles de l'homme sont plus musquées. Cependant, aucune des deux sécrétions n'est détectée consciemment par le nez humain, ce qui laisse sous-entendre qu'elles pourraient avoir une action sur l'inconscient des partenaires en présence. Il s'agit donc d'une odeur subliminale que les animaux détectent naturellement et qui représentent autant de signaux olfactifs. Ainsi, **un chien deviendra agressif vis-à-vis du facteur,** non pas à cause de la casquette ou de l'uniforme, mais parce qu'il percevra l'odeur de la peur que dégagent les glandes apocrines du facteur.

Certaines femmes sont des séductrices olfactives, elles respirent leur partenaire et se shootent littéralement à son odeur. Dans le même ordre d'idées, une femme qui a découvert le parfum qui se marie idéalement au pH de sa transpiration attirera inévitablement les séducteurs olfactifs. Le look passera au second voire troisième plan tant l'odeur de l'autre est un dispositif hypnotiseur incontournable pour ce type de séducteur. Les séducteurs olfactifs se repèrent aisément. **Ils se tripotent plus souvent le nez** que les autres.

Un nombre effrayant de femmes s'aspergent d'eaux de toilette et de parfums qui ne correspondent pas du tout à leur personnalité olfactive. La plupart des femmes **s'épilent les aisselles** et se passent du déodorant, éliminant ainsi toute odeur corporelle qui pourrait avoir un impact séducteur.

Les Noirs n'aiment pas l'odeur des Blancs. Ils disent que nous sentons le cadavre. Les Blancs apprécient les peaux noires et la fragrance africaine. Chaque race, chaque ethnie, chaque culture a son odeur, souvent liée à son alimentation ou à son environnement naturel d'origine. L'odeur corporelle aussi est un héritage génétique. Les rousses ont une odeur très particulière quand elles transpirent. On aime ou pas... mais quand on y a goûté une seule fois, prétendent certains, on ne peut plus s'en passer.

Toutes ces informations vous enjoignent d'éviter d'éradiquer votre odeur au profit d'un parfum qui ne vous ressemble pas. Vous y perdriez un atout séducteur à forte valeur ajoutée. Évitez aussi de vous plâtrer le visage sous une couche de fond de teint qui dissimule les petites imperfections de votre peau ou de votre teint. L'odeur du fond de teint tourne facilement à l'aigre au contact de la chaleur corporelle.

La barbe à papa

Les poils d'une barbe poussent d'environ 0,5 mm par jour. Un homme qui arrêterait de se raser aurait en moins de trois ans une barbe de plus de 50 cm. Selon D. Morris, la plus longue barbe du monde mesurerait 5 m de long.

La barbe retrouve sa place dans les accessoires séducteurs de l'homme. Jeunes et vieux beaux la soignent, la taillent, lui accordent autant d'attention que les femmes en accordent pour leur séance quotidienne de maquillage. La taille de certaines barbes contemporaines exige même l'intervention du coiffeur pour lui donner une forme inédite. Car une barbe bien taillée est comme un jardin anglais. Elle peut offrir au visage le plus ingrat un look complètement rechapé de neuf.

La **mouche située sous la lèvre inférieure** est une touffe de poils qui a la cote auprès des jeunes. Elle est un véritable signal de disponibilité sexuelle pour demoiselles en chasse. *Idem* en ce qui concerne la **barbe en fente de tirelire verticale** au milieu du menton. Elle imite la fossette du menton (Kirk Douglas et Robert Mitchum, pour ceux ou celles qui s'en souviennent) que l'on retrouve de moins en moins sur les visages contemporains. Elle rappelle aussi fatalement la fente des lèvres vaginales, indiquant que le barbu en question est fortement marqué par les joutes sexuelles.

La vogue des barbichettes romantiques est de retour. La plupart des jeunes l'adoptent dès qu'ils ont trois poils au menton. Un phénomène de mode masculine qui correspond, à mon avis, à un sentiment général de versatilité de l'époque que nous vivons. Le changement est à nos portes, mais il n'est pas encore entré. Les barbes repoussent toujours en période de changement de vie ou de bouleversement affectif. Enfin, il est vrai que la barbe permet de dissimuler les **attaques de l'acné**. Un signal épidermique qui trahit peut-être le manque de pratique sexuelle.

Les biscotos

Les biscotos ont toujours eu la cote auprès des femmes. Sculpter son corps c'est démultiplier son pouvoir de séduction. La sueur en vaut la chandelle. Avis aux amateurs qui craquent pour les « mateuses » ! Hélas, plus les muscles gonflent, plus le culturiste tombe amoureux de sa propre image. C'est le virus du narcissisme militant ! Et plus il admire ce corps parfait ou presque, plus il se tourne vers d'autres corps identiques qui ne sont pas exclusivement des corps féminins. Les culturistes fanatiques paraissent moins intéressés par le corps des femmes que par celui dont ils aperçoivent le reflet dans le miroir. Ceci étant, toute énergie mentale investie dans une direction exclusive entraîne toujours un désinvestissement d'autres centres d'intérêt. Le désir sexuel du corps de l'autre appartient à ces centres d'intérêt. Ce qui n'empêche pas les femmes de s'amouracher de tous les Ziggy (*Starmania*) de la Terre dont les biceps saillissent sous le jersey du polo comme les seins ronds et fermes d'une adolescente jaillissent du décolleté déjà pigeonnant.

La bouche généreuse

Les attitudes significatives dans lesquelles la bouche est seule sollicitée sont relativement peu nombreuses. On l'associe plus souvent à d'autres parties du corps, doigts ou mains en particulier.

La bouche est le siège de la possession et aussi un orifice destiné à se donner du plaisir en absorbant la nourriture (ou à (se) donner du plaisir par le baiser, par exemple). Ce que l'on sait moins, c'est que le degré de confiance en soi est lié aux **expressions mimiques** de la bouche et des lèvres qui en représentent la beauté esthétique. Bouche tordue, lèvres pincées, commissures affaissées sont autant d'indicateurs d'une confiance en soi polluée par la haine, l'amertume ou la méfiance de soi. Le nombre de mimiques disqualifiantes est incalculable. En revanche, la bouche d'un individu qui a confiance en lui-même se distingue immédiatement, quelle que soit la morphologie de ses lèvres. Sa bouche s'harmonise toujours avec le reste du visage en toutes circonstances. Elle devient naturellement séduisante.

Quand la main dissimule carrément la bouche...

Le saviez-vous ? Votre degré de confiance en soi est fonction de la fréquence des mouvements de vos lèvres, donc liée à leur richesse mimique. Plus les lèvres sont figées quand vous vous exprimez, plus cela trahit un manque de confiance en soi et entraîne inconsciemment le besoin de cacher sa bouche derrière sa main. Forcez-vous à articuler quand vous parlez, vous éviterez ainsi spontanément de dissimuler vos lèvres, votre degré de confiance en soi reprendra très vite du poil de la bête, votre pouvoir de séduction aussi.

S'il vous arrive de caresser involontairement le tour de vos lèvres de l'index, comme si vous vous remettiez du rouge, sachez que vous essayez de donner le change alors que vous êtes manifestement perturbée par la présence ou le manège séducteur de votre compagnon.

Les lèvres retroussées.

Le retroussement des lèvres est une mimique typique des individus qui ont tendance à s'exprimer « du bout des lèvres ». Un peu comme s'ils embrassaient de loin leur interlocuteur quand ils parlent. Il s'agit d'un signe de méfiance qui traduit exactement le contraire de ce qu'il transmet (voir aussi la section consacrée aux lèvres).

Les bras qui emprisonnent

Ceux des hommes sont généralement bien proportionnés. Musclés pour les amatrices de biscotos, longilignes pour celles qui préfèrent les hommes raffinés ou romantiques, poilus pour les groupies à machos.

Les bras féminins ont un pouvoir de séduction très discret mais bien réel. Les bras doivent être ronds et légèrement plus forts que les avant-bras. La saillie osseuse du coude est un mauvais point sur le plan esthétique. Avoir de jolis bras, avec une pliure du bras bien creuse, est un véritable atout qui peut effacer bien des disgrâces par ailleurs.

Les hommes marchent les bras écartés, les femmes gardent les bras au corps, les avant-bras se décollant à partir du coude. L'homme qui colle ses bras au corps est efféminé (*cf.* la démarche de Michel Serrault dans *La Cage aux folles),* la femme qui écarte les bras de son corps aura une attitude réductrice et plutôt masculine.

Si vous avez de beaux bras, n'hésitez pas à les dénuder quand l'occasion se présente, que vous soyez un homme ou une femme. Les bras n'ont pas un attrait aussi érotique que les seins, mais ils peuvent séduire au même titre que de jolies mains.

Les caresses

De quelle main vous caressez-vous ou vous grattez-vous le visage d'habitude ? La gauche principalement ? Vous êtes nostalgique des caresses maternelles et en recherche de sensualité !

La caresse est la première de toutes les marques d'estime ou d'amour que chaque individu intègre dans son cadre de références, dès la naissance. On observe souvent des personnes se caressant distraitement l'une ou l'autre partie du visage ou du corps. Ce geste tellement commun n'est pas forcément lié à une carence affective. La caresse que l'on se prodigue à soi-même est plus souvent celle que la bienséance nous empêche de faire à son interlocuteur. Il faut dire que les caresseurs ne sont pas nombreux au tableau d'honneur et ils se privent d'un argument séducteur incontournable.

Un inconnu qui se caresse le dessus de la main gauche de la droite **(la main en levrette)** mime sans le vouloir expressément son goût pour la même position reprise dans le Kamasutra. Beaucoup de nos gestes préfigurent nos désirs non exprimables en matière de sexualité. Il suffit d'ouvrir l'œil.

De la chevelure au crâne nu

Puissant signal de séduction, la coiffure féminine est aussi un moyen de détecter le climat mental ponctuel dans lequel baignent les sentiments de votre sujet. De même en ce qui concerne la brillance du cheveu et l'état général de son apparence. En règle générale, la coiffure que vous adoptez est fonction de ce qui se passe dans votre tête. Ce qui signifie que votre coupe de cheveux trahit vos sentiments malgré vous.

Les cheveux de l'homme ne sont pas ceux de sa compagne. Il peut séduire avec la boule à zéro et réduire tout son pouvoir de séduction avec une chevelure abondante ou une moumoute destinée à dissimuler un crâne nu. Les quadras séducteurs déplumés au-dessus et remplumés au niveau de la barbe compensent par d'autres artifices qu'une coiffure de star. Si vous faites partie du clan des déplumés, je vais vous confier une botte secrète. Quand vous plongez votre regard dans les yeux de la belle inconnue qui a mis en éveil votre libido, **passez de temps à autre votre main non motrice sur votre crâne en terminant par la nuque.** L'effet suggestif du geste est fortement érotique, s'il s'accompagne d'une rotation discrète de la tête vers la droite. Si vous êtes fourni, sur le plan de la chevelure, ce type de geste séducteur ne vous conviendra pas. Dommage !

Les attitudes ensorcelantes

Comme cette jolie inconnue qui **rejette systématiquement ses mèches de cheveux en arrière et les coince derrière ses oreilles.** Geste séducteur ou attitude narcissique ? Le besoin de dégager ses oreilles est une manière inconsciente de toilettage de la face. Elle se recoiffe le moral en libérant l'encadrement (les oreilles) de son visage. L'objectif évident est de (se) plaire. Vous n'êtes pas forcément compris dans le menu.

Les cheveux mi-longs qui s'arrêtent sur ses épaules ou au niveau des omoplates sont des cheveux qui repoussent.

Si vous portez les cheveux mi-longs parce que vous avez choisi délibérément cette longueur, vous vivez peut-être une période de remise en question. Mais le plus intéressant concerne **cette frange qui vous mange le visage** et que vous rejetez d'un mouvement de la tête ou de la main. Que vous le vouliez ou non, il s'agit d'une tactique de séduction. La **frange en rideau** n'est donc pas là pour dissimuler mais pour dévoiler le regard espiègle de la femme sensuelle que vous êtes. La frange ne doit pas cacher n'importe lequel des deux yeux. Il faut choisir son camp avec discernement. En **cachant l'œil droit**, vous affirmez votre besoin de domination. L'**œil gauche dissimulé** par la frange est un signe de soumission amoureuse, s'entend. Cette règle vaut pour les droitières. Si vous êtes gauchère, vous inversez les rapports, comme d'hab' !

Elle rejette la tête en arrière pour replacer avec une certaine grâce une mèche de ses longs cheveux.

Une femme d'âge mûr qui porte les cheveux longs appartient au clan de celles qui refusent de vieillir et investissent temps et argent pour entretenir leur image de femme éternellement jeune. C'est un choix dicté par le contexte professionnel ou par la volonté personnelle. Dans les deux cas, nous aurons affaire à des séductrices de haut vol : donc des femmes qui se servent de leur beauté pour arriver à leurs fins.

La raie

La **raie coiffée au milieu du crâne** révèle un personnage charmant mais non charmeur, plus influençable, voire hypersensible qui s'évertue à plaire mais non à séduire. La raie au milieu est un signe de respect de l'ordre et des règlements qui régissent notre société. Il est vrai qu'on rencontre plus souvent ce type de raie dans les milieux favorisés ou carrément bourgeois. Cette partition des cheveux trahit aussi un personnage très susceptible. Attention où vous mettez les pieds !

La raie à droite

Elle dévoile une fille un peu mec au caractère bien trempé et qui refuse de jouer son rôle de femme en se cachant derrière un look de poupée glamour. C'est une séductrice combative, une charmeuse de serpents. Une femme de challenge !

La raie à gauche

Vous cherchez sans doute à privilégier votre petit côté féminin qui fait, à la fois, votre grâce si particulière et l'originalité de votre personnage. Vous êtes franchement femme jusqu'au bout des ongles.

La topographie de la raie n'est pas si naturelle qu'on pourrait le croire. Elle trouve son origine dans la prime enfance. C'est le parent qui coiffe le plus régulièrement son enfant qui lui impose la latéralité de cette raie. Ce faisant, il projette inconsciemment son mode de séduction sur son héritier.

Les chevilles qui enflent

La cheville droite est le siège de l'échec ou de la réussite. On la protège en croisant les doigts dessus ou en **croisant systématiquement la cheville gauche sur la droite, en position assise. La cheville gauche** est le siège du progrès ou de la régression. Quant aux chevilles prises ensemble, elles sont le siège de la motivation. Si vous avez mal aux chevilles, il y a fort à parier que votre motivation professionnelle a subi quelques revers récents ou que, tout simplement, vous êtes en période d'instabilité ou d'échec. Symboliquement, si on vous fait remarquer que vous avez les chevilles enflées, vous pourrez considérer que votre contempteur considère que votre motivation dépasse largement vos possibilités. J'ai observé à plusieurs reprises que des étudiants souffrant de troubles des schémas volontaires avaient tendance **à entrecroiser leurs doigts sur leur cheville droite tout en croisant les jambes en équerre**. À l'opposé, les individus de sexe masculin souffrant de troubles sexuels ont plutôt tendance à effectuer le même geste en **entrecroisant leurs doigts sur la cheville gauche**. Existe-t-il un rapport indirect ou symbolique entre la cheville droite et la volonté humaine ? À l'inverse, la cheville gauche est-elle reliée psychologiquement aux difficultés sexuelles ? Ce qui nous amène naturellement au rapport entre les chevilles et la séduction.

La finesse des chevilles est le prologue de la beauté des jambes. Certaines femmes profitent de cet atout pour attirer l'attention sur leurs chevilles en ceignant l'une d'entre elles d'une chaînette en or, un symbole de soumission amoureuse et/ou sexuelle pur et dur (voir le chapitre consacré aux objets séducteurs).

Au XIXe siècle, la vue des jambes était devenue choquante au point que la seule vue d'une cheville était synonyme de femme de mauvaise vie. Un excès de puritanisme très lié à l'époque victorienne. Heureusement, cet excès a rendu les armes.

Un refrain gestuel essentiel !

La rétention de la cheville sous le siège est un refrain gestuel alternatif qui permet au séducteur attentif de savoir si le climat mental de son coup de cœur est réfractaire (psychorigide) ou réceptif (psychoflexible) à la pression qu'il lui fait subir. Et vice versa, si votre inconnu **croise sa cheville gauche sur la droite,**

il est psychoflexible. **Cheville droite dominant la gauche,** il est psychorigide.

Cette posture courante est un refrain gestuel alternatif comme le croisement des jambes en position assise.

La partie inférieure du corps est réceptrice. Elle traduit les impressions venues de l'extérieur. En réalité, le climat mental les digère et réagit par la reproduction de codes gestuels variables ou non par le canal des membres inférieurs. *A contrario,* la partie supérieure du corps est émettrice. Pourquoi cette distinction ? En règle générale, nous contrôlons mieux nos bras et nos mains, voire les mimiques de notre visage, que les réactions du corps situées sous la ceinture. Le corps d'en haut s'exprime, influence, persuade, se met en scène sous les yeux de l'interlocuteur. Le corps d'en bas est oublié par la conscience et fonctionne en roue libre. Cela ne veut pas dire qu'il n'expose que des gesticulations. Les modes émetteurs et récepteurs cohabitent dans le corps humain. La dilation ou la rétraction des pupilles est une réaction réceptive, par exemple. Le croisement des jambes ou des chevilles appartient aussi aux réactions qui traduisent le ressenti ici et maintenant.

Le croisement des chevilles sous le siège, et non devant, est alternatif et exprime une forme de perception ou de ressenti qui anime le climat mental de l'individu. Attention ! Il existe une différence fondamentale entre le croisement des chevilles sous le siège et celui qui se produit quand les jambes sont en extension. Le premier est un code gestuel réflexe, le second est un code d'intention signalant un besoin de détente. Pourquoi cette distinction ? Car le croisement des chevilles sous le siège est une rétention ou une contrainte qui exprime un état d'humeur ponctuel.

Si vous croisez la cheville gauche sur la droite sous votre siège, vous affirmez votre réceptivité à la situation de séduction. Vous êtes sensible à la présence de l'autre. Votre émotivité est libérée et adaptative. Votre climat mental est flexible, vos conduites sociales aussi. Donc, en d'autres termes, si la cheville gauche retient la droite, vous êtes séduit. Vous extériorisez vos émotions. Votre niveau d'adaptation amoureuse sera plus fluide. Votre relation à l'autre peut devenir rapidement plus intimiste ou plus proche.

En revanche, si vous croisez la cheville droite sur la gauche, vous rationalisez la situation et votre sensibilité n'est pas au rendez-vous. Votre approche est plus contrôlée, moins tolérante ou plus pragmatique. Votre climat mental est rigide. Vous êtes sur vos gardes. Vos émotions sont sous contrôle sans être pour autant insensibles. Votre niveau d'émotivité est plus faible que celui du profil psychoflexible. Votre niveau d'adaptation à une situation de séduction sera fatalement plus rigide. Votre relation à l'autre sera fonction de la distance de fuite qui vous protège.

Selon J. Piaget, il y a adaptation lorsque l'organisme se transforme en fonction du milieu d'accueil et que cette variation a pour effet un équilibre des échanges entre l'environnement et l'organisme, échanges favorables à sa conservation. Cette règle édictée par Piaget prend tout son sens avec le croisement des chevilles.

La longueur des cils

Les 200 cils qui entourent chaque œil ont une durée de vie de trois à cinq mois avant d'être remplacés. Leur durée de vie est équivalente à celle des sourcils.

Les femmes qui ont des cils interminables attirent l'attention sur ceux-ci en les maquillant avec du rimmel pour les allonger le plus possible. On dit d'elles qu'elles ont des yeux de biche ou de poupée de porcelaine. Elles ont tendance à papilloter des yeux pour jouer les ingénues, mais elles sont généralement plus rusées que naïves. Méfiez-vous des cils interminables, ils ont plus d'un tour dans leur sac et les regards qu'ils dissimulent sont parfois très calculateurs sous une apparence de candeur plus vraie que nature !

Le clin d'œil du séducteur

L'œillade est un clin d'œil délibéré qui indique une connivence supposée entre le producteur et le receveur. Considéré comme une invite sexuelle, si le clin d'œil s'adresse à un étranger, l'œillade n'est souvent qu'un appel à la complicité et un geste humoristique parce que souvent accompagné d'un demi-sourire ou d'une moue ironique.

Clin d'œil droit (l'œil droit se referme, le gauche reste ouvert).

Vos émotions (œil gauche) priment sur votre raison (œil droit fermé). C'est le clin d'œil juvénile de l'éternel ado, un peu dragueur sur les bords et très séducteur à défaut d'être séduisant ! Il signifie : « Tu me plais ! », même si ce compliment gestuel n'est pas suivi d'effets. C'est souvent un compliment sans engagement, juste une caresse positive adressée à l'ego du receveur.

Clin d'œil gauche.

C'est le clignement amical par excellence. Beaucoup plus paternaliste ou complice que séducteur. Il signifie : « Nous sommes du même bord. »

Soyez toujours attentive à la latéralité du clin d'œil qui vous est adressé. Son producteur n'est pas toujours conscient du message qu'il vous envoie. Un clin d'œil gauche de la part d'un homme qui vous fait la cour est une trahison de ses intentions effectives. Il simule. Un clin d'œil droit de la part d'un pseudo-copain est une déclaration d'intention inconsciente. Vous lui plaisez, mais il niera son attirance pour ne pas vous mettre mal à l'aise vis-à-vis du locataire actuel de votre petit cœur.

J'ai longtemps cru que les clins d'œil étaient des refrains gestuels invariables. J'étais dans l'erreur. Ils sont alternatifs, comme le croisement des jambes, et fonction du contexte de leur apparition.

Le cou du cygne (ou nuque)

Si l'on se réfère au langage symbolique du corps, le cou, ainsi que la nuque d'ailleurs, abrite le siège symbolique de la confiance en soi. En réalité, la partie du cou identifiée à ce climat mental idéal que nous recherchons tous se situe exactement au niveau des sept dernières cervicales de la colonne vertébrale. C'est dire que toute la gestuelle impliquant le cou et la nuque ne peut être reléguée au second plan quand elle est reliée au pouvoir de séduction.

La nuque d'une femme peut offrir un puissant attrait érotique, si elle est bien dégagée et en cou de cygne.

Dans le culte vaudou à Haïti, les adeptes croient que l'âme réside dans la nuque. Et c'est cette croyance qui aurait conduit à l'usage de colliers protecteurs contre les influences maléfiques.

En chorégraphie comme dans la pratique thérapeutique d'Alexander, le cou est considéré comme la clef permettant de débloquer le reste du corps. Mathias Alexander a inventé un traitement basé sur l'idée qu'en modifiant la position du cou sur les épaules on guérit non seulement certains symptômes physiologiques mais aussi un grand nombre de conflits ou de troubles psychiques. En référence à ce que je viens de vous rapporter, il est facile de comprendre le lien symbolique que je propose entre la confiance en soi et la nuque.

Enfin, nul n'ignore que le cou est une zone érogène puissante chez la plupart des femmes au profil séducteur tactile. Les ados pratiquent souvent une sorte de morsure érotique qui laisse des marques rouges et qu'on nomme aussi suçon. Ces marques sont produites par une succion prolongée. Un baiser dans le cou est un bristol sexuel de la part de celui qui l'offre à l'autre. S'il est accepté de bonne grâce par votre nouvelle conquête, vous pouvez lui suggérer « la totale » en fin de soirée.

Le crâne d'œuf

La forme ovoïde du crâne de certains individus féminins ou masculins est tellement séduisante qu'ils ont intérêt à raser leurs cheveux pour ce qui est des hommes et à les couper ultra-court pour ce qui est des femmes. Hélas, beaucoup de femmes refusent de sacrifier leurs cheveux longs, sans aucun doute pour obéir aux injonctions narcissiques de leurs parents. La culture, si ce n'est la mode, ne les pousse pas à s'imaginer plus séduisantes avec les cheveux à la brosse. Il en va de même avec les jeunes hommes qui se déplument prématurément et qui tentent de masquer cette trahison capillaire de leur corps par tous les moyens, de la classique moumoute jusqu'aux implants. Or, si votre crâne n'est pas difforme, il est dommage que vous ne tiriez pas avantage de ce moyen réel de séduction. Les hommes en ont pris conscience grâce aux célébrités qui leur ont montré le chemin : Fabien Barthez, Pascal Obispo, et plus anciennement Yul Brynner. Si vous avez déjà vu Obispo avec des cheveux, vous admettrez facilement qu'il est nettement plus séduisant avec la boule à zéro.

Pour les femmes ce n'est pas encore gagné. Les cheveux longs, mi-longs ou en casque allemand ont la vie dure. Il est vrai que les coiffeurs ont besoin de manger et une coupe à la brosse généralisée réduirait leur chiffre d'affaires à la portion congrue, sans compter la cascade de faillites qui en résulterait.

Ma fille aînée est une mignonnette dont les longs cheveux descendent jusqu'à la limite du dos. Quand elle prend son bain, cette masse de cheveux est plaquée sur son crâne par l'eau et le shampoing. La forme de son crâne est parfaite. Son visage serait dix fois plus beau avec les cheveux à ras. Sa mère refuse de sacrifier cette toison d'or fin. Et comme nous sommes séparés, je préfère ne pas envenimer les bons rapports que nous entretenons pour une stupide histoire de cheveux. La gamine n'a que 9 ans et elle a encore le temps de se couper les cheveux pour plaire aux garçons.

Les cuisses de la grenouille

Les cuisses ne sont pas uniquement les ambassadrices de nos plaisirs charnels. Mais peu s'en faut ! Dans le contexte d'une entreprise de séduction, elles auraient plutôt tendance à sous-entendre que la rencontre est mal engagée.

Si votre coup de cœur, en position assise, pose ses mains sur ses cuisses ou sur l'une d'entre elles ou se met à les serrer dans ses pinces pouce-index, prenez garde ! Sachez qu'il s'agit là d'attitudes de rejet ou de refus.

Dans le même ordre d'idées, la pénétration d'une seule main entre les cuisses serrées l'une contre l'autre est un signal d'anxiété pur et dur et non une invitation au viol. Les cuisses de grenouille sont une délicatesse culinaire et les cuisses de nos compagnes sont forcément plus pleines mais tout aussi succulentes, à regarder, à toucher ou à dévorer.

La minijupe qui dévoile la rondeur des cuisses est une agression permanente pour les yeux des hommes.

Il est impossible de les ignorer. Elles peuvent susciter la colère en lieu et place de l'excitation. Certains hommes, frustrés sexuellement, transformeront leurs désirs de ces cuisses intouchables en un refus massif de leur exhibition. C'est le cas des islamistes et autres orthodoxes puritains qui condamnent leurs femmes à se cacher et à s'enlaidir pour ne pas exciter la convoitise des autres hommes. Il faut croire que la jalousie est un sentiment qui est fonction du climat. Les hommes des pays chauds sont nettement plus jaloux que ceux des pays dits tempérés ou froids.

La démarche de la princesse

Certaines femmes ont une démarche qui vous donne le mal de mer, si vous n'avez pas le pied marin.

En observant la démarche des gens, on remarque très vite que coexistent plusieurs styles d'allure, de port ou de cadence auxquels il faut bien ajouter la participation obligée de certaines parties du corps, les mains enfoncées dans les poches, par exemple. Je distingue ici la démarche de la station verticale. La façon de marcher est étroitement liée à la personnalité de base. Elle peut être influencée par le contexte mais la variation n'intervient que sur la cadence et le port. Il vous est certainement arrivé de reconnaître un ami de dos rien qu'à sa démarche particulière. La démarche d'un individu est unique dans la mesure où elle demeure libre de toute entrave, de toute uniformisation ou de toute contrainte. Elle appartient à la personnalité corporelle au même titre que les qualités ou défauts font partie du profil psychologique individuel. Mais la démarche d'une femme est aussi un atout séducteur de premier plan.

À ce propos, je vous conseille d'observer de dos les fessiers en mouvement des femmes qui vous dépassent dans la rue. Le poste d'observation idéal est une terrasse de bistro sur une avenue très fréquentée comme les Champs-Élysées, par exemple. La démarche féminine débouche sur deux mouvements distincts :

Le balancier vertical dans lequel les fessiers descendent et remontent à tour de rôle.

Le balancier horizontal dans lequel les fessiers voyagent de gauche à droite.

Le balancement vertical est séducteur et vise à attirer l'attention sur les fesses de celle qui le reproduit consciemment ou non. Le balancement horizontal est réducteur et trahit une insatisfaction affective ou sexuelle et un refus de séduire. S'il est vrai que la plupart des jolies femmes adoptent le balancement vertical, il en existe une minorité importante qui rejoint le camp réducteur. Ce balancement est alternatif et étroitement relié au climat mental ponctuel de la femme observée. Une femme en colère quittera son partenaire en adoptant un balancier horizontal, donc non séducteur. Pourquoi ? Parce qu'elle changera de mode de locomotion. Elle orientera ses pieds vers l'extérieur pour marquer sa colère. Les pieds de la séductrice sont toujours orientés vers l'avant ou vers l'intérieur. La démarche est plus détendue ou plus maniérée. La façon de se vêtir joue également un rôle dans le choix de la démarche.

Elle est sculpturale et n'a que 14 ans. Une vraie femme achevée. Son mode de locomotion est vertical et très appuyé, les pieds en dedans. Elle est manifestement fière d'attirer les regards de son entourage. Séductrice en herbe mais surtout très séduite par elle-même !

À l'identique, une jeune femme qui vous laisse rêveur marche en se déhanchant de manière appuyée. L'attitude est caricaturale, évidemment ! Elle se croit irrésistible, insubmersible, irréfragable et vit pour, par, dans et à travers la galerie de ses admirateurs. Le **déhanchement parfait** est une question d'apprentissage avec un prof de danse ou de maintien. Ça ne s'improvise pas, à moins que vous n'ayez pas peur du ridicule. Une **démarche séductrice** est un atout considérable qui fait oublier bien des petits défauts physiques. Qui plus est, le balancement bien rythmé du bassin est un **dispositif hypnotiseur** qui subjugue tous les mâles de la Terre depuis l'aube des temps.

Le dos a beau dos

Le dos est le siège tactile de toute sensibilité amoureuse mais aussi de la capacité de s'investir ou de se passionner. Un dos dont on souffre est un signal qu'il ne faut jamais négliger. Il signifie que « vous en avez plein le dos » de votre situation actuelle ou de la compagnie de cet inconnu qui commence à vous sortir de quelque part.

Vous avez déjà remarqué qu'une jolie femme dénudera son dos en public quand elle n'est pas pourvue d'une poitrine opulente. Il y a des dos séducteurs et d'autres qu'il vaut mieux cacher sous un voile translucide. Les vertèbres proéminentes ne sont pas des atouts séducteurs. En revanche, les omoplates bien découpées peuvent avoir un effet très attractif sur l'homme qui vous suit. Si elles se complètent d'une ravine au creux du dos, vous avez tout intérêt à dévoiler ce dos, dès que l'occasion s'en présente ou que le climat s'y prête. Le dos des femmes bien en chair présente des fossettes dites sacrées juste au-dessus des fesses. Elles étaient considérées jadis comme un critère de grande beauté féminine.

Certains chercheurs prétendent que l'une des causes majeures des douleurs dorsales serait liée à la frustration sexuelle. Le simple fait de refaire l'amour régulièrement les chasserait automatiquement. Si vous avez mal au dos et si vous oubliez vos devoirs conjugaux, vous savez ce qui vous reste à faire. Il est vrai que les douleurs lombaires peuvent aussi découler d'une sexualité anorgasmique.

Les Japonais apprécient, plus que les Occidentaux, cette partie du corps. Les kimonos des geishas sont coupés de telle sorte qu'ils dégagent la nuque et quand la geisha s'agenouille devant son partenaire, celui-ci peut plonger son regard sur toute la longueur du dos jusqu'à la rotondité des fesses. Le dos se termine par le losange de Michaelis qui se situe entre les fossettes du sacrum, un pèlerinage visuel ou tactile que beaucoup d'hommes effectuent encore. Sur le plan érotique, le triangle de Michaelis est hypersensible à la caresse linguale de votre partenaire. Hélas, peu d'hommes acceptent d'y souscrire et c'est une erreur fondamentale qu'ils commettent là.

La cambrure exagérée du dos de certains modèles photo a pour effet de faire ressortir les fessiers. J'ai aperçu un jour derrière un bar une carte postale de vacances sur laquelle on pouvait admirer les croupes d'une série de femmes très cambrées, alignées en rang d'oignons. J'avais nettement l'impression confuse de visualiser les croupes d'une brochette de juments en chaleur.

Votre coup de cœur se gratte souvent l'omoplate gauche ou droite.

Dans un contexte de séduction, une inconnue qui se gratte l'omoplate en votre présence vous envoie un signal puissant : « Viens me caresser le dos ! » est le sens allusif de ce geste.

Autre info qui vaut son pesant d'or, si vous êtes la séductrice active : **votre partenaire appuie souvent l'une de ses mains dans le bas de son dos.**

Soit il souffre de douleurs lombaires, soit il fait semblant de vous écouter pour vous donner le change tandis qu'il se demande comment il va s'éclipser en douce. C'est sa mauvaise foi qui doit lui occasionner ces fameuses douleurs lombaires ! Gardez toujours en mémoire cette formule : Douleurs lombaires = sexualité précaire !

Les épaules sont des falaises

L'**épaule gauche** est le siège symbolique des affects. Ce qui signifierait qu'une carence affective pourrait être à l'origine d'une arthrose à l'articulation de l'épaule gauche, tout comme une incapacité à se décider est souvent à la racine d'une arthrose cervicale douloureuse. Cette affirmation n'est bien évidemment qu'une hypothèse fondée sur de multiples observations cliniques. L'**épaule droite** est le siège symbolique de l'ambition (chez les droitiers). Une ambition refrénée, pénalisée ou castrée pourrait entraîner des douleurs atypiques de type rhumatismal à l'épaule droite ou dans le deltoïde correspondant, voire une tendance aux torticolis. Mais les douleurs rémanentes des trapèzes peuvent aussi être dues au shopping ou à la nécessité de porter de jeunes enfants sur de longues distances.

En général, nous **haussons les épaules** pour amoindrir l'importance d'un événement ou pour effacer l'amertume d'une désillusion. Mais pas uniquement. Il faut savoir que le haussement d'épaules est une réaction gestuelle de perdant. Le séducteur qui en abuse se solde plus qu'il ne se vend.

Les épaules sont aussi les racines de toute sensualité. *L'épaule gauche* est le siège symbolique des affects. L'épaule droite est également le siège du désir amoureux. Le geste qui consiste à **suspendre sa main droite à l'épaule gauche** dans le contexte d'une rencontre sentimentale est un message non verbal aussi limpide qu'une déclaration d'intention. La **main gauche suspendue à l'épaule droite** est un micromessage sexuel beaucoup plus direct que le premier parce que doublé d'un défi.

Le simple fait de **rentrer la tête dans les épaules** symbolise aussi la peur du ciel qui vous tombera fatalement sur le crâne. Ce qui signifie par analogie que ce tic gestuel se rencontre généralement chez des individus fatalistes.

À ce propos, les fatalistes sont généralement plus faciles à séduire. Pourquoi ? Parce qu'elles/ils sont plus superstitieux(ses), donc plus vulnérables et influençables.

Les fesses vous saluent bien

Les fesses sont les seins de la poupe et les seins, les fesses de la proue.

Les paléontologues nous rapportent que durant la période de chasse de notre préhistoire les fesses stéatopyges étaient la norme pour les femmes. Selon les ethnologues, presque toutes les figurines de l'âge de pierre représentent des femmes atteintes de stéatopygie (littéralement : grosses fesses) et l'on voit encore cette silhouette chez les Boshimans et les Hottentots d'Afrique, sans oublier les innombrables statuettes africaines qu'on trouve sur les marchés artisanaux. Ce phénomène se retrouve plus près de nous, à l'époque victorienne, où le derrière des femmes était étonnamment mis en valeur par la mode de la tournure, un rembourrage qui se portait sous les robes, au bas du dos.

À l'origine, l'érotisme des fesses féminines était tel durant l'Antiquité que les Grecs avaient un mot pour le désigner : callipyge. Ils avaient même érigé un temple à la « déesse aux belles fesses » : Aphrodite Callipyge. Sa statue ne laissait rien ignorer de ses charmes, on peut la voir de nos jours au Musée de Naples. Depuis cette époque, les artistes n'ont jamais cessé de faire poser leurs modèles de façon à mettre en valeur cette partie de leur anatomie. En dissimulant soigneusement les détails génitaux et anaux de la raie séparant les deux fesses, ils ont attiré l'attention sur la courbe particulièrement esthétique de la région pelvienne de la femme, réduisant sa sexualité à un rôle plutôt esthétique. Néanmoins, la forme des fesses à elle seule véhicule un puissant signal érotique datant de l'époque où le mâle montait d'office la femelle par-derrière. Comme le signal érotique a conservé toute sa puissance, la posture n'a rien perdu de son attrait érotique. Elle est d'ailleurs réputée pour être plus orgasmique que la classique position du missionnaire. Que vous soyez dotée de fessiers bien proportionnés ou non, n'hésitez pas à faire comme si, en cambrant bien vos fesses quand vous vous asseyez en face de votre partenaire. Un peu d'exagération ne peut pas nuire à votre degré de féminité.

Quand un homme pose ses mains à plat sur ses fessiers, il trahit sans le savoir sa sensibilité anale, ce qui ne veut pas dire qu'il soit attiré par d'autres hommes. Il peut être parfaitement hétérosexuel et aimer que sa partenaire lui caresse les fesses ou la fente anale. Cette information devrait vous aider à l'ensorceler, si vous partagez un jour son intimité. Dans le climat de franchise d'aujourd'hui, les femmes admettent qu'elles sont attirées par les fesses masculines. Leurs préférences vont généralement aux fesses dures, petites et musclées. Il paraît qu'elles les veulent musclées car elles sont synonymes de vigoureuses poussées pelviennes durant la copulation. Hélas, la dureté des fesses ne permet pas de préjuger de la valeur des performances d'un futur amant.

Certaines femmes aiment caresser le plus naturellement du monde les fesses de leur compagnon, en privé ou en public. Le geste n'est pas choquant dans la mesure où il est reproduit sur le tissu du jean ou du pantalon. C'est un geste de provocation sexuelle et un appel du pied qui exprime une demande non verbale de sexe à un partenaire qui fait la sourde oreille.

Sur le plan historique, les fesses rondes distinguaient l'homme de la bête, les monstres des ténèbres devaient en être dépourvus. C'est ainsi que le diable gagna sa réputation de ne pas avoir de fesses. Est-ce la raison pour laquelle les hommes qui ont les fesses plates sont réputés comme étant diaboliques en affaires ? Et les femmes qui sont généralement très pourvues sur le plan mammaire n'ont pas des fessiers en rapport avec la générosité de leur poitrine. Je peux vous assurer qu'elles n'ont rien de démoniaque. En revanche, elles sont souvent très exigeantes sexuellement. Statistiquement, les femmes à forte poitrine sont plus clitoridiennes que vaginales. Y aurait-il là un rapport avec les fessiers peu développés ? J'ai pu constater, lors de mon doctorat sur la prostitution, que les sujets interrogés, pourvus de fesses proéminentes, privilégiaient largement la pénétration à la fellation. En revanche, les prostituées à forte poitrine évitaient la pénétration autant qu'elles le pouvaient et proposaient systématiquement une fellation à leurs clients.

Pour en revenir à Lucifer, les populations du Moyen Âge étaient en effet convaincues que le démon, même s'il pouvait prendre forme humaine, ne parvenait jamais à parachever sa transformation car il était incapable d'imiter le derrière arrondi de l'homme. C'était le seul détail anatomique échappant à ses pouvoirs maléfiques. Le diable, disait-on, était fort rebuté par cet échec et on tenait là une occasion en or de le tourmenter. Pour exciter sa jalousie, il suffisait de lui montrer ses fesses, et comme c'était ainsi lui rappeler sa faiblesse, il était contraint de détourner le regard. L'homme qui exhibait ses fesses était donc protégé contre le Malin et ce moyen servit beaucoup à repousser les forces du mal. Morris rapporte que ce geste n'était considéré jadis ni comme vulgaire, ni comme libertin. Luther lui-même raconte qu'il l'employait quand il était tourmenté par des visions nocturnes du démon. Les fortifications et les églises primitives contenaient souvent des sculptures représentant des personnages humains montrant leurs fesses rebondies pour chasser les mauvais esprits, les derrières nus toujours dirigés vers les entrées principales. Dans l'Allemagne de l'époque, quand un orage particulièrement violent éclatait en pleine nuit, les hommes comme les femmes passaient leurs fesses nues par la porte d'entrée dans l'espoir d'écarter ainsi les puissances du mal et d'éloigner la foudre. Ces faits sont rapportés par Desmond Morris. D'acte religieux, ce geste est devenu l'étalage obscène d'une partie taboue du corps humain.

Selon les ethnologues, il est intéressant de noter que les femelles de nombreuses espèces de singes ont des derrières violemment colorés. Leur postérieur devient de plus en plus visible et gonflé tandis que le moment de l'ovulation approche. Le mâle peut donc d'un seul coup d'œil juger si la femelle est dans une phase sexuelle active et l'accouplement se produit en général quand elle exhibe des organes sexuels au plus fort de leur dilatation. Si les hommes étaient attentifs à la turgescence de la vulve de leur compagne, ils pourraient mieux juger de l'instant T d'une pénétration efficace. Cependant, peu d'hommes s'inquiètent de ce détail pourtant essentiel et propre à tous les mammifères. Hypnotisé par les performances sexuelles des stars de la pornographie, ils se prennent pour des athlètes du plumard sans se douter une seule seconde que l'orgasme de leur partenaire tient plus à la créativité de leurs conduites érotiques qu'à la performance du marathonien en chambre.

Autre point de vue sur le plan géographique : il est difficile d'être à la fois jolie et italienne. Une jolie fille qui marche dans la rue de n'importe quelle ville italienne s'expose à se faire pincer les fesses par des admirateurs anonymes. Selon sa personnalité, elle peut réagir avec fierté, amusement, irritation ou colère. L'auteur d'un ouvrage satirique intitulé : *Comment être italien ?* décrit le pincement de fesses comme l'ingrédient indispensable du Kama Pizza et énumère les « trois pincements fondamentaux » suivants : Le *pizzicato* : pincement sec et rapide qui se pratique avec le pouce et le majeur. Le *vivace* : pincement plus vigoureux pratiqué avec plusieurs doigts en rapides successions. Le *sostenuto* : pincement rotatif prolongé, soutenu et relativement douloureux pour celle qui en est la victime.

Le langage des fesses mérite évidemment un chapitre entier, voire plus. Il y aurait tant à dire sur leur emploi en matière de sensualité ou de sexualité, tant d'anecdotes gestuelles à raconter dans lesquelles les fesses tiennent le premier rôle. Peut-être aurai-je le bonheur d'y revenir dans un prochain ouvrage.

Les fossettes

Selon la légende, les fossettes qui accompagnent un sourire sont l'empreinte du doigt de Dieu. Elles ne sont pas particulièrement répandues et leur rareté peut expliquer les superstitions qu'elles ont suscitées par le passé. La **fossette du menton** chez un homme, par exemple, indiquait le père à filles. La **fossette solitaire** sur la joue droite trahissait une fillette séductrice, sur la joue gauche, une fillette romantique. Deux fossettes, une sur chaque joue, serait un signe d'hyper-sexualité. Allez savoir ? Ce constat me paraît très tendancieux, voire très freudien. Tous les trous ne sont pas des vagins, tout de même.

Le front et les sourcils

Le chimpanzé a un cerveau d'environ 400 cm^3 et l'homme d'aujourd'hui de 1 350 cm^3, soit plus de trois fois le volume de celui de nos plus proches cousins dans l'évolution. C'est cette croissance du cerveau, surtout dans sa zone frontale, qui nous a donné ce front très particulier parmi les primates. La beauté d'un front échappe à la plupart des gens qui ne voient que les sourcils qui le décorent ou les rides qui le creusent. Mais à quoi servent ces sourcils ? Probablement à signaler nos changements d'humeur, même si on peut aussi inférer que leur fonction anatomique primaire consiste à protéger les yeux de la sueur qui s'écoule du front en cas de transpiration abondante.

L'importance des sourcils est indiscutablement liée aux expressions faciales. Chaque fois que vos humeurs varient, la position de vos sourcils change, amenant toute une gamme de signaux dont D. Morris signale les principaux avec un sens aigu de l'observation.

Les sourcils méfiants

La profondeur des rides entre les sourcils « au repos » est une assez bonne indication du nombre de fois où la personne observée les aura froncés tout au long de sa vie. Les sourcils s'abaissent dans deux types de situations que l'on peut qualifier en schématisant d'agressives et de défensives.

On plisse également les yeux de cette façon en riant, en pleurant et pour manifester une profonde répugnance ou, en tant que geste litote, pour faire semblant de se fâcher.

Ce sont les sourcils de la méfiance.

Les sourcils interrogateurs

C'est le front ridé de l'expression populaire et il est généralement associé à une personne soucieuse. L'individu soucieux au front creusé est essentiellement un individu qui voudrait échapper à la situation dans laquelle il se trouve mais qui, pour une raison quelconque, ne le peut pas. Celui qui rit avec le front plissé est aussi légèrement inquiet. L'homme arrogant avec ses sourcils arqués aimerait lui aussi fuir toute la médiocrité qui l'entoure. Quand un individu est très agressif et s'expose à des représailles, il sacrifie l'amélioration de sa vue pour se protéger les yeux en baissant les sourcils. Ce sont des sourcils interrogatifs.

Les sourcils sceptiques

C'est un mélange des deux actions précédentes avec un sourcil baissé et l'autre levé. Ce n'est pas une expression très commune et beaucoup de gens ont du mal à l'adopter. Le message transmis est double comme l'expression elle-même. Une moitié du visage paraît agressive et l'autre, effrayée. Sans qu'on sache pourquoi, ce signal contradictoire est beaucoup plus fréquent chez les hommes adultes que chez les femmes ou les jeunes gens. Le sentiment exprimé est en général le scepticisme. Le sourcil levé représente comme un point d'interrogation par rapport à l'autre œil, fixe et grand ouvert.

Les sourcils du chagrin

C'est l'expression associée à une grande anxiété ou un grand chagrin. On l'observe également dans certains cas de douleurs chroniques. Les souffrances aiguës et soudaines, au contraire, provoquent une réaction de plissement de tout le visage avec les sourcils froncés, mais une douleur sourde et prolongée entraînera plus vraisemblablement cette réaction de sourcils noués. C'est l'attitude caractéristique dépeinte dans les publicités pour les médicaments contre les migraines. Théoriquement, il serait possible de déterminer les infortunes qu'a vécues un individu à son aptitude à placer ainsi ses sourcils en oblique.

Le clignement des sourcils

Les sourcils se lèvent et se baissent en une fraction de seconde. Ce bref clignement des sourcils est un signal d'accueil important et apparemment universel propre à l'espèce humaine. Ce clignement est en général pratiqué à distance, au début d'une rencontre, et ne s'intègre pas aux manifestations de proximité comme la poignée de main, le baiser ou l'étreinte. Il faut se méfier de ce type de réaction qui n'augure pas d'une rencontre placée sous des auspices favorables.

Le clignement des sourcils à répétition

Le mouvement est répété plusieurs fois en rapides successions. C'est un geste de plaisanterie rendu célèbre par Groucho Marx et toujours largement employé par les comédiens sur scène. Les sourcils se lèvent et s'abaissent rapidement pour un signal d'accueil outrancier, souvent pseudo-érotique. Ce type de signal gestuel est privilégié par les hommes qui ont des sourcils très fournis et souhaitent attirer l'attention sur cette caractéristique anatomique et le message qu'elle véhicule sur le plan érotique. Tous les hommes qui ont des sourcils lucifériens sont réputés pour leur sexualité sado-masochiste très performante. À tort ou à raison !

Le haussement des sourcils

Le haussement des sourcils sert souvent à accompagner un discours. La plupart d'entre nous, quand nous parlons avec animation, faisons de petits mouvements du corps pour appuyer nos paroles. À chaque accentuation verbale, nous ajoutons une accentuation visuelle. Ce réflexe est un véritable dispositif séducteur que certains tribuns adoptent face à une caméra ou quand ils s'adressent à un très petit nombre de gens. L'acteur Louis Jouvet était coutumier du fait. Il était aussi abonné au précédent : le clignement des sourcils à répétition. Était-il un séducteur sadomaso pour autant ?

Mais un individu qui hausse les sourcils au rythme des points particuliers sur lesquels il insiste peut aussi être caractéristique du discours de « celui qui se plaint toujours » et qui semble perpétuellement étonné par les vicissitudes de l'existence.

La saga des sourcils

Les sourcils des femmes étant naturellement moins fournis que ceux des hommes, elles ont souvent amplifié cette différence en se les rasant ou en se les épilant avant de les redessiner d'un trait plus mince. Les sourcils féminins ont été rendus plus séducteurs par la mise en valeur de leur minceur et de leur petitesse. Cela s'est pratiqué pendant des siècles à l'aide de techniques diverses, rasage, maquillage ou épilation.

Au XXe siècle, l'épilation des sourcils connut son apogée dans les années 1920 et 1930, entre les deux guerres, période où le crayon à sourcils était dans chaque sac à main, disponible en « cinq teintes ensorcelantes ». La pince à épiler avait contribué à amincir le sourcil et on utilisait le crayon à maquillage pour accentuer l'arc délicat qui restait. Et lorsqu'une femme trouvait que ses sourcils n'étaient pas bien plantés, elle pouvait bien sûr les épiler entièrement et les redessiner à son gré. Dans ce cas, les sourcils apparaissaient presque toujours au-dessus de leur véritable place pour donner au visage un aspect moins « froncé ». L'exemple le plus étrange de faux sourcils nous vient d'Angleterre au début du XVIIIe siècle. À cette époque, la mode était aux sourcils rasés remplacés par des postiches, mais ces postiches étaient bizarres : ils étaient en peau de souris !

Toutes ces méthodes étant destinées à rendre les femmes plus belles, les sourcils laissés à l'état naturel étaient souvent associés à une nature « non sexuelle ». Les femmes qui travaillaient dans des conditions où elles étaient censées étouffer leur sexualité ne devaient pas toucher à leurs sourcils. Dans les années 1930, un procès opposa même une infirmière à la directrice d'un hôpital qui lui avait refusé l'autorisation de s'épiler les sourcils. Cette interdiction, plaida-t-on, allait à l'encontre des libertés individuelles, mais les tribunaux donnèrent raison à la directrice. Les malades, par conséquent, se virent « épargner » la stimulation érotique que constitue le spectacle de sourcils délicatement épilés.

Chez les hommes, les sourcils broussailleux ont toujours été acceptés en tant que signaux de charme masculin. En revanche, quand les sourcils épais d'un homme se rejoignent au-dessus du nez, c'est différent. Un vieux dicton dit qu'il ne faut pas faire confiance à un tel homme. Ce sont les sourcils lucifériens !

Si vous avez de beaux sourcils naturellement bien dessinés, n'hésitez pas à les charger pour attirer le regard sur cet atout et apprenez à les faire bouger de manière séduisante quand vous vous exprimez. Vous ne trouverez pas de meilleur exemple que la journaliste Elise Lucet qui présente le journal de la soirée sur France 3. En cette matière, elle est le parangon des sourcils bavards et séducteurs. J'ai eu l'occasion de l'apercevoir sur une autre chaîne, interviewée par une consœur. J'ai failli ne pas la reconnaître, les sourcils bavards étaient absents de son discours. Je dois avouer que je l'ai trouvée moins séduisante que d'habitude. Ce qui prouve bien que le charme d'une personne dépend aussi du mouvement subtil d'une toute petite partie de son anatomie.

Les genoux sexy

Tous les « hue hue à dada » sur le cheval de papy finissent toujours en « crac boum hue » sur les genoux d'un beau garçon.

Le langage des genoux est important dans la mesure où les genoux sont des indicateurs de progrès ou de rejet. Les genoux ne sont significatifs qu'en compagnie d'autres parties anatomiques plus mobiles, qui les recouvrent comme les mains ou les doigts. Le **genou droit** est le siège symbolique de la mobilité et du progrès. Le **genou gauche** est le siège symbolique de la fuite. On s'enfuit toujours par la gauche face au danger. Sans aucun doute pour protéger le cœur d'un coup fatal.

L'homme qui bouleverse vos émois croise ses doigts sur l'un de ses genoux.

Posture courante quand le niveau d'angoisse est à son maximum. Ce geste est rassurant et apaise le sentiment de rejet ou de peur d'être viré.

Votre séductrice se gratte le genou droit.

Elle vous signale implicitement son manque d'enthousiasme.

Votre interlocuteur, en position assise, tend les bras dans le prolongement de ses cuisses, ses mains cachent ses genoux.

Attitude de stress associée à une crainte physique de recevoir un coup de pied virtuel. Il se réfugie dans une attitude gestuelle sécuritaire. Le recours à cette posture se double souvent d'un visage aux traits figés. L'entreprise de séduction risque de tourner au vinaigre.

Mis à part les **genoux cagneux** qu'il vaut mieux dissimuler sous un jean, les genoux de la femme n'apportent pas un plus évident au profil séducteur que vous recherchez sauf si vous disposez de **genoux pointus** qui se découpent du gras de la jambe quand vous marchez. Les femmes qui ont la chance d'être perchées sur des jambes interminables ont généralement de beaux genoux. Pour les mettre en valeur, il suffit de plier subtilement le genou d'une jambe en conservant l'autre bien droite en imprimant un léger retrait au pied de la jambe repliée.

Les hanches du dimanche

Les hanches sont à la séduction ce que la pluie est à la terre.

Pourquoi du dimanche ? Parce que quand j'étais gamin, il y a très très longtemps, les femmes portaient un joli tailleur comme habit du dimanche et ce vêtement uniforme marquait leurs hanches et oblitérait leur poitrine.

La **posture des mains sur les hanches** passe pour un signal d'agressivité, de résistance, d'impatience ou même de colère. C'est sans doute exact dans un contexte maraîcher mais pas dans celui de la séduction... Il n'en reste pas moins que les hanches de la danseuse du ventre sont au moins aussi importantes que son ventre ou que ses seins. Quant aux hanches de la danseuse de flamenco, elle s'arrangera toujours pour les marquer avec un carré de tissu ou un foulard à franges. Le sweat de l'adolescente, noué sur les hanches, prodigue le même message. Il est l'équivalent du capitonnage des hanches aussi employé par les femmes à diverses époques et, grâce à de larges ceintures bien serrées, on peut exagérer les courbes de la hanche et du sein. C'est pour cela qu'on a toujours une préférence marquée pour la taille étroite chez les femmes et un corsetage étroit de cette région a été fort largement pratiqué. Cette tendance a atteint son sommet avec les « tailles de guêpe » du début du XIXe siècle, époque à laquelle certaines femmes n'hésitaient pas à se faire retirer les côtes inférieures pour augmenter l'effet (voir la section consacrée à la taille).

La position des mains sur les hanches est généralement caractéristique d'un sentiment d'exaspération et d'irritation, et on la retrouve dans plusieurs occasions de ce genre.

Beaucoup d'acteurs de cinéma utilisent **la posture des mains sur les hanches** pour impressionner la caméra. À ce titre, la palme revient à Brad Pitt dans le film *Joe Black* mais aussi dans *Ocean Eleven.* L'interprétation de cette attitude récurrente est aux antipodes de la séduction. Elle signifie que le sujet est victime d'un solide complexe d'infériorité et cherche à tout prix à s'affirmer. On peut être beau comme un jeune dieu et mal dans sa peau de séducteur.

Quand vous posez vos mains sur vos hanches face à votre compagnon, vous le mettez au défi de vous séduire. Vous remettez entre ses mains un challenge : « Si tu es capable de me séduire, je te suivrai, sinon, je te fuirai ! »

Les gambettes font des galipettes

Interminables, courtes sur pattes, torves ou bien galbées, les jambes sont les seules parties du corps qu'il est impossible de transformer. On peut les muscler, les engraisser, les amaigrir, elles garderont toujours leur forme d'origine. Il faut les cacher, si elles vous gênent, ou les montrer, si elles représentent un atout majeur.

Les jambes sont une vue panoramique qui comprend aussi les orteils, les pieds, les chevilles, les mollets, les genoux et les cuisses. Autant de parties anatomiques qui ont leur mot à dire en matière de séduction (voir les sections qui les concernent dans cette partie du livre).

Pour certains hommes, les jolies jambes sont séduisantes sinon plus qu'une poitrine ferme ou siliconée, car l'escalade des jambes conduit directement au paradis sans escale. Quand vous admirez les jambes d'une femme, soyez toujours attentif à leur mode vibratoire. **Certaines femmes posent leurs talons sur le sol avec une telle détermination que le mollet vibre.** Cette caractéristique indique un tempérament autoritaire et peu enclin à la fantaisie, genre cheftaine aux mollets d'acier.

Il ne faut pas croire que les femmes ne sont pas sensibles à la beauté des jambes masculines. Les cuisses musclées et les mollets de footballeurs en ont déjà fait craquer plus d'une.

Les postures à retenir

Il est assis jambes croisées, une jambe en appui contre le bord de la table.

La position de protection du territoire est évidente. Il vous trouve un peu trop envahissante et défend symboliquement son territoire, en prenant appui contre le bord de la table qui le protège du viol de son territoire.

Il croise bras et jambes en position assise. Il se penche en avant sur sa chaise.

Attitude d'enfermement imposée par un climat mental engoncé dans sa méfiance. Il se sent peu sûr de lui. Prudence étant mère de sûreté, il se protège à 100 %, prêt à disparaître dès que vous lui accorderez une occasion de prendre le large.

Et puis, n'oubliez jamais les règles de base du croisement de jambes.

Votre cible (masculin et droitier) croise les jambes à hauteur de la cuisse, en position assise. La jambe droite couvre la gauche.

La jambe droite est commandée par l'aire cérébrale gauche, c'est-à-dire par le cerveau rationnel. Si la raison l'emporte sur les émotions, la jambe droite supplante la jambe gauche dans le code gestuel. Votre présence semble l'interpeller. Continuez à observer la position de ses jambes ! S'il les décroise pour les croiser aussitôt dans l'autre sens, cela signifiera que vous l'avez perdu en route.

Il croise les jambes à hauteur de la cuisse. La jambe gauche couvre la droite.

La jambe gauche est commandée par l'aire cérébrale droite, le siège des émotions qui, par définition, sont versatiles dans un contexte de séduction. Il marque son désaccord avec vos arguments, même et surtout s'il n'en souffle mot. Tant qu'il conserve cette position, vous n'en tirerez rien qu'une fin de non-recevoir. Un simple jeu de jambes suffit à inverser la vapeur. Elle s'est vérifiée à tant de reprises que, personnellement, je n'oserais même plus en douter.

Évidemment, s'il s'agit d'une femme, les règles s'inversent. **Votre interlocutrice droitière croise les jambes à hauteur de la cuisse, en position assise. La jambe gauche couvre la droite.**

La jambe gauche appartient à la partie yin du corps. Une superposition de la jambe gauche sur la droite chez une femme est une manière de mettre en avant son statut sexuel. Il ne s'agit pas d'une soumission dans le sens coercitif du terme. Pour le moment, vous tenez le bon bout. Tout est pour le mieux dans le meilleur des mondes tant qu'elle ne change pas la position de ses jambes.

Elle croise les jambes à hauteur de la cuisse. La jambe droite couvre la gauche.

La jambe droite étant, *a contrario,* le siège de l'image masculine, le sujet féminin ne peut se sentir à l'aise dans un rôle qui n'est pas le sien. Elle exprimera instinctivement son désaccord ou son anxiété de cette manière. Cas de figure inverse de la combinaison précédente. Les désillusions remplacent les illusions qu'elle se faisait à votre sujet.

Elle croise sa jambe gauche sur sa cuisse droite ou l'inverse, tandis que l'un de ses pieds se réfugie en retrait sous sa chaise.

Attitude d'indisponibilité et/ou de refus du dialogue. Cette posture vous signale que vous vous faites des illusions ou elle ne voit pas du tout où vous voulez en venir. La mimique de son visage devrait en principe correspondre à un climat mental sceptique.

Votre compagnon est debout en danseuse, l'une de ses jambes croise le muscle jambier de l'autre, le pied de la jambe croisée est posé sur la pointe.

Il s'agit d'une attitude de refus larvé ou de rejet non déclaré d'une situation contraignante. Elle est fréquente chez les hommes qui passent leur temps à dissocier l'être du paraître ou à fausser les règles du jeu. C'est-à-dire beaucoup de monde ! Remarquez que les femmes adoptent rarement ce type de posture. Attitude corporelle typique des consommateurs de bistro qui s'appuient sur le comptoir pour assurer leur équilibre, elle est le fait d'un climat mental instable ou déstabilisé par une situation d'exception. La différence entre la gauche et la droite n'est pas vraiment significative. Nous adoptons tous ce genre de posture et vous remarquerez qu'elle s'impose plus facilement quand les angoisses montrent le bout de leur nez humide que lorsque tout va pour le mieux dans le meilleur des mondes. Comme si nous recherchions un équilibre sur le plan physiologique, qui nous manque momentanément sur la plan mental ou sentimental.

Debout en face de vous, elle inverse la position de ses jambes tout en les croisant, pieds à plat sur le sol, le dos en appui contre un mur ou un parapet pour conserver son équilibre.

Elle est bouleversée par votre charme de *latin lover* mais tente de garder l'église au milieu du village pour ne pas fondre dans vos bras. Il faut dire que sa timidité la dessert et pourrait se transformer en rejet, si vous vous conduisiez comme un cosaque.

Il campe généralement ses pieds à plat sur le sol, jambes écartées, en position assise.

La signification de la posture paraît évidente. Elle exprime un caractère bien trempé. Il vous avertit que sa volonté de vous séduire devrait être visible à l'œil nu.

La jambe gauche en équerre sur la jambe droite, votre interlocuteur (masculin) croise les doigts à hauteur du genou gauche, en position assise.

La position de la jambe en équerre est une séquence gestuelle défensive, quelle que soit la jambe en équilibre, elle augmente le territoire corporel de l'homme assis et lui sert en quelque sorte de bouclier contre les entreprises que vous lui faites subir. Donnez-lui du mou, si vous ne voulez pas le perdre en route.

Elle entortille sa jambe droite de sa jambe gauche ou l'inverse, en position assise.

La jambe qui est emprisonnée est possédée par l'autre jambe. Cette posture préfigure une possession symbolique de type amoureux. S'il faut en croire sa réaction posturale, vous ne lui êtes pas indifférent. Cette posture trahit les femmes possessives.

L'une des jambes de votre compagnon est agitée d'un mouvement d'impatience.

Geste compulsif traduisant un refoulement des objections ou des désirs que le sujet n'ose pas exprimer. Il a la très nette impression que vous essayez de le mener en bateau. Soyez prudente, les jambes agitées appartiennent à des individus caractériels.

Votre interlocuteur, assis, croise la jambe droite sur la gauche et retient son genou droit de sa main gauche ou l'inverse, il croise la jambe gauche sur la droite et enveloppe son genou gauche de sa main droite.

Il ne sait pas à quel saint se vouer. L'instabilité de ses sentiments à votre égard exige que vous preniez du champ sur-le-champ pour ne pas le perdre. À moins que le personnage ne vous amuse plus, auquel cas... n'hésitez pas à jeter le bébé avec l'eau du bain.

Les larmes du crocodile

Elles ne servent pas seulement à lubrifier la surface de l'œil mais contiennent aussi une enzyme (le lysosome) qui protège l'œil des infections oculaires. La sécrétion abondante de larmes n'est pas toujours liée au chagrin ou à un débordement émotionnel inopiné, il s'agirait aussi d'un moyen astucieux qui débarrasserait l'organisme des produits chimiques produits par l'excès de stress. Les larmes, comme l'urine, auraient pour principale fonction l'excrétion des déchets corporels. L'analyse chimique des larmes engendrées par le chagrin et celles dues à l'irritation de l'œil montrent qu'elles contiennent des protéines différentes. Voilà pourquoi « pleurer un bon coup fait du bien à l'individu hyperstressé ».

À ce titre, le coup de foudre, en tant qu'émotion amoureuse, est un stress violent. Les larmes qui peuvent en découler ne sont donc pas uniquement l'expression d'un bonheur trop fort mais aussi d'un besoin d'éliminer le stress occasionné par ce type de situation. Les pleureuses ne sont pas toujours des amoureuses transies, mais aussi des femmes un peu trop hystériques chez lesquelles le coup de foudre est, somme toute, une somatisation salutaire à peu de frais. Navré de vous ôter vos illusions !

Les yeux de l'amoureux passionné peuvent produire un regard trouble lié à une surproduction des glandes lacrymales en cas d'émotion forte. L'œil devient brillant comme s'il était noyé de collyre, une solution médicamenteuse que l'on applique sur la conjonctive et qui fait briller les yeux. Les yeux humides transmettent alors un signal émotionnel d'une forte intensité. Les actrices utilisent ce stratagème pour offrir aux spectateurs un regard émouvant à l'écran.

Selon Morris, « le fait que nous soyons les seuls à pleurer parmi les primates a soulevé d'innombrables questions. On a émis l'hypothèse que cette différence provenait de l'origine aquatique du genre humain, il y a quelques millions d'années ».

Mais sommes-nous vraiment les seuls mammifères à verser des larmes ? Les phoques pleurent aussi et on a observé des loutres marines pleurer après avoir perdu leurs petits.

Certains séducteurs ont les yeux secs. Ils ne pleurent jamais, ce sont des dragueurs auxquels il manque un cœur, pas des séducteurs.

Le dessin des lèvres

En assiette de potage renversée ou non ; des lèvres ourlées comme si la gourmandise y était inscrite ; des lèvres aussi minces que du papier à cigarettes, presque invisibles ; la lèvre inférieure proéminente et la lèvre supérieure en forme de moustache stylisée ; une bouche entrouverte sur des lèvres protubérantes et colorées comme celles d'Emmanuelle Béart ; des petites lèvres en trait de crayon... Elles sont aussi nombreuses que diversifiées dans leur apparence.

Les lèvres sont faites pour embrasser tout comme la bouche est faite pour manger et la langue pour parler. Le dessin des lèvres n'est pas uniquement lié à la programmation génétique comme la forme du nez. Un séducteur qui est très bisous-bisous s'exprimera, lèvres en proue, comme l'animateur Arthur. Celui qui vise plus bas que le visage, comme Thierry Ardisson, aura des lèvres moins expressives que le regard. Les femmes qui ont une lèvre inférieure proéminente sont des amoureuses romantiques et sentimentales beaucoup plus portées sur le baiser que sur le sexe. Les lèvres en assiette de potage renversée trahissent des individus amers ou insatisfaits sur la plan amoureux. Les commissures des lèvres affaissées sont un signe de frustration auquel peu de séducteurs sont attentifs. Aussi belle que soit la femme que vous rêvez d'accueillir entre vos draps, si les commissures de ses lèvres s'incurvent vers le bas, vous risquez une déception grandeur nature.

Une **lèvre supérieure rigide** est un signe de... rigidité, comme il se doit. L'animation des lèvres et leur degré d'ouverture au repos sont des signaux essentiels. **Si les lèvres de votre coup de cœur sont cousues** quand il se tait, il est fort possible qu'il n'ait pas très envie de se laisser emporter par ses émotions. **Si les lèvres de votre jolie inconnue demeurent entrouvertes** quand elle vous écoute pérorer, vous pouvez vous rapprocher progressivement pour sceller d'un baiser furtif (comme l'avion du même nom) la nouvelle aventure amoureuse qui s'annonce.

Le baiser étant considéré comme un fac-similé de l'acte sexuel proprement dit, les lèvres représentent symboliquement la vulve, ce qui fait qu'on peut considérer le baiser avec pénétration comme un véritable acte sexuel, même si les nouveaux partenaires n'ont pas encore atteint ce stade de l'intimité amoureuse.

Quand une femme se mordille la lèvre inférieure, elle exprime son appréhension de manière générale. Quand elle reproduit cette séquence en situation de séduction, ça peut traduire un sentiment d'exaltation amoureuse. C'est aussi une manière d'exprimer, un sentiment d'appréhension en situation de séduction. « Est-ce que je lui plais ? » se demande-t-elle dans le secret de son petit cœur. La morsure de la lèvre supérieure exprime sa perplexité ou le doute. À ne pas confondre avec celle de sa lèvre inférieure ! Fondamentalement, la morsure des lèvres inférieure ou supérieure trahit une angoisse ponctuelle. On remarque une fréquence importante de cette attitude dans les concours, quand les candidats attendent les résultats. Plaire à d'autres est une forme de challenge qui peut s'apparenter à un concours de séduction, en quelque sorte.

L'intelligence des mains

Les mains peuvent atteindre toutes les parties anatomiques du corps humain, ou presque. Outils extraordinaires, leur mobilité, l'angle de rotation des bras, la longueur des doigts et leur capacité de préhension en font un outil adaptatif presque parfait. Leurs fonctions primaires : explorer et créer. Parmi leurs fonctions secondaires, on situe aussi leur emploi en tant qu'outil de séduction.

La beauté des mains est fonction de la finesse et/ou de la longueur des doigts et de la largeur de l'empan. Si vous avez de très belles mains, vous êtes bénie des dieux, quelles que soient vos lacunes plastiques. Apprenez à vous en servir en tant qu'accessoires de charme. Un stage de danse hindoue peut vous y aider. Ne les cachez jamais sous la table et surtout ne les immobilisez pas quand vous parlez. Car les mains sont le premier outil d'appoint du langage verbal. Elles font de la figuration intelligente. Trop intelligente sans doute, car il arrive souvent qu'elles trahissent le discours au lieu de le mettre en relief. Et comme nous le savons déjà, la main droite n'est pas la main gauche. Je vous propose d'envisager les choses du point de vue du droitier. Si vous appartenez à la minorité opprimée des gauchers (environ 10 % de la population), il vous suffira d'inverser.

Commençons par observer les figures chorégraphiques les plus courantes de nos mains, sans rapport avec les autres sites anatomiques !

Quand un individu se met à parler, il lui est difficile de le faire sans le concours de ses mains et forcément de ses bras, bien que cela arrive et nous y reviendrons en temps utiles. Les mains voyagent en permanence du locuteur en direction de l'autre et exécutent un ballet compliqué à l'instar d'une abeille qui rentre à la ruche.

Un observateur attentif pourra remarquer plusieurs phénomènes récurrents.

Les mains du locuteur se présentent sur les tranches, paumes face à face, chaque fois que le sujet parle. Il donne l'impression de tenir un ballon invisible entre ses deux mains. Elles virevoltent devant lui sans jamais se poser sur la table. Comme s'il cherchait à récupérer ses propos après usage ou à les conserver par-devers lui ! On remarque que ce mode d'expression gestuel revient régulièrement tout au long de son discours. Il s'agit d'un séducteur égocentrique. Son degré de générosité amoureuse est soumis à condition.

Les mains demeurent à la même hauteur.

Le poids des mots est équivalent à la masse spécifique de ses sentiments. Il dit ce qu'il pense et exprime ce qu'il ressent. Imaginez que les mains sont les extensions des hémisphères cérébraux inverses !

La main gauche est plus haute que la main droite.

Le cerveau droit prend le relais. En clair, votre partenaire fonctionne sur le mode émotionnel. Son cœur remplace sa raison.

La main droite est plus haute que la main gauche.

Votre compagnon opère sur le mode rationnel ou cartésien. Il n'est pas séduit ou pas « séductible ».

Les mains se présentent sur leurs tranchants.

Elles limitent l'espace en parallèle sur le bureau du locuteur. Au-delà de cette limite exprimée par gestes, son ticket ou le vôtre ne sont plus valables. Du sexe, d'accord mais pas plus !

Ce ne sont pas là les seuls effets de manches dans lesquels les mains sont concernées.

Avant de poursuivre, il faut se souvenir que la main droite est évidemment offensive tandis que la gauche est défensive. Ce qui paraît moins évident consiste à considérer la droite comme la main ouvrière, habile mais peu créative. Son action dépend surtout de l'hémisphère gauche du cerveau et s'implique dans des tâches logiques. *A contrario,* la main gauche, peu habile, voire franchement maladroite, serait une main à fort potentiel créatif inutilisé dans la plupart des activités humaines sauf chez les musiciens. La latéralité a force de loi. La main droite agit, la gauche subit.

Ainsi, **quand la main droite couvre la gauche, mains posées à plat sur un support,** on pourrait en déduire que la force paternelle protège la fragilité maternelle, ou encore que la vision rationnelle du sujet est prépondérante tandis que son imagination ou sa créativité (main gauche) se soumettent à l'esprit logique. La position inverse se comprend de soi-même. La créativité mène le bal. L'alternance de ce refrain gestuel particulièrement fréquent permet d'observer les transferts d'énergie mentale, mais surtout, cette alternance signale le niveau de défense territorial du sujet observé. Si la main droite couvre la main gauche, il est indispensable de prendre du recul.

Il n'est pas forcément séduit par la situation qu'il vit, ni par vous. Ses mécanismes de défense sont en batterie. Dans le cas contraire, l'ouverture est acquise et vous pouvez placer vos pions sans risquer un refus frontal.

Elle abandonne langoureusement sa main dans la vôtre comme pour le baisemain.

La qualité de la poignée de main prime les plaintes ou les récriminations verbales de votre interlocutrice. Elle est conquise.

Ces quelques signaux gestuels sont bien peu de chose en regard de tous ceux qui existent. Apprenez à ouvrir les yeux, à observer au lieu de regarder ce que vous ne faites que voir en temps normal. Et surtout, n'oubliez jamais que l'usage des mains est toujours une ouverture en matière de séduction là où le remplacement des mains par les mouvements de la tête indique un refus massif et une attitude de fuite simulée face à la séduction. Vous constaterez d'ailleurs que nombre de jolies femmes **agitent la tête en parlant**, quand elles vivent une situation de stress, au lieu d'utiliser leurs mains. Cette réaction corporelle est la traduction d'une peur de déplaire mais aussi, et dans le même temps, d'un refus de plaire, ce qui n'est absolument pas contradictoire dans l'esprit d'une femme. Problème d'image de soi, sans aucun doute !

Les bonnes mensurations

Quelle femme est encore attentive de nos jours aux mensurations qui définissent la silhouette parfaite ? La réponse est : toutes les femmes qui veulent séduire.

Les mensurations de Twiggy, un célèbre mannequin des années 1970, étaient de 77-61-84 (poitrine-taille-hanches en cm), alors que celles de la femme moyenne de l'époque étaient 94-70-99. Elle était maigre à faire peur. Le mannequin marquait d'un côté des points parce que sa taille était plus fine, mais elle en perdait d'un autre côté parce qu'il y avait moins de contraste entre sa taille et ses hanches. Seules les femmes parfaitement proportionnées, celles qui sont le plus mince possible sans sacrifier leurs courbes, peuvent gagner sur les deux tableaux.

Les concurrentes au titre de Miss France annoncent des mensurations proches de 91-61-91. Je dois avouer que ce genre de silhouette me laisse relativement froid. J'ai eu l'occasion de croiser plusieurs Miss France sur les plateaux de télé. Il est vrai qu'elles sont sculpturales mais tellement virtuelles que je préfère encore des mensurations imparfaites et sensuelles d'un corps féminin fait pour l'amour.

Et je ne suis certainement pas le seul à adhérer à ce credo très réaliste.

Le menton polisson

On le dit volontaire quand il est prognathe, mais sa forme est involontaire sur le plan purement morphologique. J'ai croisé plusieurs individus aux mentons en galoche qui n'étaient pas des foudres de la persévérance.

Les bébés mordent volontiers le menton de leur maman. Cette conduite est parfaitement érotique, sous d'autres latitudes, et je vous conseille vivement de vous y essayer si votre partenaire a un joli menton bien dessiné. Vous lui ferez découvrir un lieu anatomique dont elle ignorait la puissance érotique. En dévorant son menton, vous pouvez remonter jusqu'à la lèvre inférieure et inclure cette dernière dans votre anthropophagie amoureuse.

L'index tendu sur le menton, coude en appui, est une manière un peu mutine d'indiquer le chemin le plus court au baratineur qui parle tellement qu'il en oublie de passer à l'action.

Les mentons à fossette masculins remportent un certain succès, bien qu'ils soient plutôt rares dans nos régions. Les mentons osseux donnent une impression de caractère, mais je me méfie de ces affirmations morpho-psychologiques fondées sur des convictions mal étayées. J'ai connu quelques personnes aux mentons osseux qui manquaient totalement de caractère. Était-ce des exceptions à la règle ? En revanche, j'ai observé des mentons mous ou fuyants très affirmés. La beauté d'un menton est fonction de la forme du visage. Un **menton prognathe, dit aussi carré,** s'insère idéalement dans un visage ovale ou rectangulaire. Un **menton rond** épouse un visage rond mais divorce d'un visage long. À ce titre, les hommes ont un avantage esthétique car ils peuvent se laisser pousser la barbe pour atténuer les petites difformités de leur visage. « **Menton pointu,** caractère têtu », dit le proverbe. On a trop tendance à généraliser en se fondant sur ces maximes populaires qui puisaient souvent leur racine dans une observation subjective et partisane.

Si votre menton ne vous plaît qu'à moitié, apprenez à le dissimuler en le posant dans l'une de vos mains, coudes en appui, quand l'occasion se présente. Ce genre de posture aura l'avantage de mettre au moins les traits de votre visage en valeur.

Le galbe du mollet

J'avais un ami qui regardait en priorité les mollets d'une femme avant de l'entreprendre. Il adorait les mollets ronds et musclés, comme ceux des coqs.

Lieux privilégiés de tensions et de crampes souvent douloureuses, la structure neuromusculaire des mollets change suivant l'évolution du niveau de combativité de l'individu. Les mollets fondent avec l'âge en cas de démission face à la vie, ils continuent à se restructurer jusqu'à un âge avancé si l'individu continue à agir et/ou à séduire.

Votre coup de cœur se caresse le mollet, les jambes croisées.

L'attitude critique est surtout empreinte de perplexité mais non de fermeture ou de rejet. Ce signal gestuel est plus fréquent qu'on pourrait le supposer. La caresse est toute symbolique et est souvent effectuée sur le tissu du pantalon ou sur le bas Nylon de votre interlocutrice. En tout état de cause, il sous-entend que votre interlocuteur a besoin de temps pour réfléchir et que vous ne décrocherez pas le Mickey dès le premier tour de manège.

Votre interlocuteur se gratte mécaniquement le mollet.

Geste discret et récurrent qui trahit un mauvais pronostic et passe souvent inaperçu.

Le mollet n'est qu'une partie de la jambe, certes essentielle, mais je vous renvoie au genou, à la cheville et à la cuisse pour compléter votre tour d'horizon.

Les moustaches du gendarme

Pas très érotique chez la femme, la moustache est en revanche un atout séducteur chez certains hommes dont le profil psychosocial correspond à celui de l'animateur ou encore du *social tribal* pour reprendre la typologie que vous retrouverez dans la troisième partie de cet ouvrage.

« Je l'ai rencontrée à l'occasion d'une conférence sur un sujet parapsy. Elle devait avoir dans les 20 ans, soit moins que la moitié de mon âge. Nous avons sympathisé en parlant de ses préoccupations, évidemment. Elle était délicieuse et délicieusement disponible pour une aventure amoureuse sans complication à la clef. Nous avons pris un café à une terrasse, assis côte à côte. Elle s'est tournée vers moi pour me dire quelque chose, puis s'est penchée comme si elle voulait m'embrasser. Elle a léché du bout de sa langue les traces de café qui s'étaient incrustées dans ma moustache. J'en suis resté comme tétanisé, hypnotisé par le bout de cette langue pointue et tellement désirable. »

Il récupère les pointes de sa moustache d'un coup de langue pour les sucer au coin des lèvres.

Ce tic gustatif révèle un tempérament sensuel chez un homme.

Dans certaines cultures, la moustache est quasiment une marque distinctive obligatoire pour affirmer sa virilité et se distinguer symboliquement de la femme. Mais est-ce la seule raison de cette dissimulation de la lèvre supérieure ? La longueur du nez ou la hauteur disproportionnée de la lèvre supérieure peut parfaitement justifier qu'un homme se laisse pousser la moustache par soucis esthétique. Or cette disproportion anatomique de la lèvre supérieure se rencontre effectivement dans la région méditerranéenne et au Moyen-Orient, ce qui explique peut-être en partie pourquoi les hommes de ces régions affectionnent les moustaches drues.

Le simple fait de se caresser les moustaches entraîne une sensation de plaisir identique à celle qu'éprouverait un amant à caresser le pubis de sa maîtresse. Ce qui ramène ce geste particulier reproduit sous votre nez à une déclaration d'intention de la part du moustachu qui vous interpelle. Enfin, les baisers à moustache impliquent une sensation de virilité que certaines femmes apprécient particulièrement parce qu'elles leur rappellent les baisers paternels, tout bêtement.

Les moustachus sont généralement de bons vivants ; ils aiment la gaudriole, la bonne bouffe et les copains qui partagent leurs repas. Ce sont des individus festifs, parfois colériques mais rarement rancuniers. **Les gendarmes d'autrefois arboraient des bacchantes imposantes**. Dans l'esprit populaire, ces moustaches étaient destinées à en imposer au contrevenant. En vérité, les gendarmes sont des individus sociables qui aiment s'amuser et partager leur bonheur entre amis, une réaction parfaitement normale quand on a pour mission de faire respecter l'ordre.

Les amants à (belles) moustaches sont des hommes de cœur. Un détail curieux qui m'est apparu en visionnant les clichés représentant des délinquants sexuels : aucun ne portait la moustache. Ce qui pourrait laisser sous-entendre que quand un homme porte la moustache, il affirme son côté épicurien et très attaché à une sexualité bien partagée et non imposée par la force. Mais ce n'est là qu'une simple hypothèse, évidemment. À vérifier !

Le nez de Cléopâtre

Le nez est un appendice qui sert à respirer mais dont la forme peut vous couper le souffle.

Comme toutes les excroissances, il est fort sollicité par ceux qui estiment que la nature ne les a pas gâtés. Vous remarquerez aisément que les individus dont le nez se marie idéalement avec le visage ont moins tendance à le triturer dans tous les sens que ceux qui n'ont pas eu cette chance. Les porteurs de nez camards se les pincent souvent entre le pouce et l'index, ceux qui ont un nez pointu ou trop long se l'écrasent. Enfin, certains individus qui portent leur narcissisme à la boutonnière ont tendance à le signaler distraitement d'un index innocent.

Dans un contexte purement social, les indigènes du Pacifique utilisent le nez contre nez comme nous pratiquons le baiser amical ou social. Selon l'ethnologue Malinowski, cette coutume cache le besoin de se sentir mutuellement tandis que les narines respirent l'odeur de l'autre corps. Dans quelle mesure ce frottage n'est pas lié à l'identification du nez comme étant une représentation symbolique du sexe dans l'esprit de populations qui ont recours à de telles pratiques ? Sans oublier que la vascularisation du nez lors de l'excitation sexuelle rend ce dernier très sensible au toucher. J'en veux pour preuve l'augmentation récurrente des contacts entre les doigts et l'appendice nasal quand le discours des intervenants d'un plateau de télé tourne autour du sujet le plus couru depuis que l'Homme a été chassé du Paradis : j'ai nommé le sexe. Faites-en l'expérience, parlez de sexe à un homme et il se mettra à se tripoter le nez séance tenante !

À l'identique, **si un inconnu vous observe à la dérobée en se frottant discrètement le nez,** vous saurez dès à présent qu'il songe déjà aux galipettes qu'il pourrait vous proposer au cas où.... *Idem* si l'inconnu n'en est plus un et qu'il vous joue le jeu du sentiment **en se gratouillant les orifices du nez toutes les dix secondes**. Vous saurez que votre coup de cœur est un gros hypocrite et un vrai obsédé sexuel.

L'homme qui vous fait face se caresse soudain l'arête du nez du bout de l'index, coude en appui, sans vous quitter des yeux.

Le nez est le siège du flair mais aussi le symbole du sexe. Tout dépend en somme du contexte de la caresse. Le nez est l'un des sièges de la sexualité en ce qu'il est une protubérance qui symbolise le sexe masculin ou le clitoris de la femme. Vous remarquerez que **vos amis se tripotent souvent le nez** quand ils font des confidences audacieuses ou quand ils racontent des blagues salaces.

Des spécialistes ont prétendu que l'Homme se tripote le nez quand il ment. Certains des médias les plus prestigieux leur ont fait écho (notamment le *New York Times).* Il est vrai que le mensonge est parfois très excitant. Ceci expliquerait donc cela. Mais je les soupçonne d'avoir créé un amalgame entre Pinocchio, le président Clinton et le mensonge. Ce dernier se tripotait souvent le nez. Cela faisait-il de lui un menteur ou un amateur de galipettes audacieuses ? Le débat demeure ouvert. On traitait le président Chirac de super-menteur il n'y a pas si longtemps de cela. Vous ne prendrez jamais le Président en flagrant délit de tripotage nasal. Ses adversaires politiques auraient bien voulu lui tailler un costume sur mesure ! Hélas, nous ne détenons pas la preuve gestuelle de son vice supposé. En supposant que la preuve gestuelle en question signifie bien ce que certains veulent lui faire dire, bien entendu.

Le nombril de l'univers

Siège symbolique de la sexualité, ce n'est pas sans raison que le nombril est devenu un sujet de publicité. Les jeunes filles le dévoilent volontiers en s'habillant de tee-shirts trop courts pour le cacher. Est-ce une sorte d'exhibitionnisme ou une attitude de provocation ?

Rien à voir ! Cette mode récente révèle un malaise général lié à une situation économique défavorable. Je m'explique. Le nombril est le siège symbolique de l'ego, comme vous vous en doutiez. L'égocentrisme est un moyen de protection parfaitement naturel et légitime contre le sentiment d'insécurité qui plane sur la société actuelle. « Dieu pour tous et chacun pour Moi ! » est le message du nombril dénudé et de sa propriétaire.

Aujourd'hui, la règle est aux ventres plats pour les membres des deux sexes et à tout âge. Ce changement de mode a eu un effet secondaire insolite. Il a modifié la forme du nombril. Chez les silhouettes potelées, le nombril est à peu près circulaire, mais chez les individus plus minces, c'est plutôt une fente verticale. Un examen des œuvres d'art représentant les femmes aux proportions plus généreuses des époques précédentes nous confirme que dans leur grande majorité (92 %) elles avaient bien un nombril circulaire, rapporte Desmond Morris. Une étude similaire des photos des modèles d'aujourd'hui nous apprend que ce chiffre tombe à 54 %. Les femmes actuelles ont donc six fois plus de chances d'avoir un nombril vertical que leurs plus voluptueuses ancêtres.

L'orifice génital de la femme s'intègre à une fente verticale, tandis que son orifice anal est de forme beaucoup plus circulaire. Par conséquent, en passant à un nombril vertical, on renforce le symbolisme génital qui lui est rattaché. Dans les photos de pin-up où la véritable fente génitale est dissimulée, le photographe et son modèle peuvent ainsi s'arranger pour offrir un pseudo-orifice subliminal en tant que substitut du vrai.

Cela peut paraître fantaisiste, mais pour se convaincre de la justesse de cette thèse, il suffit de regarder ce qui est arrivé au nombril durant les périodes les plus puritaines du XXe siècle. Sur les premières photographies, il était soigneusement effacé au pinceau pour donner l'illusion absurde que le ventre était parfaitement lisse. On faisait cela, disait-on, parce que le nombril était trop suggestif. Quant à ce qu'il suggérait, on n'en parlait jamais. Avec les premiers films, on assista à une réaction horrifiée et scandalisée lorsque les danseuses exposèrent cette partie de leur anatomie. Une lettre officielle de la censure aux producteurs des *Mille et Une Nuits* disait : « Film pour adultes et à condition que toutes les scènes de danse montrant les nombrils des danseuses soient coupées. » Une seconde vague de pudibonderie imposa à nouveau la censure des nombrils dans les années 1930 et 1940. Le célèbre Code de Hollywood stipulait que les nombrils nus devaient être interdits. S'ils ne pouvaient pas être dissimulés par des vêtements, il fallait les combler avec des bijoux ou toute autre parure exotique. Ce qui semblait choquer le plus les puritains, c'était que les danseuses étaient capables de faire bouger leur nombril, le faire béer et s'étirer, pendant qu'elles ondulaient, lascives, le corps à demi dévêtu. C'était pousser trop loin le symbolisme de l'orifice et il était nécessaire de le combattre sans pitié pour prévenir l'hystérie sexuelle des spectateurs.

À peine le monde occidental avait-il levé sa censure sur le nombril au cinéma qu'une nouvelle offensive était lancée. Cette fois, c'était dans la patrie même de la danse du ventre, le Moyen-Orient où, avec les nouveaux courants intégristes agitant le monde arabe, on ordonna aux danseuses des discothèques de se couvrir le ventre quand elles pratiquaient les « danses folkloriques traditionnelles ». Ces restrictions démontrent clairement que le nombril a le pouvoir d'émettre des signaux érotiques, même si pour la majorité d'entre nous il semble aujourd'hui n'être qu'un détail relativement innocent de notre anatomie. Les manuels d'éducation sexuelle ont parlé de sa séduction, soulignant la fascination qu'il exerce sur de jeunes amants qui explorent mutuellement leurs corps. Les commentaires de ces ouvrages renforcent son rôle de rappel génital. Par exemple : « Il possède de nombreuses sensations sexuelles exploitables ; il s'adapte au doigt, au gland ou au gros orteil et mérite qu'on s'y attarde pour des attouchements ou des baisers. » Une image fréquente dans les manuels illustrés montre un homme en train d'explorer le nombril de sa partenaire avec sa langue. Un pseudo-pénis inséré dans un pseudo-vagin. En plus de ces questions liées au sexe, le nombril a provoqué quelques remous dans les cercles religieux. Pour ceux qui croient à la vérité littérale des textes anciens, se pose en effet l'épineux problème de savoir si le premier homme possédait ou non un nombril. Si Adam (ou son équivalent dans les autres religions) a été créé par un dieu plutôt que d'être né d'une femme, il était censé ne pas avoir de cordon ombilical, donc pas de nombril. Les premiers artistes eurent à décider s'il fallait ou non inclure un nombril dans leurs représentations du corps d'Adam. La plupart optèrent pour l'affirmative et inventèrent sans doute leurs propres raisons quant à l'existence du nombril d'Adam, mais leur décision amena un problème encore plus ardu. En effet, puisque Dieu a créé l'homme à son image, Lui aussi devait avoir un nombril. Et naturellement, cela entraîna une autre interrogation : qui a donné naissance à Dieu ?

Les musulmans ont trouvé une réponse originale à l'affaire du premier nombril. Ils ont en effet une vieille légende qui explique qu'après qu'Allah eut créé le premier homme, le diable devient si furieux qu'il cracha sur le nouveau venu. Son crachat atterrit au centre du corps de l'homme et Allah réagit aussitôt en arrachant la tache profane pour éviter la contamination. Son acte laissa un petit trou à l'endroit du crachat, ce trou qui fut donc le premier nombril.

Un symbolisme radicalement différent présente le nombril comme le centre du monde, et c'est dans ce rôle plus noble que les ascètes bouddhistes le considèrent. « Se contempler le nombril » a souvent été interprété à tort comme une forme de méditation égocentriste alors qu'en fait c'est tout le contraire, une tentative pour effacer l'individu en se concentrant sur l'univers entier par l'intermédiaire de son point central.

De toutes ces optiques, il ressort bien que le nombril appartient à la catégorie des parties anatomiques sensuelles et que le simple fait de le dévoiler en public est une forme de provocation qui mérite une analyse sociétale plus approfondie que celle que je peux vous offrir dans le cadre d'un ouvrage consacré au plan gestuel de la séduction. Si votre nombril est montrable, n'hésitez pas à le montrer, mais évitez de le « piercer ». Un **piercing du nombril** est une ceinture de chasteté symbolique qui n'exprime pas la fidélité de la demoiselle « piercée », mais plutôt sa difficulté à atteindre l'orgasme et/ou à profiter pleinement et librement de sa sexualité. On « pierce » son nombril pour pénaliser son sexe dans la mesure où le piercing du sexe ne se pratique pas encore, à ma connaissance.

Les odeurs intimes

Le saviez-vous ? Vos odeurs corporelles varient en fonction de vos humeurs. Qu'il s'agisse de votre haleine, du pH de votre transpiration, du goût de votre glaire cervicale ou de la saveur de votre salive, tout dépend de la météo de vos sentiments. Les odeurs corporelles que vous produisez sont un moyen naturel de défense de votre territoire physique ou, au contraire, une phéro-hormone attractive pour emprisonner celui qui vous plaît dans vos filets. Des odeurs intimes à l'intimité d'une sexualité bien partagée, il n'y a qu'une volée d'escaliers. On descend aux enfers ou on monte au paradis ! L'odorat et le gustatif ont pris le relais du visuel repu et de l'auditif saoulé de mots tendres comme des jarrets de veau. Hélas, le coup de foudre cède trop vite la place aux dures réalités de la vie en couple. La sexualité tourne à plein régime jusqu'à la première panne de secteur. On se repose, et ça repart ! Pour autant que le goût de ses baisers (ou d'autre chose) ne soit pas soudain mitigé d'une pointe d'amertume. Les signaux olfactifs conditionnent l'accès au territoire le plus intime que partage le couple. Et la pérennité de votre couple repose essentiellement sur le critère olfactif. C'est ce qui s'appelle « avoir son mec ou sa nana dans la peau ».

Comme il est difficile de ressentir sa propre haleine, soyez attentive à celle de votre compagnon, elle est le thermomètre de ses sentiments à votre égard. Car la mauvaise haleine liée à des reflux gastriques est parfaitement variable suivant la personne qui vous accompagne. Cette mauvaise haleine que vous percevez chez votre partenaire ne sera pas ressentie par une autre dans un autre lieu. Pourquoi ? Parce que l'halitose est une réaction psychosomatique de type hystérique. Elle s'exprime quand la contrariété que vous ressentez dépasse la norme acceptable. Un accès d'angoisse inattendu peut en être la cause : « J'ai à te parler sérieusement », vous dit-il avec une mine de circonstance. Votre estomac se retourne et la mauvaise haleine s'installe, malgré les gommes à mâcher.

Les ailes de l'ange déchu

Pour votre information, le creux entre les omoplates est l'un des sièges signalétiques de la sensualité.

Elle se triture souvent le creux entre les omoplates tandis que son compagnon fait semblant d'être ailleurs. Il regarde passer les gens dans la rue. Le message ne passe pas. Il est pourtant simple. Le geste reproduit par sa compagne est suffisamment explicite : « Viens me gratter le dos, j'ai besoin d'amour ! »

Ces deux-là ne resteront pas longtemps ensemble, la rupture est virtuellement consommée, mais ils ne le savent pas encore. Si votre coup de cœur reproduit ce geste devant vos yeux ébahis, ne la laissez pas mariner dans son jus pendant cent sept ans. Ce réflexe gestuel est une demande d'affection pure et dure (voir aussi le dos).

Les oreilles séductrices

Les oreilles encadrent le visage avec plus ou moins de bonheur, mais elles n'appartiennent pas aux traits qui entérinent la beauté d'un visage. Souvent cachées par les cheveux quand leur forme dérange, elles font néanmoins partie du langage gestuel sans pour autant tenir le rôle principal. Il en va différemment de l'oreille dans le registre de la séduction. Cela étant dit, l'oreille en tant qu'appareil auditif tient un rang essentiel dans les attitudes du corps. Cela paraît incongru et pourtant celui qui en fait la démonstration n'est pas le premier venu. Il s'agit d'Alfred Tomatis dans son ouvrage intitulé : *Nous sommes tous nés polyglottes,* je le cite : « Que l'écoute dépende d'une posture du corps semble, pour la majorité de nos contemporains, quelque chose de tout à fait incompréhensible. On oublie que l'oreille ne se contente pas de décrypter les sons comme le ferait la tête de lecture d'un magnétophone. Elle dispose d'un appareil, le vestibule, qui induit le sujet à mettre son corps dans une position déterminée pour pouvoir répondre. Le vestibule est le siège de l'équilibre, mais de lui dépendent le tonus musculaire, l'établissement de leur valeur relative et surtout la conscience de l'image du corps. Un temps de latence long (il s'agit du temps nécessaire à l'oreille pour se mettre à l'écoute), comme c'est le cas chez les Slaves, renforce la conscience de l'image du corps, d'où le côté très épidermique des peuples slaves sur le plan sexuel. Dans certaines conditions, ces individus sont plutôt *physiques*, bien campés sur leurs jambes, en harmonie avec leur corps tout entier. Ils disposent d'une grande habileté dans les gestes et dégagent une impression de vivre pleinement les situations auxquelles ils doivent faire face. » Et plus loin, il ajoute cette remarque : « Rappelons que chaque ethnie a la posture de son langage, conséquence de sa manière d'entendre. »

De son côté, Desmond Morris note qu'on a enregistré des cas d'individus mâles aussi bien que femelles qui parviennent bel et bien à l'orgasme à la suite de stimulation du lobe de l'oreille. Il est vrai que des observations récentes ont montré que durant les moments d'excitation intense, les lobes enflent et se gorgent de sang. Un afflux sanguin qui les rend évidemment très sensibles au toucher. Selon le rapport Kinsey, il existe des cas rares où un individu a atteint l'orgasme à la suite d'une stimulation des oreilles.

Contrairement à ce que vous pourriez croire, ce ne sont pas seulement les lobes de vos oreilles qui sont les plus sensibles sur le plan érotique, mais aussi les hélix qui, caressés ou embrassés avec une certaine adresse, peuvent vous amener au bord de l'orgasme.

Dans le droit fil de ce qui vient d'être rapporté, si votre inconnue se caresse distraitement le lobe de l'oreille entre le pouce et l'index... elle vous confie son vice favori : la masturbation librement consentie. Quand un homme reproduit le même geste dans un contexte de séduction, il évalue ses chances de vous séduire.

Les oreilles parfaites sur le plan esthétique sont relativement rares. Cependant, si vous avez de jolies oreilles de l'avis de votre entourage, je vous conseille de vous couper les cheveux très court afin de les dégager et de les exposer à la vue de vos admirateurs. Choisissez aussi des boucles d'oreilles qui attireront l'attention sur elles sans les surcharger ! La beauté d'une partie de votre anatomie est une œuvre d'art de votre hérédité. Une rencontre génétique parfaite. Ce qui est beau doit être montré ou mis en valeur, car il en va de ce détail plastique comme d'une véritable œuvre d'art. Pouvez-vous imaginer un tableau de maître rangé dans un placard à balais ?

La fascination des orteils

Les orteils sont les sièges symboliques de la frustration et de la pénalisation sexuelle. Ce sont aussi des zones érogènes explosives peu fréquentées bien que tout à fait fréquentables. Ce n'est pas sans raison que les fabricants de chaussures offrent un choix énorme de sandales à hauts talons chaque été, mettant en valeur les orteils, la cambrure et l'allure générale du pied de la femme. Les pieds parfaits sont bien plus rares que les visages zéro défaut, sans parler des orteils.

En passant, je vous signale que si vous êtes victime de **démangeaisons entre les orteils**, bien que votre hygiène pédestre soit sans reproche, ces chatouillements révèlent une insatisfaction sexuelle. À bon entendeur...

Une **bague glissée au gros orteil droit** est un aveu de frustration sexuelle. La **même bague glissée à**

l'orteil gauche devrait indiquer le même genre de malaise.

Si les orteils ont une importance essentielle dans le maintien de notre équilibre corporel, ils en ont nettement moins sur le plan gestuel. Cependant, il existe une posture intéressante que l'on peut observer chez la femme qui a ôté ses souliers : **il arrive qu'elle fasse des pointes en recroquevillant ses doigts de pieds** dans certaines circonstances. Cette attitude particulière indique souvent un fort sentiment d'échec ou une volonté de remettre sa vie en question.

Peindre les ongles de ses orteils trahit une recherche de sensualité et non un besoin de mettre ses doigts de pieds en vitrine. Les femmes qui se peignent ainsi les ongles des orteils affirment leur besoin de volupté, de paresse et de siestes améliorées quand l'occasion se présente. Elles sont très *carpe diem,* investies dans le présent de leur plaisir et non dans l'avenir de désirs hypothétiques. Elles abandonnent l'ambition aux hommes toujours aisés qu'elles épousent par souci de sécurité et se contentent de jouir du confort qu'ils assurent.

Les pieds potelés de la jolie sorcière

Nous sommes tellement habitués à marcher dessus que nous ne réalisons plus qu'une si petite surface, même multipliée par deux, parvient à assurer l'équilibre du tout. Pour un homme qui chausse du 42, ce sont deux fois 234 cm^2 environ qui soutiennent un corps de 70 kg environ et d'une hauteur moyenne de 1,70 m, soit 18 000 cm^2 de surface chez un adulte (2 500 cm^2 pour un nouveau-né). Comment s'étonner dès lors que l'on trouve une correspondance de tous les organes du corps sur les plantes de nos pieds, selon les spécialistes de la réflexologie plantaire ? Le langage se sert des pieds pour qualifier deux situations essentielles : « Prendre son pied » et « Faire du pied ». Ces deux expressions consacrent le pouvoir occulte du pied en matière de séduction.

Si la forme parfaite de vos pieds est l'un de vos atouts principaux, déménagez sous le soleil et vous séduirez les mâles les plus craquants et les plus difficiles à faire craquer sous d'autres latitudes. Il en va de la beauté des pieds comme de celle des mains. Une vieille légende juive prétend que les femmes (ou les hommes) qui ont de belles extrémités sont des amants ou des maîtresses parfaits. Je peux vous garantir que ce n'est là qu'une légende. J'ai de belles mains et de beaux pieds et je suis un amant exécrable, de l'aveu même de plusieurs de mes ex-compagnes. Mais il est vrai que l'amant n'est jamais le mari idéal, et la maîtresse devient une épouse banale, si vous vous mettez en tête de la demander en mariage. Bref, pour en revenir à la légende, il n'y a pas de fumée sans un mégot mal éteint qui traîne dans le cendrier, même s'il faut toujours des exceptions pour confirmer la règle, n'est-ce pas ?

La sensibilité de la plante du pied indique une vascularisation importante de cette partie anatomique de notre corps. Or, qui dit vascularisation dit aussi sensibilité érotique ! La transpiration des pieds est salée comme l'eau de mer. Certains chiens adorent lécher les pieds de leur maître à cause de cette salinité. La sensation perçue par le maître est très agréable. Imaginez que cette opération canine soit effectuée par votre partenaire dans un bain à deux, et songez à la suite de cette opération très érotique ! Je gage que vous commencez à comprendre l'essence même de ce que signifie l'expression « prendre son pied ».

En tout état de cause, si votre coup de cœur vous observe par en dessous en se massant le cou-de-pied, vous êtes ferré.

Un autre grand classique de la séduction discrète est souvent reproduit debout par une femme dont **les pieds**

forment un angle droit sur le sol, le talon de l'un est tourné vers la voûte plantaire de l'autre. Quoi que vous en pensiez, ce code gestuel subtil est un signal de disponibilité amoureuse qui vous est adressé, même si la demoiselle est accompagnée.

Et la cambrure du pied ?

Une proéminence qui est mise en avant par la hauteur des talons de la chaussure. Ce type de signal est plus souvent coutumier des femmes de petite taille car plus séduisant quand elles ont le pied de Cendrillon plutôt que celui de la mère Eugénie Grandet, un personnage de Balzac qui chaussait bien du 43, si mes souvenirs sont bons.

Les poils qui chatouillent

Hommes poilus comme des singes ou hommes lisses comme des culturistes de salles de gym ? Les hommes très poilus sont plus appréciés dans les pays méditerranéens et peu courus en Europe continentale. Mais qu'en est-il dans d'autres régions du globe ? Les hommes velus le sont surtout au niveau du visage, ils se laissent pousser la barbe pour maquiller des angles trop aigus, un nez trop long ou dissimuler un visage ingrat. La barbe peut être un signe de conviction religieuse, mais elle est surtout un atout séducteur et narcissique.

« En tant que signal de masculinité, le principal impact de la barbe est visuel, mais elle opère également en tant que porteuse d'odeurs. La région faciale possède un certain nombre de glandes dont les sécrétions odoriférantes sont mieux retenues par un visage poilu. Au cours de l'adolescence, quand ces glandes entrent en fonction pour la première fois, un excès d'hormones peut provoquer un déséquilibre au niveau de la peau que nous appelons acné. Par un tour cruel du destin, ce sont les adolescents les plus actifs sexuellement qui souffrent des poussées d'acné les plus violentes » (Morris, *in La Magie du corps*, Grasset).

Je m'inscris en faux contre cette dernière hypothèse. J'ai reçu un nombre indéterminé de jeunes ados ou de jeunes adultes dans mon cabinet. Tous avaient lu une série d'articles de presse prétendant que l'acné était peut-être la conséquence de désirs sexuels refoulés. Les auteurs de ces articles prétendaient que la relaxation ou l'hypnose pouvaient remédier au problème. La plupart des jeunes qui m'ont consulté n'avaient pas de rapports sexuels étant puceaux, ce qui n'empêchait en rien le bourgeonnement acnéique. J'ai souvent constaté que ce bourgeonnement était plus fréquent chez des jeunes qui avaient une peau grasse.

Jeune adulte, j'ai rencontré une jeune fille au cours d'une soirée dansante. Nous nous plaisions mais elle était pucelle et refusait tout rapport sexuel avant le mariage. Hélas, nous étions très amoureux et les barrières finirent par tomber comme des fruits blets. Par une belle nuit d'été, elle me fit don de son hymen en toute innocence, mais non sans une angoisse palpable du lendemain. Quand je m'éveillai au petit matin, elle dormait encore. Je me fis la frayeur de ma vie en regardant son joli visage. Il était ravagé par une acné aussi soudaine qu'inexplicable. Bien des années plus tard, j'ai compris qu'un fort sentiment de culpabilité était seul coupable de cette floraison quasi instantanée. La jeune fille en question appartenait à une famille religieuse juive où la virginité des filles est le garant d'un mariage réussi. L'histoire se déroulait à Jérusalem. L'éruption acnéique serait donc liée au défoulement d'une culpabilité excessive ?

Il tire sur les poils de sa poitrine tout en vous écoutant.

De la main droite, vous êtes en présence d'un phallocrate averti ; de la main gauche, l'attitude est plus séductrice que machiste.

Quelques poils en buisson sur le haut de la poitrine est une touffe encore assez courante dans nos régions. Un geste masculin qui consiste à se caresser la poitrine poilue est l'équivalent du bout des doigts qui s'insinuent entre les globes des seins de la femme. Ces autocaresses sont évidemment des invitations déguisées et à forte connotation érotique.

Pouce du plaisir, pouce du désir

Un enfant qui suce de préférence son **pouce gauche** sera un adulte sensuel, celui qui suce son **pouce droit** sera plus concerné par sa sexualité. S'il passe indifféremment de l'un à l'autre, attendez qu'il fixe son choix pour statuer. Des doigts jumeaux qui symbolisent deux sentiments interdépendants. Le pouce droit est le siège symbolique du désir, de la motivation et de la sexualité. Quant au pouce gauche, il est le siège symbolique de la sensualité, du plaisir et de la sensibilité. Sans désir, point de plaisir et sans plaisir, le désir tourne à la frustration.

Les **pouces bagués** sont des poteaux indicateurs des individus très concernés par leur sexualité. Ce qui ne signifie pas forcément qu'ils sont accro au sexe au point de sauter préambules et préliminaires. J'ai souvent observé une certaine bravade ou un air de provocation dans le regard de jeunes femmes baguées au pouce droit. Cette attitude ne m'était pas destinée (rassurez-vous !) mais adressée à des hommes plus jeunes qui semblaient leur plaire (voir aussi le chapitre des objets séducteurs).

J'expliquais à l'un de mes patients atteint d'impuissance sexuelle caractérisée la valeur symbolique des pouces. J'y ajoutai l'hypothèse suivante : un accident bénin ou non à l'un des doigts est peut-être une manière de régler un problème ou un conflit psychique majeur. Cette profession de foi reposait sur une série significative d'observations cliniques faites en collaboration avec un chirurgien orthopédiste. Mon patient était un agent hospitalier. C'était sans aucun doute la raison pour laquelle je m'étais permis d'évoquer cette hypothèse de travail. Nous avions fixé un second rendez-vous auquel il ne vint pas. J'appelai chez lui et je tombai sur son épouse. Elle me dit qu'il était hospitalisé pour quelques jours. « Rien de grave, j'espère. – Non, me répondit-elle en riant. Il s'est coupé le pouce droit avec une scie circulaire mais on l'a recousu. » Le combiné me tomba des mains de saisissement. Je crois que mes cheveux ont dû se dresser sur ma tête. J'avais encore une fois raté une occasion de me taire. Je me sentais affreusement responsable. Plusieurs semaines s'écoulèrent avant que je ne revoie mon patient. Il me rendit une visite de courtoisie pour me remercier d'avoir réussi à le libérer de son impuissance. Imaginez ma tête !

Existe-t-il réellement un rapport entre le pouce droit et le sexe ou s'agit-il d'un effet placebo de la suggestion faite par le thérapeute ? Je veux croire à la deuxième partie de l'alternative, et de toutes mes forces. Imaginez que je lui aie suggéré de se couper le bras pour retrouver son érection ! Ma responsabilité d'alors me fait encore froid dans le dos aujourd'hui.

Quelques gestes à inscrire sur votre agenda

Votre interlocuteur emprisonne son pouce droit dans sa main gauche.

Il protège sa motivation contre votre enthousiasme. Du point de vue sexuel, vous faites face à un ancien combattant du plumard.

Votre interlocuteur coince l'un de ses pouces ou les deux, dans les poches de son jean, en marchant.

Les pouces entravés révèlent presque toujours une sexualité mal maîtrisée, voire problématique ou une carence affective profonde.

Votre interlocuteur frotte compulsivement la pulpe de son pouce contre celle des autres doigts en remontant de la pulpe de l'auriculaire.

Votre interlocuteur rejette la réalité au profit des aspects magiques de son vécu. Ses choix seront souvent fonction de ses coups de cœur. Quant à ses coups de cœur, ils devront se méfier de cette manie qu'il a d'oublier son portefeuille quand il les invite au resto.

Quand le pouce est étranglé entre le majeur et l'annulaire de la même main, la superstition est au programme. Lisez-lui les lignes de la main pour le ou la rassurer sur l'avenir de votre couple. Cette manie de coincer son pouce entre l'index et le majeur, le gauche n'étant pas le droit, mérite un entrechat. Le pouce gauche incarcéré trahit une peur de l'échec et l'appel à des moyens magiques pour y remédier. Le pouce droit prisonnier indique une ambition castrée ou un désir censuré par les événements ou les craintes de celui ou celle qui reproduit ce geste.

Il me paraît clair que la reproduction du pouce étranglé en situation de séduction est une séquence gestuelle de mauvais augure.

Les pupilles de la vérité

La pupille se dilate dans un faible éclairage et se rétracte en cas de lumière violente, contrôlant ainsi la quantité de lumière qui atteint la rétine. Quand vous vous trouvez en face d'une jolie femme ou d'une personne qui vous plaît, vos pupilles se dilatent légèrement. Elles deviennent alors un précieux indicateur des réponses émotionnelles aux images visuelles. C'est un avantage en cas de coup de foudre chez les amoureux qui se regardent dans les yeux avec les pupilles dilatées et ce phénomène leur offre une image brouillée baignant dans un halo de lumière. Les petits défauts du visage disparaissent comme dans la pénombre discrète d'une discothèque. Ce qui est laid devient acceptable, ce qui est acceptable devient sublime et ce qui est beau devient divin. Il est évident que la dilatation de la pupille permet au subjectivisme psychologique de s'exercer à plein rendement. L'amoureux ne regarde plus ce qu'il voit en vérité, mais voit ce qu'il imagine et qui n'est qu'une projection hallucinatoire de ses fantasmes. Le vieil amant prend un coup de jeune et la jeune fille un peu ronde devient une splendide créature aux formes callipyges. Les fesses plates deviennent stéatopyges. C'est le mythe de la belle et la bête que nous jouent nos pupilles sous l'influence de nos fantasmes ou le couplet de « elle au printemps, moi en hiver » comme dans la chanson interprétée par Serge Reggiani et reprise récemment par San Sévérino.

Je me suis aventuré à tester cette faculté de transformation subjective de la réalité lors d'une expérience d'hypnose expérimentale. Mes sujets étaient deux médecins en stage dans le centre de recherches où je travaillais au début des années 1980. Le premier, nous l'appellerons Loïc, était marié (mais pas trop) et père de trois enfants. La seconde, nous l'appellerons Hélène, était célibataire. Loïc n'était pas ce qu'on pourrait appeler un séducteur. Quant à Hélène, elle était grande et anguleuse et pour tout dire peu fournie en formes adipeuses. Je leur ai proposé de pratiquer une hypnose de couple avec, à la clef, des suggestions de transformations hallucinatoires du partenaire. Ce qui était un jeu dans notre esprit à tous a débouché sur un drame. Loïc est tombé réellement amoureux d'Hélène, et vice versa. Il a quitté sa femme et ses trois enfants pour refaire sa vie avec sa consœur. Je me sentais coupable d'avoir manipulé le destin de ces deux stagiaires jusqu'au jour où... j'appris par la bouche de l'ex-femme de Loïc que ça n'allait déjà plus trop bien entre eux depuis un certain temps. L'épouse de Loïc était largement plus séduisante qu'Hélène. Et pourtant, le critère plastique n'a pas pesé lourd dans la balance. Loïc et Hélène sont restés longtemps ensemble, plus longtemps que je ne l'aurais cru. Il est vrai qu'ils se sont lancés à leur tour dans l'hypnose pour soulager leurs patients. Et comme la pratique de l'hypnose conduit au délire mégalomaniaque (je le sais pour l'avoir pratiquée pendant de nombreuses années avant de rendre mon tablier), ils ont dû y puiser l'antidote à leur problématique commune : une persona *dévalorisée ou une image de soi déstructurée.*

Morale de l'anecdote : il ne suffit pas d'être médecin pour se sentir docteur, mais il suffit de devenir hypnotiseur pour être le petit cousin des dieux.

Représentants de nos émotions et du regard de l'âme, les yeux peuvent beaucoup pour ceux qui savent s'en servir. Ils interviennent tout le temps dans le registre de la communication interindividuelle. Il n'est cependant pas toujours aisé de traduire certaines de leurs attitudes par des mots. En revanche, les réactions de nos pupilles sont étonnantes. Je cite Desmond Morris dans *La Magie du corps* (Grasset) :

« Dès le XVIe siècle, les courtisans italiens utilisèrent une drogue faite à partir de belladone qu'ils se mettaient dans les yeux pour dilater leurs pupilles. On disait, à l'époque, qu'elle rendait plus beau, c'est pourquoi on l'appelait la bella donna, *littéralement : la jolie femme. Un exemple plus récent nous vient des marchands de jade dans la Chine prérévolutionnaire qui se mirent à porter des lunettes noires pour dissimuler la dilatation de leurs pupilles excitées par un beau jade qui leur était présenté. Auparavant, les joailliers surveillaient avec soin la dilatation des pupilles de leurs clients afin de hausser les prix ou des les abaisser sui-*

vant le diamètre adopté par leurs pupilles. Les réactions sexuelles ont été testées de la même manière dans le cadre d'une expérimentation scientifique. Des photos de nus masculins et féminins ont été présentées à des hommes et à des femmes. On a constaté que les homosexuels, pris dans leur ensemble, ont eu une réaction dilatatoire de la pupille lorsqu'ils voyaient le corps nu d'un membre de leur sexe alors que les hétérosexuels avaient une réaction positive vis-à-vis des clichés féminins et négative en ce qui concernait les clichés masculins. »

Sachez encore que les alcooliques, les fumeurs d'herbe ou de chanvre indien ont toujours les pupilles rétractées quand ils sont sous l'emprise de leur drogue. Les pupilles d'un psychotique en crise se rétractent à la taille de têtes d'épingles. C'est ce qui donne à leur regard cet aspect caractéristique de la folie, complètement vidé de toute substance. Ce sont aussi les yeux de la férocité ou de la méchanceté. Méfiez-vous des beaux yeux trop limpides aux pupilles minuscules ! Ils trahissent bien souvent des individus sans scrupule. Cette rétractation maximale des pupilles signale que l'activité imaginaire est quasi nulle, mais que l'activité cognitive est soutenue. *A contrario,* une activité émotionnelle intense se traduira par une dilatation progressive des pupilles. (Voir aussi au chapitre « Du premier regard au premier baiser » pour compléter votre information sur le sujet.)

Regards fascinants... pour proies fascinées !

Vous avez certainement remarqué à quel point il est rare que vous accrochiez le regard de votre interlocuteur, connu ou inconnu, quand vous lui adressez la parole. Comme si vous perceviez votre propre regard comme une arme offensive dont il faut dévier la trajectoire pour ne pas incommoder l'autre. Ce faisant, vos paroles se heurtent inévitablement aux mécanismes de défense de votre interlocuteur et perdent fatalement de leur impact. Je m'explique. Plus de 80 % des individus privilégient le sens visuel au détriment des quatre autres sens : auditif, gustatif, tactile ou olfactif. Contrairement à ce que vous pourriez croire, les gens écoutent forcément avec leurs oreilles mais censurent votre discours en zappant visuellement. Ils esquivent l'impact polluant des mots en « défocalisant » leur regard. Or, si vous vous exprimez en défocalisant, comme le font la plupart des gens, votre discours sera entendu mais non écouté par votre interlocuteur. Ses mécanismes de défense psychiques feront automatiquement barrage en évacuant le substrat émotionnel de vos propos. Sachant que l'émotion est ce qui donne du relief aux mots qui s'échappent de votre bouche, il ne restera dans sa mémoire à court terme qu'un résumé décousu et rationalisé de vos paroles. Vous aurez réussi à lui transmettre votre message séducteur et raté votre objectif qui était de la ou le séduire. C'est la raison pour laquelle il est indispensable de sous-titrer visuellement votre discours ou votre approche de l'inconnu, en particulier dans une situation de séduction. Même s'il zappe pour éviter votre regard, vos propos s'adapteront naturellement au message dispensé par ses mouvements oculaires. En quelque sorte, vous puiserez instinctivement l'inspiration suffisante et nécessaire dans ses yeux pour circonvenir ses mécanismes de fuite face à la pression que vous lui faites subir. En clair, votre discours sera fonction de la manière dont votre cible vous esquivera ou vous affrontera visuellement. N'oubliez jamais que l'esquive n'est pas forcément la fuite et l'affrontement n'est pas forcément l'acceptation.

Le regard amoureux est à ce titre un exemple frappant de ce que je viens de vous décrire. Il transporte les mots échangés par les amants à un autre niveau de conscience (ce qu'on nomme l'hypervigilance en hypnose). La source de votre capacité de séduction se situe bien dans le regard de l'autre et non dans votre propre ego ou votre talent de séductrice (ou de son équivalent masculin).

Le pouvoir oculaire n'est pas une légende. Fixer un interlocuteur droit dans les yeux ne se fait que dans certaines situations : jeux de pouvoir, situations amoureuses, expression de haine ou d'agressivité directe. Un regard soutenu est considéré comme une menace par la majorité des gens qui détournent automatiquement les yeux.

Il m'arrive d'observer les personnes que je croise dans la rue. Certaines d'entre elles détournent les yeux, d'autres me saluent sans me connaître. C'est leur manière personnelle de détourner l'agressivité qu'ils perçoivent dans ma conduite. Or, je suis particulièrement attentif à ne pas leur lancer un regard agressif. Le simple fait de les observer de la manière la plus neutre possible est perçu comme un comportement agressif, c'est dire à quel point il est dangereux de jouer à faire semblant de regarder les inconnus dans les yeux.

Quand un regard de fascination s'établit entre deux personnes qui se plaisent, il existe un capital de confiance tel que la fixation oculaire n'est pas perçue comme menaçante. C'est aussi à ce stade qu'intervient la taille des pupilles. Si elles sont rétractées à la taille d'une tête d'épingle, un malaise peut s'installer dans le couple ; si elles sont légèrement dilatées, le message amoureux indique que les sentiments sont partagés. Mais les pupilles ne se dilatent pas uniquement sous la férule du plaisir ou du sentiment amoureux. Les personnes qui cultivent les pensées parasites ou qui refoulent leur agressivité en la déguisant sous des sourires de convenance ont généralement les pupilles rétractées (en tête d'épingle). En revanche, la culture de pensées constructives, la confiance en soi et en autrui, l'ouverture sociale entraînent toujours une légère dilatation des pupilles. À partir de ce constat, je pose l'hypothèse suivante :

Les individus dont les pupilles sont régulièrement rétractées risquent plus d'être agressés verbalement ou physiquement que ceux qui ont généralement les pupilles plus dilatées. Un exemple vécu !

Jean-Pierre est camelot. Il est le propriétaire d'un camion vitré dans lequel il charge sa marchandise pour le marché. Les vitres ne sont pas obturées, ce qui fait qu'on peut voir ce qu'il transporte. Son camion est garé devant chez lui toutes les nuits. Il vit en banlieue parisienne. Il m'affirme que son camion n'a jamais été fracturé depuis qu'il le possède, soit plus de trois ans. François est l'un de ses collègues, il possède un camion totalement fermé et vend le même article sur le marché : de la chaussure. Il a été victime du vol de son camion à trois reprises. À chaque fois, on a retrouvé son véhicule vide mais en bon état. François est un individu plutôt méfiant dont les pupilles sont constamment rétractées. Jean-Pierre est un homme souriant, continuellement de bonne humeur, dont les pupilles sont plutôt dilatées.

Le regard amoureux est extratensif (le contraire du regard introspectif, une terminologie présentée par Rorschach). L'émotion est dirigée vers l'extérieur ou l'objet cible que représente le partenaire. Le regard direct transporte cette émotion amoureuse à bon port. L'extratension est un dérivé de l'extraversion de Jung, mais avec un sens plus souple concevant qu'un individu peut parfaitement passer d'une phase introspective (ou introvertie) à une phase extratensive (extravertie). Les regards introvertis sont toujours décelables en observant la taille de la pupille de votre interlocuteur. Vous êtes en train de lui expliquer la marche à suivre et vous avez l'impression qu'il ne vous écoute pas. Si vous aviez la curiosité de regarder ses pupilles, vous sauriez avec certitude qu'il est ailleurs et que vous parlez aux murs.

Il s'agit là d'une conception à laquelle j'adhère totalement et à laquelle j'apporte ma pierre personnelle. L'oreille qui écoute habituellement au téléphone indique le mode de communication de l'individu observé. Extraverti à droite et introverti à gauche. Or, certains individus n'ont pas d'oreille préférentielle. D'autres en changent suivant le correspondant téléphonique ou le genre de rapport qu'ils entretiennent avec ce correspondant. L'introverti « se » communique à l'autre alors que l'extraverti communique « avec » l'autre (voir la troisième partie de cet ouvrage). La différence est de taille. Tous les amoureux deviennent des extravertis militants pendant la durée de la période rose, tant leur besoin de s'offrir à l'autre les tenaille. Ils deviennent disponibles, à l'écoute, béats d'admiration, en un mot comme en cent : candides comme des sucres d'orge. Le regard extratensif de l'amoureux transi est l'équivalent de l'écoute extravertie de l'oreille droite au téléphone. C'est un regard aux pupilles dilatées.

Il existe une autre sorte de regard dont je décris les effets dans mon précédent ouvrage (*Ces gestes qui manipulent, ces mots qui influencent*, paru aux éditions First). Je vous en décris sommairement le fonctionnement. Il repose sur une attitude de double conscience.

« Observer, c'est regarder l'autre en jouant le rôle du spectateur attentif, sachant que celui qui pose ce genre de regard sur l'autre sort toujours gagnant d'une confrontation oculaire ou verbale. » Cela vous paraîtra simple, mais ça ne l'est pas. Navré ! Il faudra vous y coller pour intégrer ce type de regard.

Dans tout dialogue, l'implication massive du Moi est la règle. La parole sert plus souvent à défendre votre point de vue qu'à échanger des informations. Il se transforme dès lors en double monologue dans lequel chaque locuteur devient virtuellement aveugle. C'est aussi le dialogue de sourds ! Il entend ce que dit l'autre mais « voit » surtout ce qu'il dit à défaut d'observer les réactions non verbales de part et d'autre. Il est vrai qu'elles communiquent à un autre niveau. Le double monologue est introspectif. Chacun visualise son discours, soit s'appuyant sur ses références propres pour entretenir la conversation, soit remettant en scène ses souvenirs pour les besoins du scénario. Autre mode d'échange verbal : le premier questionne et le second s'étale. La question initiale a servi de starter : « Comment vas tu ? » « Si tu savais ce qui m'arrive... »

Les regards se fuient, évitent de s'affronter. Ils sont « défocalisés ». Les pupilles se rétrécissent pour raccourcir la distance entre le Moi qui parle et celui qui pense. Il n'est pas de bon ton d'observer l'autre. Le regard survole l'apparence de l'interlocuteur sans se fixer sur les mouvements de son corps. La vision de l'autre est partielle et partiale et pour tout dire totalement virtuelle.

La vue nous sert plus souvent d'une manière utilitaire à éviter les obstacles qui se dressent sur notre chemin, à se méfier des réactions du voisin ou à lire le journal qu'à apprécier la beauté d'un paysage ou d'une toile. La seule chose que l'on regarde à satiété, c'est la télé. Le sens de l'observation est un vœu pieux que les instituteurs tentent en vain d'inculquer à des enfants qui sont saturés d'images cathodiques. « À quoi ça sert d'observer ce que je peux voir ? » me rétorque un enfant très logique qui ne comprend pas ce qui différencie ces deux attitudes visuelles. Comment lui faire comprendre le fossé qui sépare l'observation de la vision ? Comment lui faire voir que la taille de ses pupilles diffère quand il voit et quand il observe.

Ce que je vois, je n'ai pas besoin de le regarder, ce que je regarde, je ne ressens pas l'utilité de l'observer. La vision, le regard et l'observation sont trois étapes hiérarchisées d'une même prédisposition biologique. Je vois l'homme bouger mais je ne regarde pas ses gestes. Ma vision est globale. Si je décide de regarder ses gesticulations, c'est uniquement pour constater leur réalité sans pour autant me poser la question de savoir ce qui justifie ces gesticulations. L'observation m'oblige à regarder par-delà le constat de ces mouvements corporels pour comprendre ce qui les véhicule. L'observation est une démarche spéculative, la vision est un *modus operandi* biologique. Si l'observation modifie la nature profonde des choses, comme le dit Heisenberg, elle permet néanmoins d'appréhender en temps réel l'explication de certains phénomènes récurrents, tel le langage non verbal du corps humain.

Comment réapprend-on à observer ? Réapprendre, parce que l'enfant qui découvre la vie observe naturellement le monde qui l'entoure. La multiplication des *stimuli* visuels et l'intervention du langage modifient progressivement son sens de l'observation pour le transformer en regard subjectif censuré par l'éducation. L'observation est une vision objective, analytique et spéculative. L'enfant regarde un objet et analyse sa fonction. Il le goûte, il le touche, il le sent. Il utilise quatre des cinq sens pour effectuer son observation. L'observation est préalable à la vision. Tous les séducteurs observent leur future partenaire, toutes les séductrices analysent les différentes informations que reçoivent leurs sens. Leur ego ne participe pas à l'observation. Une projection de leur Moi sur l'autre ne peut être assimilée à une entreprise de séduction, c'est tout au plus une attitude narcissique. Dans le même ordre d'idées, l'observation autoscopique de la double conscience est la racine d'une observation objective de l'autre. Je ne peux observer l'autre si je ne prends pas conscience des limites de mon propre territoire corporel. Telle est la règle. Dans un contexte plus spécifique, je ne peux séduire l'inconnue qui me regarde à la dérobée si ma gestuelle n'est pas sous contrôle de la double conscience.

L'alchimie de la séduction, au sens large du terme, prend son essor à ce niveau. Qu'il s'agisse d'une rencontre amoureuse, d'un auditoire ou d'une foule de spectateurs, le *modus operandi* est identique. Ne séduit pas qui veut mais qui maîtrise les codes de la séduction ! Et ce mode opératoire prend sa source dans le pouvoir oculaire, les postures corporelles et un répertoire gestuel revu et corrigé. La neutralisation du Moi exige une prise de conscience de la réalité de l'autre, quel que soit le type de relation que vous entretenez avec lui. Tout part du regard que vous posez sur l'autre !

La chute des reins

De la femme, s'entend ! Un précipice vertigineux dont peu de femmes peuvent s'enorgueillir et encore moins l'exposer. Le dos est creux au niveau de la colonne vertébrale et légèrement incurvé vers l'intérieur. La chute se termine sur le haut des fesses légèrement callipyges, un régal pour les yeux. Un dos qui s'incurve en plongeant vers le haut des fessiers est un dos à dénuder chaque fois que l'occasion s'en présente. N'achetez jamais de bikini si vous avez ce type de chute de reins, rien que des maillots une pièce largement échancrés dans le dos, bien sûr. *Idem* pour vos robes de soirée ou les tee-shirts en été. Même si vous êtes fière de votre poitrine à juste titre, dites-vous bien qu'une chute de reins de cette qualité est largement plus érotique qu'un décolleté vertigineux.

Le rire du complice

Si vous arrivez à la faire pleurer de rire, vous aurez remporté la première manche. Si vous poursuivez sur votre lancée, elle vous considérera comme un bon copain mais certainement pas comme un futur amant. Le rire est un excellent hors-d'œuvre mais un exécrable dessert. Il faut savoir passer du rire aux larmes et des larmes à la complicité qui sert de prélude à l'avènement d'une histoire d'amour.

Il rit en se pinçant le nez ou le dissimulant de la main.

Rire gêné associé à une allusion sexuelle. Le geste est universel et totalement « aculturel ». Il est visible dans tous les *talk shows* où le sexe est l'invité vedette, même si le sujet annoncé l'exclut *a priori.*

Votre interlocuteur rit sous cape, la main posée en visière au-dessus de la bouche. Si la bouche est contrainte d'adopter une mimique qui, dans une certaine mesure, rappelle une réaction sexuelle, elle se dissimule alors souvent derrière la main. Certaines sortes de rires et de grimaces sont caractéristiques de la phase de cour, et quand elles se produisent en public, on peut fréquemment voir la main se lever aussitôt pour couvrir la région de la bouche. Ceci étant dit, **une personne qui rit en couvrant sa bouche** trahit une sexualité incarcérée dans des principes peu propices à la jouissance. Cette remarque repose sur un constat qui procède d'une observation rigoureuse des conduites verbales et non verbales de centaines d'individus.

On ne cache pas sa bouche sans exprimer par la même occasion un sentiment de gêne vis-à-vis de la sexualité.

Les seins Wonderbra

On peut aimer les seins sans aimer les femmes, mais on ne peut aimer les femmes sans aimer les seins.

Symbole sexuel majeur de la femme et atout incontournable dans certains milieux professionnels qui fondent leur action sur l'image sociale ou le relationnel. Lieu de tous les fantasmes et siège de toutes les promesses, la naissance des seins est un triangle mystérieux évoquant celui du sexe de la femme, d'où son succès absolu auprès des voyeurs de tous ordres. « Les protubérances hémisphériques des seins de la femme sont certainement des copies des fesses charnues au même titre que le contour bien dessiné des lèvres rouges bordant la bouche, une copie des lèvres vaginales. » (Desmond Morris, *Le Singe nu*, Le Livre de Poche.)

Il poursuit : « La femme couvre ses seins, puis entreprend de redessiner leurs formes avec un soutien-gorge. Cet appareil de signalisation sexuelle peut être rembourré ou gonflable, si bien que, non content de rétablir la forme dissimulée, il la grossit, imitant ainsi le gonflement des seins qui se produit lors de l'excitation sexuelle. La banalisation des interventions chirugicales plastiques est la nouvelle pandémie du XXIe siècle. Trop petits ? On saute trois tailles pour une somme relativement modique en comparaison du bonheur de plaire à son amant ou à son miroir.

La poitrine est une zone érogène, aussi bien chez la femme que chez son compagnon. La beauté d'une poitrine bien mise en vitrine peut faire oublier bien des disgrâces physiques. Sur le plan professionnel, une jolie poitrine peut être un atout non négligeable, quelle que soit l'activité exercée par celle qui en bénéficie. Aucun homme sur terre n'est insensible au SOS d'un décolleté pigeonnant. Certains décolletés deviennent tellement célèbres que les spectateurs ne voient plus le reste du personnage, comme c'est le cas pour le décolleté de la star du Loft : Loana.

Je vous convie à un tour d'horizon en vous livrant brut de décoffrage le raisonnement de D. Morris qui s'inscrit en faux face à celui de Freud concernant l'attirance de l'homme pour les seins de la femme.

« Le sein se compose surtout de tissu graisseux avec seulement une petite partie de tissu glandulaire assurant la production de lait. La forme hémisphérique des seins ne vient pas de l'évolution de leur rôle parental mais constitue un signal sexuel. L'homme qui réagit aux seins ronds d'une vierge ou d'une femme qui n'est pas en phase de lactation répond à un signal sexuel primitif de l'espèce humaine. L'origine de ce signal n'est pas difficile à établir. Les femelles de toutes les autres espèces de primates exhibent leurs signaux sexuels dans la région du postérieur en marchant à quatre pattes. Le gonflement des organes génitaux est le stimulus clé qui excite les mâles. La partie "arrière" de la femme se compose d'une seule paire d'hémisphères, les fesses. Celles-ci peuvent certes agir comme de profonds signaux érotiques, mais la femme ne se promène pas à quatre pattes comme les autres espèces. Elle se tient debout et est abordée de face dans la plupart des contextes sociaux. Quand elle est ainsi devant un homme, les signaux émis par sa croupe sont dissimulés, mais la présence d'une pseudo-paire de fesses sur le thorax lui permet de continuer à transmettre le signal sexuel primitif sans être obligée de tourner le dos à son compagnon.

Dans leur fonction sexuelle, les seins de la femme opèrent d'abord comme stimulus visuel et ensuite tactile. Même de loin, ils sont en général suffisamment visibles pour établir une différence entre la silhouette d'une femme et celle d'un homme. De près, ce signal devient un plus subtil "indicateur" d'âge. La forme du sein change progressivement de la puberté à la vieillesse.

Les femmes ont toujours usé de divers artifices pour prolonger l'impression de fermeté de leurs seins afin de continuer plus longtemps à transmettre ce signal primitif que constitue leur poitrine.

À certaines époques, il fallait au contraire que la sexualité de la femme demeurât dissimulée. Les puritains obligeaient les jeunes femmes à porter des corsets très serrés pour comprimer leur poitrine et présenter ainsi une silhouette neutre et innocente. Au XVIIe siècle, les jeunes dames espagnoles connaissaient un sort bien pire ; en effet, pour empêcher la nature de suivre son cours, on leur écrasait la poitrine avec des plaques de plomb collées au thorax. Ces cruelles méthodes soulignent la profonde signification sexuelle de la forme hémisphérique des seins. Pour en arriver à de tels extrêmes il faut en effet que leur signal soit bien puissant. »

Il est intéressant de noter que les photographes travaillant pour les magazines de mode et spécialisés dans le domaine érotique disent qu'il n'existe qu'un type de fille avec les seins requis. Elles ont entre 15 et 18 ans et leurs seins ont atteint leur taille adulte légèrement plus tôt que la moyenne ; ils présentent donc la rondeur voulue tout en conservant la fermeté de la première jeunesse. Cette combinaison fournit le genre d'images qui font la fortune des revues pour hommes.

Une fois que le signal de la poitrine de la femme, de même que ses autres attraits tant physiques qu'intellectuels, a séduit un partenaire masculin et que les contacts sexuels ont débuté, la perception tactile du sein entre en jeu. Au cours des préludes amoureux, l'homme, très souvent, caresse et embrasse les seins de sa compagne, ce qui l'excite plus encore que la femme et il est possible qu'il s'agisse là d'un stimulus particulier. Les aréoles autour des mamelons contiennent des glandes sécrétant une substance graisseuse durant l'allaitement. Le fait que ces glandes soient à l'origine apocrines peut laisser penser que, au cours des ébats sexuels, cette partie du sein transmet réellement des signaux olfactifs. Les glandes apocrines sont en effet celles qui produisent les odeurs sexuelles des aisselles et des organes génitaux et bien que les hommes ne soient pas conscients des senteurs érotiques que ces glandes dégagent, leurs sécrétions produisent un puissant impact inconscient qui accentue le désir. Les glandes aréolaires pourraient fort bien appartenir à ce système de signaux olfactifs, ce qui expliquerait pourquoi les hommes s'attardent tant sur cette partie du corps pendant les jeux amoureux.

Les sexologues nous expliquent que... lorsque le désir s'accroît, la poitrine féminine subit plusieurs transformations marquantes. Les pointes des seins se dressent. Les seins eux-mêmes se gorgent de sang, augmentant de volume jusqu'à 25 %. Cette turgescence rend leur surface plus sensible au toucher et aux contacts durant l'accouplement.

À l'approche de l'orgasme, deux autres changements se produisent. Les aréoles se gonflent au point qu'elles commencent à masquer le mamelon. Il intervient également une étrange éruption cutanée sur la poitrine et d'autres endroits du torse. Cette « rougeur sexuelle » a été observée chez 75 % des femmes qui se sont prêtées à l'enquête. Chez les hommes, 25 % seulement de ceux interrogés présentent ce phénomène. Il se produit en général juste avant l'orgasme chez les hommes comme les femmes. Pour ces dernières, il arrive cependant que l'éruption ait lieu un certain temps avant le sommet du plaisir, alors que pour l'homme cela se produit toujours au dernier moment. Il n'est pas possible de présenter cette rougeur en l'absence d'un intense plaisir sexuel, mais la réciproque n'est pas vraie. Nombre d'individus des deux sexes ne connaissent jamais ce phénomène en dépit d'une vie sexuelle ardente accompagnée d'orgasmes réguliers.

Autre époque ! Un symbolisme d'un tout autre genre entoure la légende des Amazones. Selon certains écrits relevés dans une encyclopédie, il s'agissait d'une communauté composée exclusivement de guerrières. Pour tendre plus facilement leurs arcs, elles brûlaient le sein droit de toutes les filles à la puberté. D'autres historiens soutiennent qu'il était coupé. Malheureusement pour ces théories, toutes les œuvres d'art représentant ces féroces guerrières les montrent avec deux seins bien à leur place. D'après Morris, si elles ont existé, il est probable qu'elles portaient une tunique de cuir laissant une épaule nue et comprimant le sein droit durant les combats. Le mot « amazone » signifie littéralement « sans seins » (*a-mazos*).

Retour dans le futur ! La mode des seins lourds revient en force en ces temps de vaches maigres, sans vilain jeu de mots. Car les poitrines opulentes rassurent les esprits masculins par le simple plaisir des yeux. La poitrine maternelle est un symbole de sécurité affective depuis la naissance jusqu'à la mort. Cet attrait peut donc représenter un véritable écran de fumée dans l'esprit du séducteur réductionniste par nature. Le décolleté est une arme dont certaines femmes se servent avec autant de finesse que la malice qu'elles mettent pour séduire. Ce n'est d'ailleurs pas la seule arme dont elles disposent pour parvenir à leurs fins, mais il est clair qu'une poitrine malicieusement mise en valeur vaut beaucoup d'arguments et raccourcit très souvent le temps consacré aux préliminaires. Alors, chères lectrices, n'hésitez pas à nous harceler du décolleté le plus profond, car le plaisir des yeux demeure encore le seul plaisir dont aucun homme ne se lasse. Symbole sexuel majeur de la femme et atout considérable, les seins sont le lieu de tous les fantasmes et siège de toutes les promesses.

Mon royaume pour un sourire

Bien évidemment, les dents sont un attribut essentiel du sourire. Les gestes dans lesquels les dents sont associées sont significatifs et concernent souvent des individus profondément investis dans leur pouvoir de séduction, sourire oblige ! D'ailleurs les dents parfaites ne font pas toujours les sourires craquants. Je ne prétends pas que les chicots pourris séduiront votre coup de cœur, mais le sourire n'est pas qu'une question de quenottes immaculées.

Chaque fois que vous souriez instinctivement, vous relaxez votre visage. Chaque fois que vous affichez un sourire de circonstance, vous soldez la beauté de vos traits et vous renforcez les rides du visage. Il y a des sourires de toutes sortes mais un seul sourire séducteur et celui-là est authentique. Or, l'authenticité d'un sourire est une grimace qui se perd souvent au sortir de l'enfance et parfois bien avant. Ce qui fait que la plupart des sourires que vous apercevez dans votre entourage ne sont que des fac-similés, des faux sourires destinés à apaiser la peur de l'autre.

Si vous voulez séduire en mettant toutes les chances de votre côté, il faudra réapprendre à sourire en travaillant vos zygomatiques devant votre miroir. L'acquisition d'un vrai sourire est à ce prix. (Voir chapitre 2.)

Le sablier sexuel

La taille de la femme est l'intersection du sablier par où s'écoule le temps qui passe.

Quant à la taille des hommes, elle ne se remarque plus quand l'embonpoint vient en gommer le souvenir. Homme ou femme, la taille demeure un lieu érogène par excellence dans la mesure où elle est l'antichambre des fesses.

Morris rapporte les détails suivants dans *La Magie des gestes : « Au XVIIe siècle, on serrait les corsets jusqu'à ce que les jeunes filles fussent à même d'encercler leur taille avec leurs mains. Thomas Bulwer, un chirologue anglais du XVIIe siècle, était à ce point horrifié par les ravages que cette mode provoquait qu'il écrivait en 1654 : "Elles enferment leur taille dans une prison de baleines... ouvrant ainsi la porte à la consomption et à la décomposition." Ses avertissements furent ignorés et le siècle suivant vit le corsetier rivaliser avec la modiste et le coiffeur. Sa tâche consistant à emprisonner les femmes de qualité dans leur geôle étouffante lui valait un degré d'intimité auquel même les "galants" de ces dames n'avaient pas droit. »*

Brève disparition de cette mode à la fin du XVIIIe siècle, mais pas pour longtemps. Quelques dizaines d'années plus tard, les corsets étaient de retour.

À l'époque victorienne, pour être belle, une jeune fille devait avoir une taille dont la mesure en pouces correspondait au chiffre de son dernier anniversaire. Pour y parvenir, nombre de jeunes dames à la mode devaient porter leur corset 24 heures sur 24, ce qui provoquait fatalement des insomnies. Certaines allaient même jusqu'à se faire ôter les dernières côtes pour avoir la taille plus fine. Le record pour une femme adulte de taille normale serait à l'époque, selon des sources dignes de foi, d'environ 33 cm de tour de taille. Difficile à imaginer !

Ce qu'il y a de curieux dans cette mode du corset, c'est la façon dont elle a fini par perdre de vue son objectif initial qui était de rendre la femme plus féminine, donc plus séduisante. À l'époque victorienne, les femmes qui ne portaient pas de corset étaient considérées comme impudiques et dépravées. Les corsets serrés étaient à ce point devenus partie intégrante de la mode que paraître sans, c'était comme se déshabiller en public. Les corsets disparurent progressivement au cours du XXe siècle, ne revenant que pour de brèves périodes et sous une forme très simplifiée avec des modes comme celle du new look à la fin des années 1940. L'emprisonnement du buste féminin était terminé.

De nos jours, si une adolescente fait 56 cm de tour de taille, après deux ou trois maternités, elle pourra s'attendre à un chiffre de l'ordre de 70 à 75 cm, à moins de prendre des mesures drastiques pour contrecarrer cette fâcheuse propension à l'embonpoint du bonheur. La poitrine plantureuse rappelle trop les formes rebondies de la future mère pour transmettre des signaux d'invite clairs et c'est pourquoi une silhouette à la taille élancée produit un impact si puissant sur les hommes.

Les tailles de guêpe sont de plus en plus rares, même chez les adolescentes. Il faut dire que la malbouffe (McDo et consorts) gagne du terrain et en fait perdre la silhouette des jeunes filles en fleur. Est-ce encore si important de ressembler à un sablier ? Si c'est votre cas, chère lectrice, vous avez bien de la chance car vous faites partie d'une minorité très minoritaire. Sinon, rassurez-vous, une taille normale peut encore séduire, du moment qu'elle ne ressemble pas à un pneu plat.

Jolie tête ! Jolie môme !

La tête intervient dans le jeu de la séduction par le biais de ses mouvements subtils. Il faut présenter le profil le plus adéquat à votre ressenti en opérant une **rotation de trois quarts sur la gauche ou sur la droite.** Rotation de défi sur la droite, rotation de fuite sur la gauche. Il n'est pas inutile d'être attentif à l'alternance de ces mouvements, sachant que vous ne pouvez avancer vos pions sur l'échiquier de la conquête amoureuse que si vous êtes mis au défi de le faire, à savoir : rotation sur la droite.

C'est la seule information vraiment importante à retenir en ce qui concerne la tête.

Incliner la tête à gauche. On constate régulièrement que les enfants adoptent ce code gestuel particulier pour séduire les adultes. C'est la traduction des oreilles baissées du chien. Il se soumet pour s'attirer la sympathie de son maître. L'inclinaison de la tête vers la gauche est commandée par l'aire cérébrale opposée, celle qui gère l'imaginaire ou la sensibilité. Ce geste s'accompagne souvent d'une détente du visage, voire d'un sourire discret. On peut le considérer comme un code gestuel de séduction.

La tête baissée projetant le front en avant et le regard méfiant en retrait n'est évidemment pas le meilleur moyen de lui plaire, même si cette attitude est récurrente dans les situations de séduction.

Une tête qui dodeline au rythme du discours de l'autre trahit un individu peu présent et pas franchement séduit.

Enfin, **un partenaire qui vous approuve en secouant la tête de gauche à droite et retour** (dénégation gestuelle) est un sale hypocrite qui ne vous dit pas franchement ce qu'il pense.

Le visage de l'amour

Le visage est la première chose que l'on voit chez un inconnu qu'on aborde de face. Chaque visage comporte des détails séduisants valorisés ou non par un maquillage ou une barbe bien taillée, un sourire authentique ou un regard magnifique. Mais le critère qui offre au visage toute sa beauté procède d'abord et avant tout du registre de ses expressions faciales. Que vaut un cliché *in vitro ?* Un visage sublime peut devenir atroce *in vivo.*

Je me souviens d'une jeune patiente qui n'avait pas un visage franchement attrayant. Le problème venait d'une dentition fortement abîmée par une parodontose. Les dents étaient déchaussées et les gencives rétractées. Elle était désespérée parce que tous les hommes qui lui plaisaient dans sa bande de copains ne succombaient pas à ses charmes. Personne ne lui avait jamais fait remarquer que son sourire n'était pas très craquant. Ses dents avaient commencé à se déchausser à la suite d'une séparation avec son mari. L'échec affectif entraîne souvent une somatisation au niveau d'un atout physique. Elle avait encore un très joli sourire quelques années auparavant. Confronté à une thérapie qui s'enlisait, je me suis décidé à lui tendre un jour un miroir pour se regarder sans gommer cette fameuse parodontose. "Personne ne t'a jamais dit que tu étais moche ?" La phrase qui tue. Je l'ai mise KO en quelques mots. Elle s'est levée et m'a quitté sans un mot. Je ne l'ai plus revue pendant quelques mois, jusqu'au jour où elle a repris rendez-vous. Elle est entrée dans mon cabinet en couvrant sa bouche de sa main. J'étais intrigué mais ravi de la revoir. Quand elle a ôté sa main de sa bouche, ses lèvres se sont ouvertes sur un splendide sourire dans un visage illuminé. Elle était redevenue belle. Les dents usées de sa mâchoire supérieure avaient disparu au profit d'un appareil dentaire étincelant.

« Je vous en ai beaucoup voulu, me dit-elle, de m'avoir mise devant ma réalité. Je crois que j'ai compris que je voulais me punir d'avoir perdu mon ex-mari en refusant de régler ce problème dentaire. »

Elle est repartie en me confiant qu'elle s'était remise en ménage avec un homme qu'elle poursuivait depuis des lunes sans succès.

Comme quoi la vérité est parfois bonne à dire mais toujours dure à encaisser. Ma remarque sur l'ingratitude de son visage aurait pu provoquer une réaction catastrophique chez une autre patiente. Ai-je pris un risque ? Non ! Je savais qu'elle était capable d'encaisser et qu'il lui fallait un électrochoc pour cesser de s'apitoyer sur son sort de femme abandonnée. À ce titre, les femmes sont moins fragiles que ces messieurs en ce qui concerne leur image publique.

Coudes en appui, votre compagne pose son menton dans la paume de sa main, doigts écartés contre son visage.

Les doigts pointent vers le haut et dissimulent en partie ses traits comme un masque digital. La dissimulation des traits du visage permet de contrôler ses mimiques. Dans un contexte de séduction, le code gestuel décrit est hautement significatif et parfaitement sensuel. Votre coup de cœur affiche de cette manière son besoin insatiable de câlins, de caresses, de compliments ou de gratifications de tous ordres mais pas forcément de sexe. C'est une femme inachevée, en quelque sorte, qui peut être aussi insensible qu'hypersensible. Ses conduites illogiques risquent de vous faire péter les plombs. Elle sera toujours hypersusceptible, ce qui n'arrange pas le tableau, mais elle restera toujours aussi sensuelle.

Les mystères de la voix

Desmond Morris émet l'hypothèse suivante : « Est-ce parce que les prostituées ont un larynx plus large que la plupart des femmes, et une voix plus grave, qu'elles ont adopté le plus vieux métier du monde ou est-ce leur mode de vie nocturne et la fréquence de l'acte sexuel qui engendrent un certain déséquilibre hormonal ? »

Comme je l'ai déjà évoqué en introduction de ce livre, j'ai participé au début des années 1980 à un mémoire de doctorat collectif sur la prostitution. Pendant deux années, j'ai interrogé un peu plus de 700 prostituées sur le terrain. Peu d'entre elles avaient des voix graves et la plupart fumaient plus de deux paquets de cigarettes par jour ou par nuit. Or, l'abus de tabac est un facteur favorisant l'abaissement de la fréquence vocale chez la femme. Sachant que la fréquence moyenne chez la femme est de 230 à 250 cycles par seconde, soit une voix plus enfantine, et de 130 à 145 cycles par seconde chez l'homme. Les femmes dont les voix se masculinisent sont, il est vrai, plus séductrices que les voix criardes ou fluettes. Mais l'augmentation de la largeur du larynx n'est-elle pas plutôt une conséquence de la masculinisation vocale ? Il est clair qu'une vie sexuelle particulièrement riche peut engendrer un déséquilibre hormonal, mais ce dernier peut aussi avoir une origine purement psychogène.

Pour en revenir à la tessiture de la voix, les voix de contralto (Cher, Nolwenn Leroy, Maurane) sont évidemment toujours plus sexy ou plus glamour que les voix pointues ou criardes. Il est vrai que les femmes de grande taille auront plus tendance à avoir cette tessiture particulière.

Les hommes qui ont de belles voix conservent aussi un avantage certain sur les voix de fausset (Gérard Jugnot). Les ethnologues ont constaté que les voix des hommes issus de petites sociétés tribales sont plus aiguës que celles des hommes vivant dans des sociétés urbaines. Dans le même ordre d'idées, les juifs orthodoxes et la plupart des religieux intégristes, en règle générale, sont affublés de voix de faussets. Il est vrai que ces individus grandissent et vivent selon des lois proches des règles tribales de sociétés primitives. Statistiquement, les hommes de grande taille ont une fréquence vocale basse et profonde, et les hommes de petite taille se rapprochent plus de la fréquence vocale des femmes.

Les chanteurs lyriques et certains acteurs de théâtre (*cf.* Jean-Pierre Marielle) ont souvent des voix envoûtantes. C'est sans conteste un atout séducteur qui plaît à pas mal de femmes, surtout aux Lolita et aux femmes enfants, ce qui ne signifie pas que vous soyez une Lolita, si les belles voix graves vous attirent.

Les billes du Loto gagnant

Formes et couleurs sont des structures morphologiques héritées, même si le maquillage peut en transformer la forme et les verres de contact en changer la couleur. Quelle que soit sa couleur, la beauté d'un regard vient essentiellement de la luminosité de celuici. Même des yeux sublimes comme l'étaient ceux de Simone Signoret ou ceux de Michèle Morgan (« T'as de beaux yeux, tu sais ! ») ne sont pas aussi séduisants que n'importe quel regard brouillé par des pupilles dilatées au maximum, et quelle que soit la couleur des yeux ou leur forme.

C'est la raison pour laquelle les yeux très noirs des femmes traditionnellement voilées sont si fascinants pour les regards masculins et évoquent les houris promises aux musulmans qui iront au paradis d'Allah. C'est comme si elles n'avaient pas d'iris, uniquement d'énormes pupilles réfléchissant la lumière de leur âme.

Mais tout d'abord, quelques détails techniques que j'ai empruntés aux spécialistes, pour la mise en bouche !

« L'œil humain n'a un diamètre que d'environ 2,5 cm et pourtant, à côté de lui, la plus perfectionnée des caméras de télévision semble remonter à l'âge de pierre. La rétine, tunique interne de l'œil, sensible à la lumière, contient 137 millions de cellules qui envoient des messages au cerveau pour lui dire ce que nous voyons autour de nous. 130 millions de ces cellules sont en bâtonnets et assurent la vision en noir et blanc. Les 7 millions restants sont en cônes et facilitent notre vision en couleur. À tout moment, ces cellules peuvent traiter un million et demi d'informations simultanées. En raison de sa complexité, il n'est guère surprenant que l'œil soit la partie du corps qui grandisse le moins entre la naissance et l'âge adulte. Même le cerveau se développe plus que lui. »

Retour à la pupille, l'orifice par lequel passent les rayons lumineux pour tomber sur la rétine. La pupille se dilate dans un faible éclairage et se rétracte dans un éclairage violent, contrôlant ainsi la quantité de lumière atteignant la rétine. Sous cet aspect, l'œil agit comme un appareil photo équipé d'un diaphragme réglable, mais il possède aussi un curieux système de sélection. Quand l'œil voit quelque chose qui lui plaît, la pupille se dilate un peu plus que la normale et, dans le cas contraire, elle se réduit à une tête d'épingle (voir la section consacrée à la pupille dans cette même partie). Il est facile de comprendre cette dernière réaction, car la pupille en se rétractant diminue l'illumination de la rétine et, en quelque sorte, camoufle l'image désagréable. La dilatation accrue en cas de vision agréable est plus difficile à expliquer. Ce phénomène, en effet, nuit à l'acuité visuelle en laissant trop de lumière pénétrer sur la rétine et le résultat ressemble plus à une lueur floue qu'à une image nette et équilibrée. C'est peut-être un avantage pour de jeunes amoureux qui, en se regardant dans les yeux, pupilles dilatées, distinguent une image légèrement brouillée baignant dans un halo de lumière qui dissimule les petits défauts de la peau. Il nous est impossible de contrôler la taille de notre pupille. C'est pourquoi celle-ci est un précieux indicateur des réponses émotionnelles aux images visuelles. Elle ne peut pas mentir.

On ne fixe quelqu'un droit dans les yeux pendant un certain temps que dans des situations amoureuses ou de haine intense. Pour la plupart des gens, un regard soutenu au-delà de quelques secondes est trop menaçant et ils détournent les yeux. Le niveau de confiance entre amoureux leur permet de se fixer sans crainte. Et tandis qu'ils se dévisagent, ils vérifient inconsciemment le degré de dilatation des pupilles de l'autre. Évidemment, cette dilatation s'obtient automatiquement quand l'ombre gagne sur la lumière. Certains petits malins s'arrangent pour rencontrer la femme qu'ils désirent séduire dans des alcôves chichement éclairées afin de susciter une dilatation automatique de leurs pupilles. Si vous devez séduire un homme, pensez-y !

Les yeux humides transmettent un signal d'un tout autre genre difficile à dissimuler (sauf pour des acteurs professionnels). La surface brillante de l'œil est légèrement recouverte des sécrétions des glandes lacrymales provoquées par l'émotion, mais les sentiments éprouvés ne sont pas assez forts pour produire de véritables larmes. Ce sont les yeux de l'amoureux passionné, de l'adorateur, de la mère fière de son enfant et de l'athlète triomphant. Ce sont aussi les yeux de l'angoisse, de la détresse et du deuil, en fait les yeux de quiconque éprouve une forte émotion qui s'arrête au bord des larmes. Sous le coup d'une émotion, quand la production de larmes commence à augmenter, la fréquence des clignements se multiplie, de sorte que ces clignements peuvent servir de baromètre de l'état d'esprit. C'est une tentative désespérée pour nettoyer les yeux avant qu'ils ne se mettent à déborder et c'est pourquoi on interprète souvent ce genre de manifestation comme un message de sympathie.

Je clôture ce chapitre avec l'appareil anatomique le plus important en matière de séduction : les yeux qui sont aussi le siège du regard.

On nous apprend à voir, à utiliser nos yeux pour nous méfier de nos semblables, jamais à les regarder ou à les observer. Cette conduite gomme automatiquement une foule de détails qui nous échappent et nous transforment en voyants rationnels mais aveugles aux manifestations subtiles de l'émotion qui s'exprime par le geste et les mouvements du corps. Dans le même ordre d'idées, on nous apprend à plaire mais pas à séduire. « Sois belle et tais-toi ! Sois propre sur toi ! Et cesse de me regarder comme ça ! Comme quoi ? Comme une vache qui regarde passer un train, tiens ! »

L'art de la séduction est le fruit de la distance. Or, la dilatation des pupilles génère une meilleure appréhension de la distance de fuite ou de proximité.

Pour séduire, il faut donc savoir mesurer la distance idéale de la cible qui vous attire comme un papillon de nuit afin qu'elle vous suive au lieu de vous fuir.

N'oubliez jamais que c'est la frustration qui accouche du désir et le désir qui engrosse la frustration ! Qui de l'œuf ou de la poule ?...

Chapitre 7

Objets séducteurs, objets fétiches

Si tu veux plaire, déguise-toi !
Si tu veux séduire, déshabille-toi !

Depuis la plus haute Antiquité, la séduction s'est toujours opérée par le truchement de divers objets, vêtements, bijoux, parures, colifichets, etc. L'impact hypnotique de la naissance des seins ne date pas de l'invention du soutien-gorge à balconnets. Les tissus vaporeux qui dévoilent en épousant les formes langoureuses ne sont pas une invention de couturier en vogue. La puissance des pectoraux ou la bosse avantageuse d'un cache-sexe masculin sont autant de signaux vieux comme Hérode pour éveiller le désir de nos compagnes. Bref, on n'imagine pas une entreprise de séduction sans l'intervention de tous ces figurants qui lui fournissent un décor avantageux.

Impossible d'en dresser une liste exhaustive, mais j'ai estimé que certains d'entre eux méritaient le détour. Les quelques observations originales qui suivent vous permettront certainement d'éviter des initiatives amoureuses nulles et non avenues, sans compter le sentiment d'avoir été ridicule à vos propres yeux.

Le langage secret des bagues

La première chose que j'observe chez un homme ou une femme, ce sont ses mains. Non pas la forme de ses mains mais le nombre de bagues qu'il ou elle porte. Ensuite, j'observe son comportement social de près ou de loin, j'écoute son discours si nous avons fait connaissance et j'analyse ses réactions. Tout ce qui m'intéresse, c'est de situer la convergence entre les bagues qu'il ou elle porte et le profil psychologique auquel ce ou ces couples de bagues correspondent en principe. Et je dois vous avouer que je suis rarement déçu. À force d'observations, j'ai élaboré une grille de profils dont la plupart collent à la réalité objective des personnes que je croise, pour autant que je puisse en juger de l'extérieur, évidemment. J'observe également les *people* ou les acteurs de cinéma sur écran. Les bagues qu'ils portent ne sont pas toujours inscrites dans le scénario puisque je retrouve ces acteurs dans d'autres films avec les mêmes bagues aux doigts. Tous les comédiens ne laissent pas leur personnalité au vestiaire pour endosser celle du personnage qu'ils jouent, c'est même assez rare. La plupart adaptent ce personnage à leur personnalité et c'est souvent ce qui fait leur succès populaire. J'ai visionné des milliers de films ou émissions de télé avec le même objectif : étudier les comportements des acteurs ou des animateurs en fonction de leurs refrains gestuels ou des bijoux qu'ils portent, avec une prédilection pour les bagues. J'ai beaucoup appris et je n'ai pas fini d'apprendre.

La bague est un bijou particulier en ce sens qu'elle est destinée à un doigt particulier et ne peut être enfilée sur les autres doigts, la section de chacun étant différente. Cela signifie donc que le choix du doigt dépend de l'individu au moment de l'acte d'achat. Soit la bague convient au doigt choisi, soit il la fera élargir ou rétrécir pour qu'elle s'enfile sur ce doigt particulier. Ces considérations techniques étant posées, venons-en au message que délivrent les bagues. Aucun objet, aucun vêtement choisi n'est le fruit d'un hasard, à plus forte raison les bagues qui garnissent les doigts révèlent bien plus qu'elles n'embellissent les mains qui les portent. Elles trahissent, en vérité, les aspirations sentimentales de celles qui les affichent naïvement au vu et au su de tous. Rien de moins innocent qu'une bague ou plusieurs ornant fièrement un ou plusieurs doigts.

L'origine de ce bijou se perd dans les sables du temps. Il semblait cependant logique que le doigt de l'homme, et surtout celui de sa compagne, ne puisse demeurer nu quand les peaux de bêtes furent remplacées par des parures d'étoffe et de drap. S'il existe une histoire des bijoux, elle ne mentionne pas, à ma connaissance, un code ou des règles qui indiquent à quels doigts spécifiques il faut enfiler ces anneaux destinés à attirer l'attention sur les mains, à sceller les promesses ou à identifier le rang des individus.

C'est en observant les gestes que j'ai constaté assez vite le nombre incalculable de combinaisons de bagues adoptées par les femmes, depuis l'alliance de mariage jusqu'à deux, trois bagues et plus, noyant les doigts sous un déluge d'or, d'argent et/ou de pierres précieuses. Averti du sens symbolique de chaque doigt, je me suis très vite intéressé à ce nouveau langage. Sachant qu'une bague est toujours glissée à un doigt particulier en fonction du choix de celle qui la porte et non du diamètre de la bague, je me suis dit que ce choix digital n'était pas aussi innocent qu'on pourrait le penser. J'ai très vite découvert des facteurs de corrélation entre les doigts bagués et la personnalité des individus investis dans leur besoin de séduire. Par exemple, j'ai constaté que la plupart des jeunes filles privilégiaient la bague au **majeur gauche**, même si elles portaient déjà des anneaux à d'autres doigts. Or le majeur gauche est le doigt identitaire par excellence, celui qui symbolise l'image de soi, l'hérédité, la classe sociale, le clan ou la famille. Je dirais donc *a priori* que le fait de baguer ce doigt correspondrait à un besoin de renforcer une image de soi déstabilisée ou inquiète de son impact séducteur. Car qui dit bague dit séduction ! La bague ne serait pas, à l'instar des autres bijoux, qu'un artifice destiné à mettre en valeur celle qui la porte mais aussi, et à son insu, un micromessage de disponibilité affective et/ou sexuelle que son inconscient dévoile.

L'annulaire gauche est le doigt de l'implication affective, de l'engagement amoureux, celui qui porte l'alliance de mariage dans notre culture. Quoi de plus naturel pour une jeune femme que d'y enfiler une bague de type « fiançailles » alors qu'elle est encore célibataire et que son cœur est à prendre ? Cependant, le message sera d'autant plus clair si l'autre **annulaire, le droit**, est aussi bagué. Pourquoi ? Très simplement parce que ce doigt représente les schémas volontaires avec au menu : la volonté d'aboutir, la ténacité, la persévérance, le volontarisme mais aussi la velléité. L'association des deux bagues signifierait dès lors « Je veux aimer et être aimée en retour. » Cœur à prendre, même si la place vous semble manifestement occupée ! Il faut croire que l'occupant en question n'est que de passage et ne satisfait pas vraiment sa compagne sur le plan amoureux. La combinaison annulaires gauche et droit est un couple de bagues courant que l'on peut observer au quotidien autour de soi. Même associée à d'autres bagues sur d'autres doigts, cette combinaison des deux annulaires bagués conserve tout son sens primaire. Toutes les femmes qui affichent cette combinaison et que j'ai observées un peu trop franchement répondaient à mon regard par un regard chargé d'une interrogation silencieuse. « Je ne suis pas libre mais... »

On ne porte pas une ou plusieurs bagues pour dissimuler un défaut physique, abriter quelques millimètres carrés de peau ou pour attirer l'attention sur la beauté de ses mains, quoi qu'en pensent certains esthètes. Les combinaisons de bagues portent un message significatif. Et ce message varie en fonction des doigts qui en supportent la ou les significations.

Le nombre des combinaisons possibles dépasse largement la centaine. Une combinaison de deux anneaux sur les dix doigts des deux mains représente déjà 45 interprétations symboliques de base que je vous propose de découvrir succinctement. Mais commençons au préalable par un bref tour d'horizon des bagues uniques.

L'auriculaire gauche

L'auriculaire gauche représente symboliquement l'enfance, le passé, le souvenir et aussi l'immaturité. Une bague à ce doigt particulier trahit un personnage nostalgique d'un passé révolu, un sujet régressif tiraillé par ses souvenirs d'enfance ou par la nostalgie d'un eldorado perdu à jamais. La chevalière ne délivre pas le même message. En principe !

L'annulaire gauche

Doigt des émotions, de l'implication affective, de l'engagement amoureux, du besoin de fusionner avec l'être aimé, c'est aussi le doigt privilégié par les nouveaux époux qui y glissent leurs alliances. Une bague (et non une alliance) à ce doigt particulier est une demande larvée d'affection. Cette attente s'exprimera de manière plus fusionnelle si elle est combinée avec un second doigt bagué, comme vous le verrez dans les combinaisons de deux bagues et leurs interprétations. En revanche, méfiez-vous d'un doublon de bagues sur ce doigt unique. Cette combinaison indique un individu-étouffoir en recherche d'une symbiose amoureuse. Curieusement, vous constaterez que les veuves portent ce doublon d'alliances, sans doute pour se remémorer leur défunt mari.

Le majeur gauche

Doigt de l'image de soi, de l'hérédité, du rang social, du clan ou de la famille. Les bagues qui ornent ce doigt identitaire révèlent une perturbation de l'image de soi. Le sujet est avide de la reconnaissance des autres sans laquelle il ne pourrait exister à ses propres yeux. C'est aussi le doigt privilégié par les séductrices passives. Celles qui cherchent à plaire plutôt qu'à séduire. Comme l'actrice de cinéma Cameron Diaz !

Les majeurs gauche et droit sont aussi ce qu'on nomme pudiquement les **doigts d'honneur**. On les expose agressivement par convention pour signifier à un interlocuteur qu'il aille se faire... Ce geste particulier découle d'un sentiment de frustration. Il trahit aussi le besoin de castrer l'autre de son plaisir. Ce qui m'amène à penser que, mis à part la vulgarité du geste, les habitués du doigt d'honneur sont frustrés sexuellement et réagissent à cette frustration par une conduite castratrice, ce qui est tout à fait logique. Le doigt d'honneur gauche sera probablement moins virulent ou moins affirmé que le droit chez un droitier. Kelly Osbourne et Avril Lavigne apparaissent sur un cliché diffusé par la presse, doigts d'honneur gauche en ligne. Je trouve intéressant le couple de bagues que porte Avril Lavigne, pouce et majeur gauche (voir la combinaison des majeurs). Le regard de Kelly Osbourne, front bas, donne l'impression qu'elle met sa cible au défi de lui retourner le compliment. C'est le **doigt des rappeurs**, un terme qui vient de l'américain *to rap* qui signifie « critiquer vivement » ! On peut comprendre que les rappeurs en abusent, évidemment.

L'index gauche

Doigt de la soumission apparente, il représente *a priori* l'image maternelle, mais il trahit aussi la jalousie, la possessivité ou le caractère envieux d'un sujet qui orne son index gauche d'une bague à l'exclusion de tout autre doigt. Il faut savoir que la plus grande jalousie peut se cacher derrière une générosité excessive. Il dénonce une séductrice possessive ou jalouse.

Le pouce gauche

Le pouce gauche est le support symbolique de la créativité, de l'imaginaire, de la sensibilité et de la sensualité. Doigt du plaisir *largo sensu* par opposition au pouce droit qui est le doigt du désir. Une bague enfilée sur ce pouce n'est pas aussi rare qu'on se l'imagine. Nombre de jeunes y sont abonnés. Ils affichent ainsi leur besoin insatiable de câlins, de caresses, de compliments ou de gratifications de tous ordres mais pas forcément de sexe.

Le pouce droit

Doigt du désir, de la motivation ou du désir sexuel au sens plein du terme, le pouce droit est étroitement associé à l'index dans ses mouvements mais pas forcément dans ses parures. Une bague enfilée sur ce doigt est une enseigne au néon qui clame l'insatisfaction sexuelle de son ou sa propriétaire. Anorgasmique ou insatiable, il ou elle affichera toujours cette carence dans le reste de son habillement, son maquillage ou les mimiques du visage. Il ou elle peut aussi potentialiser le message en combinant un anneau au pouce droit avec une bague sur l'annulaire gauche : « Je réclame le droit de jouir ! »

L'index droit

Doigt qui accuse, doigt de l'image paternelle, de la domination, du despotisme, de l'orgueil ou de l'autorité, l'index droit du droitier est la star des doigts. Chargé d'une bague, il trahit au masculin l'apprenti dictateur ou le tyran domestique en fleur, au féminin : la jeune femme en recherche d'un substitut de l'image du père ou la femme surinvestie dans sa carrière au détriment de sa vie amoureuse.

Le majeur droit

Doigt de l'organisation mentale ou intellectuelle et des talents cachés. Le majeur bagué en solitaire affiche une perturbation de l'organisation mentale ou intellectuelle bien plus qu'un intellect raffiné ou un équilibre psychique. Il trahit aussi une culture des préjugés avec un seuil d'intolérance en prime et des conduites d'invasion du territoire des autres. Doigt des automatismes, chargé d'une bague, il peut révéler un individu négligent.

L'annulaire droit

Doigt des schémas volontaires, de la volonté d'aboutir, de la ténacité, de la persévérance, du volontarisme et de la velléité. Ce doigt bagué en solitaire trahit *a contrario* une personnalité plus velléitaire que volontaire, donc un manque de fermeté, de caractère, de ténacité ou de persévérance.

J'ai souvent observé que certains candidats des émissions de séduction ou les artistes en herbe des plateaux show-biz portaient des bagues à ce doigt particulier. Ce n'était généralement pas les plus déterminés à gagner le challenge.

L'auriculaire droit

L'auriculaire droit est le doigt de la vanité, de la curiosité, des ambitions et de l'arrivisme sous tous ses aspects. Mais c'est aussi le doigt de la curiosité, de l'avenir, de la projection sur son environnement, des rêves et des projets qui parfois se réalisent. Orné d'une bague, il révèle un personnage plus ambitieux que la moyenne des gens et parfois aussi plus vaniteux ou prétentieux.

Les 45 combinaisons secrètes

Pour les combinaisons de bagues qui suivent, j'ai adapté l'interprétation des profils qu'ils trahissent à la situation de séduction ou à la parade amoureuse, avec une note de fantaisie. Il faut bien dédramatiser le débat de temps à autre. L'humour sous-jacent n'enlève cependant rien à la justesse des portraits qui suivent comme vous pourrez par ailleurs le constater dans la vraie vie.

Les combinaisons de l'auriculaire gauche

Auriculaire et annulaire gauches

C'est un sujet nostalgique de l'amour parental, donc très attaché à ses racines familiales.

Auriculaire et majeur gauches

L'image de l'enfant domine l'image de l'adulte. Nostalgique, vivant en symbiose avec son passé et ses ex qu'il ou elle ne parvient pas à enterrer une bonne fois pour toutes. La chanteuse blanche à la voix noire, Anastacia, porte ses bagues à gauche.

Auriculaire et index gauches

Plutôt docile mais très jalouse ! Si vous vous aventurez à admirer les charmes de quelque belle inconnue qui croise votre chemin. « Tu veux mes yeux ? » Même plan avec le sujet masculin ! Les index gauche sont des possessifs dans tous les cas de figure.

Auriculaire et pouce gauches

Séducteurs avec un S majuscule ! Elle est ludique, espiègle, rêveuse et charmeuse. Il adorera jouer avec vos pieds jusqu'à ce que vous vous décidiez à vous fondre dans ses bras.

Auriculaire gauche et pouce droit

Elle aime les hommes d'âge mûr qui lui offriront l'aisance et la sécurité financière et/ou affective qu'elle recherche avant tout. Il aime les femmes mûres qui se comportent comme des mères amantes mais lui assurent le gîte, le couvert et plus, si l'histoire prend racine. Pour la petite histoire : je suis étonné du nombre de personnes qui ont prétendu ne jamais avoir vu de pouce bagué. Les ados qui arborent une bague au pouce courent les boîtes à la mode. Les jeunes femmes aussi.

Auriculaire gauche et index droit

Il ou elle est vindicatif. Si vous vous aventurez à lui être infidèle ou à le/la laisser choir, il faudra vous attendre à un retour de flammes sans préavis.

Auriculaire gauche et majeur droit

Bien qu'intelligent, voire brillant sur le plan professionnel, il/elle demeure scotché(e) à son enfance. Plutôt platonique qu'érotique et peu enclin à suivre un stage pratique chez un sexologue à la mode de chez nous.

Auriculaire gauche et annulaire droit

Vous avez affaire à un partenaire qui refuse de vieillir. Il fera tout pour conserver son physique de jeune premier jusqu'à l'extrême limite. Brad Pitt porte deux bagues à ces doigts-là ! Comme c'est bizarre, n'est-ce pas ?

Auriculaire gauche et auriculaire droit

Mystique comme un rabbin cabaliste, exaltée comme une *passionaria* d'Almodovar, fanatique ou déconcertante, revendicatrice ou conflictuelle, intransigeante ou étrange.

J'en ai observé des dizaines en *live* ou sur plateau télé. Ils se comportent tous de la même manière : intolérants jusqu'à l'extrémisme le plus caricatural. *A priori*, ils cachent toujours très bien leur jeu et ont parfois beaucoup d'humour.

Les combinaisons de l'annulaire gauche

Annulaire et majeur gauches

Sujet narcissique, amoureux du reflet qu'il observe dans son miroir mais tout à fait sociable et comestible quand il est en chasse. Les combinaisons de bagues « annulaire et majeur gauche » sont très concernées par l'impact séducteur de leur image publique.

Annulaire et index gauches

C'est une future maman qui reniera son statut de femme dès que vous lui aurez passé l'anneau, le vrai, au doigt du mariage. Elle vous enfermera dans le cocon familial avant que vous n'ayez le temps de consommer le mariage. Très possessif, il sera jaloux des regards qui s'égarent, comme l'acteur Colin Farrel, pour ceux qui connaissent le personnage.

Annulaire et pouce gauches

Il ou elle rêvera à haute voix de sa vie amoureuse dès que vous lui aurez offert son premier baiser. Votre coup de cœur est avant tout très superstitieux. Il faudra le/la séduire avec des gris-gris ou des pattes de lapin. Quelques traits de son caractère pour vous édifier : hypersensible, émotif, fragile, romanesque.

Annulaire gauche et pouce droit

Doté d'un tempérament passionné et d'une sensualité à vous couper le souffle, il vous en faudra, du souffle, pour le ou la suivre et accepter de longs regards d'amour sans parole plus explicites que des « je t'aime » murmurés à l'oreille gauche.

Annulaire gauche et index droit

La combinaison de bagues annulaire gauche et index droit signifie en clair « J'aime mon papa ». Mais il pourrait aussi s'agir d'une jeune femme en recherche de substitut d'un père démissionnaire, absent ou disparu. Dans ce cas précis, elle tentera de séduire des hommes de la génération de son géniteur.

Annulaire gauche et majeur droit

Attentionné mais aussi hyperattentif, capable de vous observer sans projeter ses fantasmes amoureux et surtout capable d'écouter vos bavardages innocents et vos promesses imprudentes dont il ou elle se souviendra précisément le moment venu.

Annulaire gauche et annulaire droit

Si la place est occupée, la porte demeure cependant entrouverte tant que le sujet portera les deux anneaux aux annulaires gauche et droit. Quelques traits de caractère pour la route : sincère, affectueuse, introvertie mais parfaitement sociable. Pour son alter ego masculin, le portrait ne varie pas d'un iota. Johnny Depp fait partie de la famille des annulaires bagués.

Annulaire gauche et auriculaire droit

Toutes les aspirations du sujet observé sont concentrées sur son besoin insatiable d'aimer et d'être aimé, c'est une sorte d'arrivisme sentimental.

Les combinaisons du majeur gauche

Majeur et index gauches

Jalouse, obstinée et possessive dans ses relations amicales ou affectives, tel est le portrait qui vous attend si vous persistez à vouloir la séduire malgré tout. Enfin, il y a pire !

Majeur et pouce gauches

Image de soi et plaisir débouchent souvent sur un résultat détonant : la combinaison révèle un être démonstratif quand il aime et surtout très épicurien. Le plaisir est sa quête du Graal. Hélas, cette personne peut aussi s'avérer très frustrée sexuellement, si elle est castrée de ses plaisirs ou mal dans sa peau de séductrice.

Majeur gauche et pouce droit

Sujet hypernarcissique ! « Parle-moi de mon corps, il n'y a que ça qui me branche ! » Il ou elle a besoin d'être admiré sur le plan purement plastique pour ouvrir les portes de son jardin secret.

Majeur gauche et index droit

La combinaison de bagues confondant l'image de soi avec celle du père débouche souvent sur des comportements très pudiques.

Majeur gauche et majeur droit

Elle cherchera à plaire à celui qui la considérera comme le nombril de l'univers. Son degré de perfectionnisme, à lui, devrait se voir à l'œil nu. Ce type d'individu se multiplie comme des petits pains, ces derniers temps. Il faut y voir, à mon sens, un effet pervers de la culture télévisuelle des « Moi, je » et de la publicité centrée sur le message du corps dévoilé. Carole, la lauréate des séductrices d'Opération Séduction sur M6, faisant partie de la famille des majeurs bagués. Comme c'est curieux !

Majeur gauche et annulaire droit

La passion amoureuse passera inévitablement par une identification de la classe sociale ou du statut du partenaire. Il se mariera avec raison et selon son rang. L'amour est en option.

Majeur gauche et auriculaire droit

Statut social plus ambition ! Il ou elle se déclare volontiers très ambitieux. Si vous êtes pauvre, passez votre chemin. Si vous êtes riche, faites semblant d'être pauvre.

Les combinaisons de l'index gauche

Index et pouce gauches

Il vous quittera parce qu'il vous aime vraiment et ne supportera plus d'endurer sa jalousie chaque fois que vous évoquerez vos bonnes fortunes passées. En revanche, elle restera à vos côtés tant qu'elle vous soupçonnera de lui être infidèle. Le cocktail « jalousie + imagination » réserve souvent des surprises détonantes. C'est à ce niveau que l'on constate à quel point hommes et femmes viennent de planètes différentes.

Index gauche et pouce droit

Les bagues glissées à ces doigts particuliers trahissent une dépossession provoquant souvent des comportements boulimiques de compensation. Mis à part ce petit travers, il ou elle sont extravertis et entrent facilement en contact avec qui veut leur offrir son temps et plus si affinités.

Index gauche et index droit

Elle a besoin d'avoir son homme dans la peau pour pouvoir le posséder à 1 000 %, un peu comme un papa que l'on possède toute sa vie.

Index gauche et majeur droit

Vous êtes en présence d'un ou d'une manipulatrice de haut vol. Si vous avez l'âme d'une marionnette, votre couple sera à la hauteur de vos espérances. Comme tout manipulateur qui se respecte, il est aussi très méfiant. Vous ne lui ferez jamais prendre des vessies pour des lanternes et encore moins un enfant dans le dos.

Index gauche et annulaire droit

Cette combinaison indique un syndrome d'échec affectif. La volonté (annulaire droit) est investie dans la jalousie ou le besoin de posséder l'autre, d'où échec de la relation amoureuse dans la majorité des cas. Elle ou il fonctionne le plus souvent par déni sur le plan amoureux. « Je t'aime, moi non plus ! » Pour les amateurs de souffrance sentimentale, le pire est souvent le meilleur.

Index gauche et auriculaire droit

Elle se comportera comme une diva ou une star, c'est une fichue simulatrice souvent doublée d'une passionnée de jeu d'argent qui noie ses diverses insatisfactions sous une pluie de Banco, Loto, Morpion, etc.

Les combinaisons du pouce

Pouces gauche et droit

Voyeuse ou exhibitionniste, au choix ! Bref, très physique, elle est folle de son corps et ne se prive pas de le montrer en s'habillant très cintré ou en le dénudant là où c'est important ! Elle est indocile, courtisane de naissance et très bimbo. Les ongles très longs et artistiquement manucurés confirment souvent le diagnostic.

Pouce gauche et index droit

Pouce gauche et index droit sont associés par bagues interposées pour exprimer le style de personne à confondre son ego et l'existence de celui ou celle qu'il prétend aimer : « Moi, mon Jules ! »

Pouce gauche et majeur droit

Elle recherche le prince charmant. Soignez votre mise ! Sa disponibilité amoureuse est donc sélective. Elle est aussi très influençable. Il recherche une future reine des sables ou des plages.

Pouce gauche et annulaire droit

Elle aimera assez se composer un personnage d'infirmière du cœur pour vous aider à panser quelque blessure sentimentale récente. Il jouera les psy de comptoir pour vous mettre à nu avant de vous déshabiller pour de bon.

Pouce gauche et auriculaire droit

C'est une renarde faite femme. Pour la rouler dans la farine, il faudra vous lever avant de vous coucher. Elle cache bien son jeu, car le menu de ses traits de caractère la dépeint plutôt comme quelqu'un d'impatient, de prodigue et d'impressionnable.

Les combinaisons du pouce droit

Pouce et index droits

Il ou elle aime faire la fête, les amis d'un jour ou de toujours, les sorties six jours sur sept et les nuits chaudes qui se terminent au petit matin devant des croissants au beurre et un petit café noir.

Pouce et majeur droits

Elle a besoin d'avoir son homme dans la peau parce qu'elle aime souffrir et souffrir d'amour, sans oublier qu'elle sera prête à tout pour le garder.

Pouce et annulaire droits

Provocante par nature, il se pourrait bien qu'elle joue plus facilement les allumeuses que les amoureuses. En tous les cas, elle pourrait être très portée sur les aventures sans lendemain.

Pouce et auriculaire droits

Forcément provocante et instable, elle ne peut vivre ses passions amoureuses sans les remettre en question au moindre couac. Elle a du tempérament, même si son petit côté capricieux risque de vous coûter plus cher que prévu. Il aime choquer son petit monde pour se faire remarquer.

Les combinaisons de l'index droit

Index et majeur droits

Celui ou celle que vous visez est sur la défensive en permanence. C'est un inquiet de nature. Il ne sera pas facile de la rassurer sur vos intentions (mal)honnêtes à son égard. Comme Christine Aguilera qui porte ce couple de bagues à la main droite.

Index et annulaire droits

La volonté de dominer est clairement affichée. La confiance en soi est évidente. Il s'agit d'une femme difficile à déstabiliser, dotée d'un caractère bien trempé. Pour l'avoir, il faudra lui prouver votre valeur d'homme et le reste.

Index et auriculaire droits

Il ou elle est essentiellement concerné par sa carrière et fort peu par ses amours ou le besoin de séduire, sauf si le partenaire éventuel peut favoriser sa carrière, comme de juste. Un bel exemple concerne un jeune chanteur promu star de passage au cours d'un *reality show* bagué comme il se doit à l'index et à l'auriculaire droit. Il a fait craquer une artiste confirmée. Bon pour sa carrière qui avait du mal à décoller !

Les combinaisons du majeur droit

Majeur et annulaire droits

Si vous aimez les rapports platoniques fortement cérébralisés, vous avez trouvé le candidat parfait pour tenir le rôle. Hélas ! C'est un cérébral pur jus et un râleur de première grandeur. Le portrait se conjugue également au féminin.

Majeur et auriculaire droits

Elle se servira de son intelligence pour arriver à ses fins, mais évitera d'y mêler le sexe si elle peut se préserver en conservant sa relation sur un plan plus amical avec une touche d'ambiguïté aussi longtemps que possible. En ce qui le concerne, la conduite sera identique mais il se montrera probablement plus frustrant qu'elle et plus odieux en cas de rupture.

La combinaison de l'annulaire droit

Annulaire et auriculaire droits

En tout état de cause, elle se considérera toujours comme le moteur de la réussite sociale ou professionnelle de son époux. C'est la candidate idéale pour booster la carrière d'un futur président de compagnie. Vous voyez Hillary Clinton ? C'est le modèle type ! Elle est l'arc, il est la flèche. La cible est clairement définie : le pouvoir et/ou l'argent et/ou la notoriété. Lui : il épousera toujours en fonction de la valeur ajoutée de sa dulcinée.

Lors d'une émission populaire que je ne citerai pas, l'animatrice a présenté un couple hétérodoxe et étonnant. Il était mince, grand et bien bâti. Un visage avenant et sympathique. Elle était obèse et, pour tout dire, franchement moche. Ces deux-là s'aimaient à « pierre fendre » devant les caméras attendries. J'ai fait ma petite enquête dans les coulisses. Elle l'aimait sans aucun doute. Il tirait un profit considérable de l'énorme héritage dont elle bénéficiait déjà avant de le rencontrer. L'amour ne repose pas uniquement sur les apparences télévisuelles et l'eau fraîche. À propos, il portait une superbe chevalière à l'auriculaire droit et une sorte d'alliance à l'annulaire de la même main.

Six bagues ou plus

Extravagant et excentrique ! Les vrais faux artistes aiment le genre bijouterie ambulante. Peu de talent mais un vrai sens des affaires et une fringale sexuelle hors normes ! Il faut dire que le stress qui les tient par la main justifie la fringale. Le sexe est clairement anxiolytique, tout le monde sait ça.

Deux codes gestuels génériques à retenir :

Votre interlocutrice passe son temps à retirer sa bague pour la passer d'un doigt à l'autre.

Ce geste exprime une colère implicite de la part d'une femme qui n'aime pas remettre en question les certitudes sentimentales auxquelles elle se raccroche.

Votre interlocutrice fait tourner sa bague ou son alliance autour de son doigt.

Ce geste indique une désillusion ponctuelle ou une attitude de découragement. Vous n'êtes plus dans ses petits papiers et vous pourriez vous retrouver célibataire plus vite que vous ne le souhaiteriez. Elle zappe.

Bijoux (le langage des)

Les bijoux que vous portez « trahissent » le besoin de séduire ou de plaire au-delà des significations conventionnelles que la tradition leur accorde. Aucune femme ne portera jamais un bijou qui lui déplaît, fût-il hors de prix. La relation qu'elle entretient avec ses bijoux est souvent plus passionnelle que celle qu'elle est susceptible d'entretenir avec les vêtements qu'elle porte ou, parfois, les hommes dont elle tombe amoureuse.

Les bijoux se rejoignent dans les grandes familles d'ornements que privilégient la plupart des femmes, et dont je vous livre quelques significations symboliques, seulement, tant il vrai que la diversité de ces ornements mériterait à elle seule un ouvrage entier.

Le bracelet

Les bracelets sont autant de parures temporaires destinées à mettre en valeur les mains, les poignets, les chevilles et les avant-bras. Ils sont surtout prisés dans les cultures africaines et arabes dans lesquelles les femmes les portent en batterie. Si on considère que les poignets sont les sièges symboliques du sentiment de sécurité et les avant-bras ceux de la protection du visage, il se pourrait que ces bijoux particuliers aient aussi un rôle plus psycho-symbolique que séducteur. Un bracelet au poignet gauche n'est pas un bracelet au poignet droit, vous vous en doutiez déjà. **Le bracelet gauche** traduit un attachement à l'image sécuritaire de l'amour maternel, **un bracelet à droite,** à l'image sécuritaire de la protection paternelle. **Des bracelets en batterie à chaque poignet** trahissent un besoin de régression au paradis perdu de l'enfance et signalent paradoxalement une insécurité affective endémique.

Le bracelet de cheville

Longtemps considéré comme un signe de soumission à l'homme, le bracelet de cheville est principalement porté par les femmes et attaché à la cheville gauche de préférence. L'origine de cette mode n'est pas clairement établie. Elle pourrait provenir d'Inde où le langage du bijou est fortement codifié. Une autre hypothèse voudrait que le bracelet de cheville soit une représentation symbolique du fer qu'on attachait aux pieds des esclaves africains, exportés par les négriers vers les Amériques. Selon mes observations, les femmes qui adoptent le bracelet de cheville sont en recherche d'un esclavage plus érotique, teinté de masochisme et d'abandon total. La plupart des séductrices groupies arborent ce signal bien avant d'élire la star de leur vie. L'esclavage n'a pas rendu les armes, il a tout juste changé de visage. La soumission absolue à la violence ou à la tyrannie amoureuse demeure un plaisir trouble auquel bien des femmes (ou des hommes) adhèrent sans oser l'avouer en public. Ce qui n'empêche pas les femmes d'afficher inconsciemment cette perversion en portant une chaînette de cheville.

La chaîne ceignant la taille

Il s'agit d'une sorte de chaîne aussi fine qu'un bracelet de poignet mais qui fait le tour de la taille. À l'instar du bijou dans le nombril, c'est assez peu courant sous nos latitudes mais fortement prisé dans les pays de soleil. Il est possible que la taille soit ceinte quand une femme a été traumatisée par sa grossesse et qu'elle souhaite retrouver pratiquement la taille de guêpe qu'elle avait étant jeune fille.

La broche

La broche est le bijou de prédilection des personnes à l'esprit étroit, m'a affirmé un vieux bijoutier. Bijoux de vieux ou de celles qui se passionnent pour le passé, la broche est investie d'un pouvoir magique : il paraît qu'elle protège son porteur du mauvais sort ou du mauvais œil.

Les chaînes du cou

La chaîne large autour du cou

Besoin d'agrandir son territoire pour échapper à l'étouffoir affectif d'une mère trop envahissante ou d'un père trop possessif, et vice versa.

La chaîne ras le cou

Indicateur d'une carence affective comblée, en partie, par un bijou narcissique. La chaîne ras le cou est souvent prétexte à attirer l'attention sur la finesse d'une gorge ou la puissance des pectoraux, tout dépend du sexe de celui ou celle qui la porte.

La chevalière

Blason de grande famille que l'on porte généralement à l'auriculaire gauche, le doigt du passé et que les arrivistes arborent à l'auriculaire droit, peut-être pour que leurs descendants puissent un jour le remettre à l'auriculaire gauche.

La plupart des hommes obèses adorent glisser une chevalière à leur auriculaire droit. Pourquoi ? Parce que le niveau d'arrivisme d'un individu est directement proportionnel au poids de son corps. Soit il s'obstine à vouloir éliminer les kilos superflus, soit il dévie cette ambition vers une option de succès professionnel ou financier. Il est vrai que les obèses sont rarement des indigents. Bien manger coûte plus cher que d'entretenir une maîtresse !

Le collier de perles

Le collier de perles est investi du pouvoir magique de fécondité, peut-être à cause de la similitude entre les perles et les ovules ?

La gourmette

Ce bijou répond à un défaut d'identification. Le sujet se situait mal dans la structure familiale au cours de son enfance, il réagit inconsciemment en affichant la seule appellation qu'il ne partage avec personne au sein de sa famille : son prénom.

Les boucles d'oreilles

Plus les boucles d'oreilles sont visibles, plus elles trahissent une frustration affective ou sexuelle. Le désir est au rendez-vous, mais le plaisir lui a posé un lapin, en quelque sorte. Au fil des années de pratique psychothérapique et des entretiens que j'ai eus avec plusieurs centaines de patientes ou de stagiaires, j'ai repéré un lien de causalité entre l'anorgasmie (incapacité d'atteindre l'orgasme) et le fait de porter des anneaux d'oreilles de plus en plus grands. Dans « L'Île de la Tentation », deux des quatre jeunes femmes mises sur la sellette, qui ont trompé leur partenaire respectif, portaient des anneaux d'oreilles extra-larges. Faut-il y voir une coïncidence ?

La mode des boucles d'oreilles pour les hommes révèle une féminisation du masculin et l'ouverture à une sensibilité largement gommée par l'éducation machiste qui prévalait en ce qui concerne les garçons. Il ne faut pas y voir une décadence des valeurs phallocrates, comme certains poujadistes de la sexualité l'affirment, mais une ouverture de l'homme à la tolérance et aux valeurs de la femme.

Briquet (le langage du)

Pour le fumeur, son briquet est une représentation du pouvoir d'accéder au plaisir de fumer. Il le cédera volontiers ou le tiendra fermement dans sa main pour offrir du feu à un inconnu. Deux attitudes qui trahissent des tempéraments antagonistes : le premier est extraverti et plutôt sociable ; le second est introverti et communique plus difficilement avec des inconnus. En règle générale, le briquet fait partie de la panoplie des outils nécessaires, utiles et indispensables du séducteur en chasse. Il est une prolongation naturelle des émotions qui se bousculent du côté de son cœur et surtout au niveau de son plexus solaire. La relation entre le séducteur et son briquet est, en général, révélatrice de sa manière de gérer une situation de séduction. Les gestes décrits ci-dessous s'attachent surtout à la manipulation des briquets jetables.

Il allume son briquet en utilisant son pouce gauche.

Séducteur amical et plus investi dans sa tendresse que dans ses fantasmes XXX.

Il allume son briquet du pouce droit.

Séducteur, manipulateur, calculateur, il tente de dominer la situation de séduction dans laquelle il s'est engagé.

Il allume son briquet de l'index droit.

Cette manière d'allumer sa cigarette révèle un tempérament instable. Il s'agit d'un séducteur impulsif ! Geste récurrent chez les séducteurs-prédateurs, l'index appuie sur la détente du « briquet revolver » pour « allumer » sa victime.

Il allume son briquet de l'index gauche.

Trahit le tempérament envieux d'un séducteur jaloux.

Il allume son briquet du majeur gauche ou droit.

Cette manière d'allumer sa cigarette révèle un tempérament abandonnique (qui fuit pour ne pas être abandonné), c'est-à-dire un homme ou une femme qui séduit mais évite de consommer.

Votre interlocuteur allume son briquet en protégeant machinalement la flamme de sa main libre dans un endroit clos.

Ce geste est typique d'un tempérament simulateur. S'il s'agit d'un ou d'une inconnue qui vous séduit, vous avez affaire à une vilaine menteuse ou à un prometteur de beaux jours.

Votre interlocuteur rassemble ses deux mains pour allumer sa cigarette tandis que vous tenez le briquet dans un endroit clos.

On cache le feu pour dissimuler des pensées perverses ou des intentions « malhonnêtes ».

Votre interlocuteur manipule sans cesse son briquet.

Signe d'un individu caractériel ou d'un tempérament versatile sur le plan amoureux.

Un refrain gestuel invariable : l'orientation de la flamme du briquet.

Il allume son briquet flamme dirigée vers lui avec le pouce à l'extérieur.

Attitude projective ! Le sujet a tendance à projeter son ego sur l'autre, ce qui signifie qu'il se racontera pour séduire mais éprouvera des difficultés à écouter son interlocuteur. C'est un **séducteur introverti !**

Flamme vers l'interlocuteur, avec le pouce à l'intérieur.

La flamme extérieure, pouce à l'intérieur, trahit un **séducteur extraverti.** Il adorera vous écouter, vous faire parler en vous posant les bonnes questions. Et c'est en manifestant son intérêt pour votre personne qu'il finira par créer une atmosphère propice à son entreprise de séduction.

La flamme du briquet est dirigée vers la gauche, pouce à droite.

Individu nostalgique encore branché sur ses premières amours et un passé amoureux qui s'enrichit avec le temps.

La flamme du briquet est orientée vers la droite, pouce à gauche.

Individu proactif et ambitieux, plus séducteur que séduisant.

Il vous offre son briquet pour allumer votre cigarette.

Signe de générosité mais aussi d'un manque d'intérêt pour une entreprise de séduction dont vous seriez la victime consentante !

Elle vous tend son briquet à bout de bras pour allumer votre cigarette.

« Ne franchissez pas la distance qui nous sépare », tel est le sens de cette attitude.

Elle frotte son briquet bras au corps, vous obligeant à vous pencher vers elle pour allumer votre cigarette.

En situation de séduction, il s'agit d'une invite à violer le territoire de votre coup de cœur.

La cigarette

Si vous surprenez votre coup de cœur en train de fumer sa cigarette de la main droite (en tant que droitier), vous pourrez en déduire qu'il est sous pression. En revanche, s'il se met à fumer soudain de la main gauche, cela signifiera que vous avez réussi à le mettre à l'aise. Cette remarque n'est pas anodine. Le changement de main fumeuse est un signal essentiel dans le contexte d'une situation de séduction.

La jupe

Le rapport entre la jupe et la séduction est assez particulier pour qu'on y fasse escale l'espace d'un instant. Ce qui est surprenant, c'est que les jupes fendues sont autant de leurres qu'il est indispensable de décrypter avant de s'investir dans une aventure sans lendemain.

Elle porte une jupe fourreau l'obligeant à marcher à petits pas, c'est une séductrice exhibitionniste qui se contente de capter les regards pour se mettre en appétit et consommer son petit mari.

Les hanches de votre interlocutrice sont marquées par une minijupe, ajustée au millimètre près, sur laquelle elle tire mécaniquement en s'asseyant. « Parle-moi de mon... Moi, il n'y a que cela qui m'intéresse ! » Ne lui faites confiance qu'*a posteriori,* elle fonctionne sur le mode du chacun pour « moi » et Dieu pour tous.

Si elle porte une jupe mi-longue fendue sur le devant, la fente du devant est agressivement érotique. Elle trahit souvent une femme plus libertine que ses attitudes ou son discours n'en donnent l'impression à première vue.

Elle porte une jupe mi-longue fendue sur le côté. Ne vous y fiez pas ! Elle n'a rien d'autre à vous offrir qu'une cuisse leste et chaste à la fois. Elle se fait plaisir en vous castrant du vôtre.

Elle porte une jupe mi-longue fendue sur l'arrière. Très investie dans ses fantasmes mais pas forcément aussi facile à séduire que la robe fendue par-devant.

Elle porte une jupe longue qui lui descend jusqu'aux chevilles. Ce ne sont pas ses gros mollets qu'elle tente de cacher ainsi mais son peu de goût pour la galipette, quoi que vous en pensiez.

Elle porte toujours une jupe classique qui s'arrête sagement sous le genou. Elle refuse son statut de femme-objet et investit ses désirs dans son job ou sa carrière en priorité.

Les séductrices à lunettes

Sénèque, ce philosophe romain qui vivait à l'époque du Christ, semble avoir été le premier à imaginer une solution pour permettre aux mal voyants de sortir du flou. On dit que, en dépit de sa mauvaise vue, il parvenait à déchiffrer les ouvrages des bibliothèques de Rome en utilisant un « globe d'eau » comme loupe. Cette ingénieuse découverte aurait dû conduire à l'invention des lunettes, mais ce ne fut pas le cas. Il fallut attendre le XIIIe siècle durant lequel le philosophe anglais Roger Bacon annonçait enfin : « si l'on examine des lettres ou tout autre objet minuscule à travers du cristal ou du verre... à condition qu'il ait la forme du plus petit segment d'une sphère, avec le côté convexe tourné vers l'œil, on verra les lettres bien mieux et elles paraîtront plus larges ». Il écrivait ensuite qu'un pareil verre serait utile aux gens à la vue faible, mais là non plus, on ne se précipita pas pour faire profiter l'homme de cette découverte.

Selon d'autres sources, c'est à la fin de ce même XIIIe siècle que les véritables lunettes pour lire apparurent enfin en Italie sans que l'on sache si Bacon y fut pour quelque chose. En 1306, un moine de Florence prononçait un sermon avec la phrase suivante : « Il n'y a pas vingt ans que l'art de fabriquer des lunettes, l'un des arts les plus utiles au monde, a été découvert. » À peu près à la même époque, Marco Polo rapportait avoir vu des vieux Chinois utiliser des verres pour lire. Le XIVe siècle annonçait donc le développement des verres correcteurs. Au XVe siècle apparurent des verres spéciaux pour myopes, et au XVIIe siècle, Benjamin Franklin inventait les verres à double foyer. Les premières lentilles de contact furent fabriquées en Suisse en 1887. L'histoire des verres offre un intérêt autre que médical : ils ont en effet modifié l'apparence de nos yeux. La forme des lunettes est devenue partie intégrante de l'expression faciale de celui qui les porte. Une épaisse monture est un super-froncement de sourcils, conférant un air dominateur. De grandes lunettes rondes produisent l'impression d'yeux écarquillés comme si la courbe des montures représentait des sourcils arqués. Les lunettes n'appartiennent pas vraiment au visage, mais il est impossible de ne pas être influencé par leur ligne de la même façon qu'un bandeau sur l'œil modifie la physionomie.

Elles ont cessé de servir essentiellement à corriger les défaillances oculaires. Aujourd'hui, elles relookent l'image sociale de celui qui les porte et servent surtout d'outil de séduction !

À l'origine, le porteur entretient avec ses lunettes une relation objectale d'amour ou de haine au même titre que celle qui lie le fumeur à sa cigarette. Elles ne lui servent pas seulement d'yeux en second, mais lui procurent aussi un moyen de se protéger contre l'indiscrétion des autres. Compagne gestuelle des situations équivoques ou critiques, elles font également partie du langage des gestes auxquels elles sont associées. Le consommateur choisit ses lunettes, j'imagine, en fonction de la forme de son visage, la couleur de la monture par rapport à celle de ses yeux ou de son teint. Il peut aussi sélectionner un type de lunettes en se référant à un modèle en vogue ou à une idée qu'il se fait de son statut social. Ce faisant, il commet une erreur fondamentale. Il met en valeur la vitrine au détriment de la boutique tout entière. Une paire de lunettes n'est pas seulement un objet utile, voire indispensable pour corriger une dioptrie déficiente, c'est aussi un prolongement de l'image sociale ou publique. Les lunettes habillent le visage, et le visage est d'abord et avant tout la succursale principale de nos humeurs et de nos sentiments. Un visage peut beaucoup, même s'il ne peut pas tout. Mal habillé, il ne pourra rien du tout. Ce n'est pas une question de plastique mais d'harmonie entre les lunettes qui l'habillent et le climat mental de celui qui les porte. Les critères habituels qui préludent au choix d'une paire de lunettes occultent l'atout considérable qu'elles pourraient représenter pour leur propriétaire, si elles étaient choisies en fonction de l'harmonie de ses émotions. Il ne faut pas choisir des lunettes, il faut les ressentir. Ce n'est pas une simple paire de bésicles destinées à raccourcir un nez trop long ou à élargir un visage trop étroit, mais une partie intégrante du visage et un prolongement révélateur de l'image publique destinée à séduire l'autre.

Les lunettes en sautoir

Véritable couronne, elles ont l'avantage de mettre le visage en valeur.

Les lunettes signalétiques

Les lunettes sont accrochées à l'échancrure du bustier, à la naissance des seins. Elles servent de signalisation.

Les lunettes tétines

Dans le contexte d'une entreprise de séduction, les lunettes dont on suçote les branches face à un coup de cœur non déclaré est un aveu d'attirance.

Elle remonte ses lunettes sur son nez d'un index mutin.

« Suis-moi, je te fuis ! » tel est le sens de ce geste reproduit par la belle inconnue que vous dévorez des yeux. La belle se cache derrière ses verres pour éviter d'afficher ses sentiments.

Elle baisse ses verres pour regarder par-dessus ses lunettes de soleil.

Ici, il s'agit plus d'un geste de séduction dévoilant l'intérêt croissant de la jeune femme pour son interlocuteur et non une attitude ironique ou de mépris, comme ce pourrait être le cas hors de ce contexte.

Elle porte ses lunettes de soleil à califourchon sur la tête.

Certaines femmes vous diront qu'il faut bien les poser quelque part quand on n'a pas de poches. Logique mais pas toujours vrai ! Plus les verres sont grands, plus les lunettes remplacent avantageusement le serre-tête, offrant au visage un atout séducteur supplémentaire. Les opticiens devraient y songer. Les lunettes de soleil se portent aussi en sautoir, comme un diadème. Les hommes déplumés ont tendance à les porter sur le sommet du crâne. Elles gomment l'absence des cheveux.

Maquillage (le langage du)

Des peintures de guerre pour séduire ! L'origine du maquillage remonte à la plus haute Antiquité. Objectif : la mise en valeur de la beauté ou de certains atouts plastiques en particulier. Que signifie une bouche vermeille qui efface le reste du visage ? Pourquoi votre voisine a-t-elle toujours des ongles impeccablement manucurés ? Faut-il charger les paupières ou rallonger les cils ?... La touche de maquillage privilégiée est significative du tempérament de la femme.

Selon Desmond Morris, l'usage largement répandu du rouge à lèvres, du maquillage et du parfum pour souligner respectivement les signaux sexuels des lèvres, les signaux de rougissement et les signaux d'odeur corporelle fournissent des exemples d'autres contradictions. L'invention du maquillage ne date pas d'hier. Son objectif a toujours été de plaire ou de séduire. Cependant, chaque site anatomique maquillé trahit la personnalité sentimentale de la femme ainsi que la nature de ses goûts sexuels. Un visage maquillé est une vraie carte géographique des affects dont je vous livre quelques clefs.

Le site anatomique maquillé qui ressort en premier est le suivant :

Les paupières fardées

Indiquent une sensibilité à fleur de peau, c'est une toucheuse !

Les cils

Tempérament cyclothymique de la part d'une comédienne au sens large du terme.

Les sourcils

Climat mental anxieux/nerveux et besoin de structures rigides pour se rassurer. Elle acceptera de passer à l'acte si elle croit que les sentiments sont au fond de la casserole.

Les pommettes et/ou les joues rouges

Un peu de nostalgie d'une timidité adolescente mais aussi une ambition dévorante qu'elle dissimule sous une froideur de circonstance.

Le tour des yeux au crayon

Trahit une femme investie dans ses fantasmes ! Le désir vise et divise la réalité entre pulsion et fantasme. La première aboutit au passage à l'acte, le second est refoulé. Ce qui signifie qu'un individu investi dans ses fantasmes n'est pas forcément ouvert à l'idée de les défouler.

Les lèvres

Siège symbolique de la séduction, les lèvres trop rouges ou trop maquillées révèlent une insatisfaction sexuelle endémique. Plus le rouge déborde, plus la frustration est patente.

La mouche

Un signe de ralliement de celles qui affectionnent ce code discret de la jalousie.

Les ongles des doigts et des orteils artistiquement manucurés

C'est un signe d'exigence névrotique et de perfectionnisme à tous les étages.

Les parfums hypnotiques

« *La femme qui lave avec une telle assiduité sa propre odeur biologique entreprend alors de la remplacer par des parfums "sexy" vendus dans le commerce et qui, en réalité, ne sont rien de plus que des formes diluées des produits des glandes sudoripares provenant d'autres espèces de mammifères qui n'ont aucun rapport avec nous* » (Desmond Morris, *Le Singe nu*, Le Livre de Poche, chap. II, pp. 107).

Le succès des parfums est indéniable, du patchouli à trois francs six sous au plus inaccessible, le parfum est considéré inconsciemment comme un philtre magique destiné à ensorceler le premier des sens humains et le plus primitif : l'odorat.

En se parfumant, la femme essaye d'imiter la fleur qui parvient par la grâce de son odeur à faire oublier, le cas échéant, la disgrâce de sa robe. Car l'odeur est bien plus hypnotique que l'aspect physique. Ainsi, la séductrice qui bronze au soleil et brave le danger des ultra-violets ne recherche pas uniquement un teint bistre mais aussi et surtout une fragrance typique des peaux recuites. Un mélange de sel marin et de soleil !

Un parfum bien choisi est une signature olfactive indélébile et unique en son genre, comme une empreinte digitale. Le mariage du pH et de l'odeur artificielle de la femme parfumée nuance l'odeur brute du parfum commercialisé.

Savamment dosé, un parfum subtil est un aphrodisiaque très prisé dans certains milieux. Loin des eaux de toilette dont les effluves valent les désodorisants des lieux d'aisance, les essences rares coûtent une fortune, il est vrai. Mais si vous découvrez celle qui se marie idéalement avec votre odeur corporelle, votre pouvoir de séduction pourrait en être décuplé, quels que soient vos atouts plastiques ou le nombre d'années qui vous restent encore sur votre permis de séduire.

L'effet d'une fragrance est plus puissant que la surexposition d'une poitrine siliconée ou qu'un maquillage au couteau. L'odeur touche le cerveau primitif ou rhinencéphale. Imitant les phéromones, ces substances chimiques qui jouent un rôle important dans la transmission des messages chez les animaux pour attirer le mâle en période de rut, les parfums peuvent évacuer la perfection plastique au profit d'une ivresse nettement plus subtile. J'ai rencontré un nombre significatif de femmes et d'hommes qui prétendaient se shooter à l'odeur de leur coup de cœur. Ce sont des profils olfactifs-gustatifs par opposition aux visuels, aux tactiles ou aux auditifs !

On dit communément qu'il vaut mieux être un cordon-bleu qu'avoir un joli minois pour retenir un homme. L'odeur des petits plats mijotés doit jouer son rôle dans ce credo.

Le piercing (la séduction initiatique)

La douleur a toujours été associée à la rédemption dans l'imaginaire populaire, d'où le succès du piercing. Quels sont les péchés que les jeunes tentent de racheter ? Y aurait-il un rapport avec le besoin de résilience (résistance d'un individu ou d'un groupe à des conditions de vie difficiles) dont Boris Cyrulnik a fait son fonds de commerce avec beaucoup de perspicacité ? « Nul ne peut être heureux s'il ne jouit pas de sa propre estime », écrivait Jean-Jacques Rousseau. Et si la multiplication des piercings était le prix à payer pour retrouver l'estime de soi et le pouvoir de séduction qui en est le corollaire exclusif ?

Selon divers ethnologues, les parures qui impliquent une forme de mutilation, tel le piercing ou les tatouages, seraient typiques des sociétés rigides, voire intégristes, dans lesquelles l'allégeance au groupe est d'une importance capitale. La souffrance qui accompagne ce type de mutilation fait office d'épreuve pseudo-initiatique, destinée à lier l'individu à ses semblables et à agrandir le fossé qui le sépare de tous les autres. En somme, le piercing est un acte pseudo-religieux qui attire les jeunes en recherche d'appartenance ou d'identification. La multiplication des sites anatomiques percés (lèvres, narines, oreilles, aréoles des seins, nombril, sexe, langue, etc.) correspond à une sorte de hiérarchie sacrificielle par l'acceptation d'une souffrance ou d'une gêne permanente. Cette mode qui nous vient de la période punks et rockers des années 1970 s'est fortement accentuée au cours de ces dernières années. Elle pourrait révéler un besoin de réassurance, réclamée par les générations montantes, plus qu'un moyen de démarcation d'avec les aînés. Les jeunes ont peur de l'avenir qui les attend. Ils cherchent peut-être un moyen de s'initier à des souffrances virtuelles qu'ils pressentent en se soumettant à des pratiques primitives.

Le diamant ou la boucle « piercée » dans la narine

Narine gauche pour les filles ou les fils à maman, narine droite pour les fils et filles à papa ? Le fait est que cette mode de la narine « piercée » se remarque plus souvent du côté gauche que du côté droit, mais jamais des deux côtés à la fois. Il s'agit bien d'une identification latéralisée à l'un des deux parents, mais elle indique plus le rejet inconscient de l'image parentale désignée.

Le piercing de la langue

Une façon comme une autre de justifier le fait de tirer la langue à tout bout de champ. Ce type de piercing traduit un comportement fortement oppositionnel de la part d'un adulte qui a oublié de grandir.

Le piercing du nombril

Le nombril est fatalement le lieu symbolique de l'ego. Le piercing du nombril peut s'interpréter de diverses manières :

Le besoin de revaloriser un Moi déstabilisé.

Un remède inconscient pour fortifier une personnalité fragilisée.

Un micromessage sexuel imitant le clitoris.

Un besoin de couper le cordon ombilical une bonne fois pour toutes avec les tabous sexuels.

Ce ne sont pas les hypothèses qui manquent à l'appel. Les femmes au nombril « piercé » ne sont manifestement pas à l'aise dans leur peau et donc pas très sensuelles. Le piercing est peut-être perçu comme l'épreuve initiatique qui les libérera du conflit latent qu'elles entretiennent avec une sexualité mal digérée.

Les poches amoureuses

Les poches sont un facteur d'équilibre affectif important pour l'homme debout. Elle renforce l'équilibre du corps quand une entreprise de séduction le déstabilise, par exemple. Le fait de cacher ses mains dans ses poches en public abaisse également le taux d'agressivité du sujet observé et peut lui éviter d'exciter l'agressivité d'autrui. Ce type d'attitude est perçu par les autres comme un geste d'apaisement. Tous les éleveurs de chiens savent qu'il faut cacher ses mains dans ses poches, si on veut éviter d'exciter les chiens hargneux. Le chien voit-il ce geste ou ce geste génère-t-il une déviation phéromonale de l'odeur que nous dégageons, diminuant du même coup le taux d'acidité de notre transpiration ? La truffe du chien peut sentir un spectre d'odeurs beaucoup plus large que le nez humain, dont la richesse de nos odeurs corporelles qui ne sont que les traductions olfactives de notre dynamique mentale.

Nous dissimulons tous nos mains dans nos poches à l'occasion, soit parce qu'il fait froid dehors, soit parce que nous percevons une agressivité verbale dans le discours de nos interlocuteurs, soit parce que nous ressentons un malaise dans un contexte d'exception ou d'examen. Soit, encore et toujours, pour se donner une contenance face à un partenaire éventuel.

Les poches sont un refuge et/ou un outil de rééquilibrage.

Quelle est votre poche refuge ? La gauche, la droite ou les deux ?

La poche droite

Les habitués de la poche droite sont des timides qui refuseront le passage à l'acte à l'instant T. La disparition de la main motrice est l'équivalent d'un refus larvé.

La poche gauche

Dès qu'il aborde une inconnue, Laurent fourre automatiquement sa main gauche dans la poche de son jean. Ce geste doit apaiser les craintes de ses cibles car elles lui accordent toujours un moment d'attention plus soutenu qu'à un quidam qui leur demanderait son chemin.

Les habitués de la poche gauche sont des émotifs pur sucre. Ce réflexe intervient quand ils se sentent dépassés ou désarçonnés par le contexte ou les événements et ont peur de perdre le contrôle de leurs émotions. Comme ils aiment aussi séduire, ils plongent la main gauche dans leur poche chaque fois qu'ils se retrouvent en situation de parade amoureuse.

Les deux mains dans les poches

Les habitués des deux poches sont des experts de l'échec sentimental à toutes les sauces. Ce ne sont pas des perdants mais plutôt des phénix qui ont besoin de l'amertume de la défaite pour repartir sur le sentier de la guerre. Comme si l'échec leur apportait l'énergie nécessaire et suffisante pour réveiller leur instinct de survie. Alors, ils renaissent de leurs cendres, tels des phénix, et retombent amoureux de la suivante ou du suivant sur la liste.

Le sac : un totem amoureux

Le sac d'une femme est une succursale de son lieu de vie ou de travail, mais aussi un moyen pratique de concentrer dans un même lieu tous ces petits objets utiles ou futiles qui différencient la femme de l'homme : accessoires de maquillage et autres babioles sans lesquelles une femme se sentirait toute nue. Cependant, ce que beaucoup ignorent, c'est que la manière de porter son sac trahit le mode de séduction qu'une femme privilégie quand elle est en chasse. Le sac devient alors une sorte de totem indicateur de la disponibilité amoureuse.

Si **elle accroche son sac à l'épaule droite,** vous pourriez penser que c'est là une réaction normale pour une droitière ! Eh bien non ! L'épaule qui supporte la lanière et le poids du sac est fonction de la réponse à une question biopsychologique : est-elle cerveau droit ou cerveau gauche ? Le côté droit du corps humain est commandé par l'hémisphère cérébral gauche, le cerveau cognitif dont dépendent l'intelligence logique, l'autorité, l'activité et le « yang » ou l'image paternelle. Le côté gauche du corps est commandé par l'hémisphère cérébral droit, le cerveau affectif : imaginaire, passivité, intelligence intuitive et « yin » ou image maternelle.

Si elle accroche instinctivement son sac à l'épaule droite, cela fait d'elle une femme yang capable de s'investir et de dominer la situation de séduction. Ce genre de femme est souvent plus directe que son alter ego de l'épaule gauche (pour autant qu'elle soit droitière, évidemment).

Si **elle accroche son sac à l'épaule gauche,** le côté gauche dépendant de l'hémisphère droit du cerveau. Si les femmes de l'épaule droite sont des filles à papa, celles de l'épaule gauche s'identifient à l'image de la mère dont elles reproduisent inconsciemment le modèle dans leurs conduites. La femme de l'épaule gauche est yin, plus réservée et d'un abord plus difficile parce que moins chasseresse ou moins directe que la femme de l'épaule droite. Elle aura besoin d'être rassurée avant d'être entreprise.

Si **elle porte son sac sur la hanche droite, lanière sur l'épaule gauche...**

Variante du sac suspendu à l'épaule gauche, il se peut que son contenu plus volumineux que d'habitude, ou son poids, l'oblige à répartir la charge. Si ce n'est pas le cas, le fait de soutenir ce sac par la gauche, mais de le placer sur la hanche droite, révèle un besoin de fusion affective. Une femme exigeante sur le plan des sentiments qu'elle partage avec celui qu'elle aime.

Si **elle porte son sac sur la hanche gauche, lanière sur l'épaule droite...** Sans nécessité de contrepoids, elle sait comment profiter des opportunités amoureuses qui se présentent sans trop se faire prier. Le sac sur la hanche gauche est un signal de disponibilité sentimentale dans la majorité des cas.

Si **elle porte habituellement son sac sur le dos...**

Selon les observations que j'ai effectuées, le sac à dos semble être la marque d'un climat mental nostalgique, d'un tissu social constitué de peu d'amis, même si elle connaît beaucoup de monde, ou d'une difficulté certaine à faire de nouvelles rencontres.

Si **elle porte habituellement son sac sur le ventre...**

La place est prise. C'est une femme de principes, dotée d'un sens aigu des valeurs sentimentales. Elle affiche son indisponibilité en mimant une pseudo-grossesse.

Le sac est rejeté habituellement par-dessus l'épaule...

Droite : signe d'instabilité affective chez une adolescente, cette manière de porter son sac pourrait révéler une difficulté ponctuelle à affronter un problème particulier. En revanche, s'il s'agit d'une habitude, elle dévoile le rat des champs, c'est-à-dire un individu écologique attiré par la vie champêtre, les grands espaces et les amours très bio-érotiques.

Gauche : signe d'insouciance, d'un tempérament comédien, plutôt jeune d'esprit et parfois franchement versatile, cette manière de porter son sac trahit la fugueuse, celle qui fuit pour qu'on la suive. Elle porte, pour ainsi dire, ses rêves en bandoulière.

Elle porte son sac à la saignée du coude...

À gauche : famille, traditions, complicité et affection sont les quatre piliers de sa sagesse. Elle est la gardienne du cocon et des traditions qui protègent son petit cœur contre les excès de ses émotions.

À droite : le portrait ne varie pas beaucoup. Il faut cependant y ajouter quelques qualités liées au cerveau droit : bénévole, charitable, élitiste et surtout autoritaire. Mieux vaut passer son chemin ! Elle ne vous fera pas bégayer d'émotion.

Elle porte son sac coincé contre le flanc avec le bras qui verrouille...

À gauche : elle vit totalement en fonction de et à travers ses rêves mais refusera la sanction de la réalité que vous lui offrez sur un plateau. Il faudra la frustrer pour la séduire.

À droite : elle protège son territoire amoureux en affichant symboliquement sa méfiance vis-à-vis de tous les inconnus qui tenteront de la séduire. Un zeste de paranoïa devrait vous frapper de front, après quelques mots échangés sur les caprices de la météo.

Les talons aiguilles

Le principal moyen d'attirer l'attention sur les fesses féminines a été le port des chaussures à hauts talons qui déforment la façon de marcher de sorte que les fesses se tortillent encore plus que d'habitude.

Le port de chaussures à talons hauts, en déformant la position habituelle de marche, accroît le balancement de la région postérieure lors de la locomotion, et ce, dans un but de séduction évidente, quoique un peu vulgaire. Mais enfin... la vulgarité est un style en soi et elle ne rime pas toujours avec grossièreté. On peut aimer !

L'investissement de la région fessière par le biais d'un balancement prononcé est synonyme d'insatisfaction affective ou sexuelle. Autant dire que les femmes frustrées courent les rues, ce qui ne signifie pas qu'elles s'offriront au premier venu.

Les tatouages

Les tatouages, considérés il y a peu comme une sorte de marquage des individus en marge de la société, sont devenus monnaie courante sur les plages des vacances. La plupart des tatouages exposés sont des ancrages temporaires. On maquille le corps comme on le ferait d'un visage. Cependant, les tatouages indélébiles sont de plus en plus courants dans toutes les couches de la société. Cette mode est significative du sentiment collectif d'insécurité face à un avenir de plus en plus chahuté. L'encrage indélébile est, à la fois, une manière de promesse que l'individu fait à son ego et aussi une attitude de superstition. Il espère que le tatouage permanent infléchira son destin en l'inscrivant dans la perspective de ses désirs ou en le mettant à l'abri de l'abandon. Au-delà de ces considérations psychanalytiques, le tatouage est devenu un artifice de séduction pur et dur ainsi qu'un micromessage érotique adressé à l'entourage.

Interprétation de quelques topographies

Les tatouages dans la région ombilicale, sur le haut du sein, sur la fesse ou sur le haut des cuisses sont autant de déclarations d'intention érotiques, fantasmatiques et inconscientes de la part de celles qui les exposent ainsi en toute innocence. L'indécence est souvent plus puérile et naïve que calculée et perverse.

Situé sur le haut du bras ou sur le biceps, le tatouage est un indicateur de puissance sexuelle.

Sur l'omoplate dénudée, le tatouage trahit une séductrice très calculatrice. Il y a tant de lieux possibles que la liste mériterait un chapitre entier et des explications plus circonstanciées, car le tatouage indélébile n'est pas qu'une décoration initiatique. Il procède aussi d'une demande spécifique de l'individu à la société qui l'entoure. Il s'agit là d'un débat sur lequel j'espère pouvoir revenir dans un prochain ouvrage plus spécialement consacré au langage des parures.

Il existe des dizaines d'objets, fétiches ou non, qui vous accompagnent pour construire notre image de séducteur ou de séductrice. Ces objets coups de cœur, des vêtements, des chaussures, des accessoires, des bijoux, etc., dont le rôle est d'embellir votre image publique. Ces objets sont essentiels à l'équilibre de cette image. Choisissez-les avec soin avant de les intégrer à votre look.

Chapitre 8

Une autre vision de la séduction

Trois refrains gestuels fondamentaux

Les profils types de séducteur que je propose dans cet ouvrage se fondent, *a priori*, sur une combinaison de trois refrains gestuels invariables :

Les bras croisés

Les doigts croisés

L'oreille réceptrice au téléphone

Pour mieux saisir le sens des termes utilisés qui identifient chacun de ces trois refrains gestuels, je vous conseille de lire attentivement ce qui suit. Toute la grammaire gestuelle découle de l'analyse de ces refrains gestuels que nous reproduisons toujours de la même façon et qui traduisent des aspects fondamentaux de notre personnalité.

Ces typologies reposent sur un travail d'observation et de recherche systématique du phénomène gestuel appliqué au domaine magique de la séduction.

Les bras croisés

Le territoire mental

Le mode de gestion ou de défense du territoire mental se traduit par le refrain gestuel réflexe du croisement des bras. Il est le premier de tous les modes de communication gestuelle et sans doute le plus courant et le plus banal. Les raisons qui justifient sa reproduction sont multiples.

Le doute et l'insécurité sont des sentiments qui favorisent le croisement instinctif des bras.

L'impression d'invasion verbale, comme lorsqu'un interlocuteur cherche à vous persuader.

La peur de se faire rouler par un vendeur un peu trop pressant.

L'attente ou l'ennui.

Face à une personne ou un collègue bavard qui vous accapare ou dispose de vous sans se soucier du temps perdu du style : « Je me suis dit que... Je me demande si... »

Quand vous ressentez une hostilité envers l'autre ou de sa part, les bras croisés ont la même valeur que les jambes croisées en mode répulsif (voir lexique).

L'agressivité d'un interlocuteur, etc.

La notion de territoire mental

À l'instar du territoire physique, le territoire mental est un espace vital dont l'objectif consiste à défendre les idées, les projets, le credo ou la foi du sujet. La critique « déconstructive » déséquilibre le territoire mental. C'est le champ de conscience décrit par Kurt Lewin dans son approche de la psychologie dynamique.

Jean a un projet qu'il confie à son meilleur ami. Ce dernier envisage d'entrée de jeu tous les aspects négatifs dudit projet. Il fait l'impasse sur les aspects positifs en prétextant qu'il se fait l'avocat du diable. Jean est influençable, il perd de vue les critères positifs de son projet et se décourage. Son ami a violé son territoire mental pour le mettre en garde contre toute initiative inconsidérée. Son ami est défensif cognitif et extraverti (profil générique du relationnel). Jean est un offensif affectif introverti (profil générique de l'intuitif), soit son image inverse. Il est incapable de protéger sa créativité contre le sens pratique de son ami et ne dispose pas du recul nécessaire pour relativiser les aspects négatifs exposés par ce dernier.

Le territoire mental est le Palais-Bourbon, la chambre des députés de la conscience, où les idées sont débattues, combattues, abattues ou promues. L'identification à l'un des deux modes de gestion de ce territoire mental est un critère fondamental dans la construction de la personnalité. Tellement fondamental qu'il s'exprime gestuellement par le truchement d'un code réflexe totalement invariable : le croisement des bras.

Le territoire mental est le siège d'une variété de valeurs psycho-dynamiques essentielles à l'équilibre psychosocial de l'individu : convictions, croyances, motivations, ambitions, désirs, foi, etc. En un mot comme en cent, tous ces sentiments nous ramènent à la **confiance en soi.** Si l'un de ces sentiments est déstabilisé, c'est la confiance en soi qui en fait les frais. Le territoire mental est le siège de la confiance en soi. C'est dire à quel point ce territoire est essentiel et doit être protégé de manière vigilante. Toute perturbation du territoire mental entraîne dans son sillage un affaiblissement du système de défenses immunitaires. Cette vision donne au territoire mental une dimension insoupçonnée de chef d'orchestre de l'équilibre psychosomatique.

La fréquence du croisement des bras est un signal fort du climat mental à la conscience. Il faut y être attentif, car il signifie que la confiance en soi est ébranlée. Ce qui m'amène à prétendre que le décryptage gestuel est un filtre de protection pour tout individu qui en maîtrise les ressorts.

Nombre de femmes se promènent dans les endroits publics les bras croisés. Cette manie est typiquement féminine. Les hommes ne croisent les bras qu'en face à face. La confiance en soi de ces femmes est-elle perturbée ? Les comédiennes reproduisent d'instinct cette attitude quand elles sont confrontées à un conflit prévu dans le scénario. Je crois que cette manie révèle effectivement l'intrusion d'un conflit avec son corollaire : la perte de confiance. Le climat mental se refroidit et les bras se croisent. Il ne faut pas empêcher les bras de se croiser mais prendre conscience de l'intervention instinctive de ce mouvement corporel. C'est un signal qui indique toujours et sans exception une invasion du territoire mental avec comme corollaire, je le répète, un déséquilibre de la confiance en soi.

Il en résulte logiquement que les personnes qui croisent systématiquement les bras sont plus influençables ou plus impressionnables que les autres. La prise de conscience de ce dernier aspect est importante, car elle permet de stopper la tendance inflationniste des systèmes de défense psychiques.

Un conseil en or : si chaque fois que vous croisez les bras vous vous donnez la peine de situer l'origine de ce réflexe, vous renforcerez *ipso facto* votre confiance en vous-même.

Le profil offensif !

Votre bras droit est dominant.

Vous avez un **mode de gestion offensive du territoire**. Il doit souvent vous arriver d'agir d'abord et de réfléchir ensuite. Vous direz « oui » d'entrée de jeu, quitte à faire marche arrière sous n'importe quel prétexte. Votre impulsivité vous joue parfois des tours pendables, mais elle sert aussi de coach à votre flair. Votre instinct vous sauve plus souvent la mise qu'il ne vous pénalise. Hommes ou femmes d'action, le mode de gestion de l'espace vital des profils offensifs gestuels est fondé sur l'attaque, le risque, l'invasion, l'audace et surtout l'**affirmation de soi**. Pour l'offensif, il est impératif d'exister aux yeux des autres en toutes circonstances. L'offensif alimente sa confiance en soi par le succès de ses entreprises. Il aime briller en société.

Il vit très mal la mise en doute de ses compétences. La meilleure manière de se le mettre à dos est de le critiquer. Hélas, les offensifs sont aussi versatiles qu'enthousiastes. Ils peuvent retourner leur veste alors que vous êtes déjà en train de savourer votre victoire. L'offensif est opportuniste, voire calculateur. Ses initiatives sont rarement gratuites. Quand un offensif est convaincu de son fait, vous ne le ferez jamais changer d'avis. Méfiez-vous ! Certains offensifs dégainent plus vite que leur ombre, notamment les offensifs cognitifs extravertis (le profil du chasseur). Ils sont toujours en quête d'une aventure sentimentale quand ils sont disponibles. Séducteurs prédateurs, ils adorent sortir de chez eux et partir en chasse en explorant d'autres horizons et en multipliant les rencontres.

Pour l'offensif, l'équilibre psy est une question de développement personnel, il s'inscrit inéluctablement dans la notion de progrès ou dans l'ascension de sa carrière ou dans la progression de sa vie sentimentale. Son territoire est sans frontière définie, tout est fonction du succès ou de l'échec de ses entreprises. Son cursus n'est pas forcément linéaire comme celui du défensif. Plus proactif que réactif, il est branché en permanence sur le futur et considère souvent le passé comme dépassé, voire comme une source de pollution. Il se doit de fuir en avant pour ne pas retourner à la case départ du jeu de l'oie.

Statistiquement, on rencontre plus d'offensifs autodidactes, qu'ils aient ou non achevé leurs études. La vie d'un offensif est un combat permanent, émaillé de victoires et de défaites. Battant ou perdant, c'est souvent un phénix qui renaît de ses cendres après un passage à vide obligé pour se ressourcer.

Les offensifs sont des individus qui ont besoin d'agir,

de créer des opportunités, d'épouser des croisades utiles ou inutiles, de faire des projets, de s'exprimer et de s'affirmer. Ce sont des décideurs rapides mais parfois aussi versatiles.

Le territoire mental de l'offensif est extensible, à l'instar de son territoire physique. Il s'étale, se répand, s'approprie l'espace. Il se met en avant, s'expose, s'impose. L'offensif est un anxieux, il appréhende et fuit en avant pour ne pas devoir reculer. Il est progressif, s'implique de manière parfois impulsive, sans réfléchir *a priori* aux conséquences de ses actes ou de ses initiatives. Impatient d'aboutir, d'être reconnu, il n'est pas toujours raisonnable, mais comme il est capable de reconnaître ses erreurs, il changera d'orientation sans préavis pour se préserver. C'est souvent un être sans nuance.

L'offensif perdant réussit quand il échoue. Il a besoin de l'échec pour pouvoir repartir sur des bases nouvelles. C'est un phénix qui renaît de ses cendres. D'ailleurs, la réussite lui fait peur. À la limite, on pourrait inverser les données en supposant qu'il échoue quand il a réussi. C'est un combatif qui ne peut exister qu'en temps de guerre. La paix l'angoisse car elle débouche sur un continent qu'on pourrait qualifier en anglais de la manière suivante : *« somewhere in the middle of nowhere »* ou quelque part au milieu de nulle part. Les offensifs perdants sont souvent introvertis, ils ont peu d'amis et fréquentent le monde contraints et forcés.

L'offensif gagnant fonctionne différemment, il ne mesure jamais la distance avant de l'avoir franchie. C'est un coq de combat tenace et pugnace. Son besoin de réussite est lié à la nécessité vitale d'agrandir son territoire physique. Il a besoin d'un espace vital important pour s'épanouir. Il est ambitieux, voire arriviste. Hyperactif, animateur et leader, il a la foi chevillée au corps de ses vertus cardinales : la foi en lui-même, en son avenir et en ses compétences. Les offensifs gagnants sont plutôt extravertis et très relationnels.

Quelques qualités qui les distinguent :
Affirmatif, animateur, concepteur, empiriste, fécond, initiateur, instinctif, audacieux, implicite et attiré par la nouveauté et plutôt infidèle en amour.

Le profil défensif

Est-ce votre bras gauche qui domine ?

Dans ce cas, vous avez un **mode de gestion défensif du territoire.** Doté d'un bon esprit d'équipe, le défensif est plus réactif que proactif. Globalement, le défensif est un individu qui réfléchit avant d'agir là où l'offensif agit d'instinct et réfléchit après coup.

Le défensif puise sa confiance en soi dans la confiance que les autres placent en ses compétences. Le critère qui le caractérise, c'est son besoin d'être intégré dans le couple ou dans le groupe. C'est un homme ou une femme de couple ou de clan dont le territoire mental se modèle sur le credo de ceux auxquels il ou elle s'identifie. Dotés d'un esprit d'équipe inné, les profils défensifs sont des hommes et des femmes de réflexion. Ils ont une faculté de recul qui manque aux offensifs. Si vous êtes défensif, vous direz plus facilement non avant de dire « oui, peut-être ». Le mode de protection de votre espace vital est fondé sur le recul, la prudence ou la méfiance. Par espace vital, j'entends non seulement l'espace corporel mais aussi l'espace mental agressé par un discours persuasif ou manipulateur. Les défensifs sont difficiles à convaincre mais fidèles à leurs convictions ou à leurs amours. Attention, cependant, ils perçoivent l'agression verbale comme un viol de leur territoire mental et une atteinte à l'intégrité de leur confiance en eux-mêmes.

Le défensif est un individu sédentaire, plus attaché à ses racines, à son travail et à la continuité du couple que l'offensif. Il est fidèle à ses amitiés, à ses opinions, à ses convictions et à ses sentiments. Ses notions de statut et/ou de territoire sont essentielles à ses yeux et doivent être protégées coûte que coûte contre les prédateurs sociaux ou professionnels qu'il est bien obligé de fréquenter. Il conservera toujours une distance de fuite suffisante pour s'échapper en cas d'urgence. Pour lui, il n'y a pas d'équilibre sans stabilité, pas de bonheur sans sécurité, pas de réussite amoureuse qui ne s'inscrive dans la durée.

Quelques qualités du défensif :

Explicite, pédagogue, méthodique, responsable, doté d'un sens des valeurs et d'un sens hiérarchique qui fait souvent de lui la colonne vertébrale de l'entreprise, qu'il en soit le patron ou l'un des employés. Sur le plan de l'affectif, le défensif est plus stable que l'offensif.

Une particularité...

Peut-on devenir offensif après avoir été défensif ? En principe, non ! Quelques individus croisent les bras de deux manières, mais ils représentent une infime minorité. Cette « ambidextrie » pourrait indiquer un mode de défense du territoire hyperadaptatif, mais leur nombre restreint ne m'a jamais permis de tirer des conclusions comportementales en profondeur. Ce double croisement peut aussi être la conséquence d'une latéralité contrariée au cours de la prime enfance. « Donne la belle main au Monsieur ! » Cette double identité territoriale peut enfin découler d'un stress majeur ou d'un surmenage. Victoria Abril est une ambidextre du croisement des bras. Elle est aussi sympathique qu'hyperstressée.

L'identification territoriale est fondamentale dans l'économie de la personnalité, tout comme n'importe quel phénomène qui permet de s'identifier pour renforcer la construction du Moi et la confiance en soi.

En résumé :

Le territoire mental est le siège de la confiance en soi.

Le séducteur offensif s'affirme et alimente sa confiance en lui-même par la réussite de ses entreprises amoureuses ou la multiplication de ses succès.

Le défensif s'intègre dans un couple dont le partenaire reconnaît la valeur de ses sentiments. Il a besoin d'être confirmé et non de s'affirmer.

Les doigts croisés

La dynamique mentale

Toute communication repose sur une fréquence dynamique des sentiments (dite aussi dynamique mentale) qui anime le territoire mental (pour mémoire : le siège de la confiance en soi). Soit cette fréquence est affective et/ou émotionnelle, soit elle est cognitive et/ou rationnelle.

Un sentiment est une source d'énergie. Et de l'énergie à la dynamique des vibrations émotionnelles qui nous animent, le pas est facile à franchir. Chacune des deux fréquences dynamiques affectives ou cognitives se subdivise en deux orientations : sociale ou créative pour la fréquence affective ; spéculative ou fonctionnelle pour la fréquence cognitive. Division sur laquelle nous reviendrons dans ce chapitre, car elle est fondamentale.

Le terme « dynamique » utilisé dans le cadre de ce mode particulier n'est pas un effet de style. Il rejoint les règles de la **psychologie dynamique** initiée par Kurt Lewin, psychologue américain d'origine allemande, qui a étudié d'un point de vue dynamique les comportements associés à la motivation et l'apprentissage. Sa théorie fondée sur la notion de « champ psychologique » (ou territoire mental) l'a conduit à analyser les interactions dynamiques à l'intérieur de groupes d'individus. Chacun de ces groupes est constitué des deux profils de base : affectifs et cognitifs en proportion variable.

Quand on croise les doigts, on croise aussi les pouces. On trouvera plus de profils affectifs (pouce gauche dominant) dans des secteurs à vocation sociale ou créative. En revanche, les cognitifs (pouce dominant droit) seront souvent majoritaires dans les secteurs de haute technologie, l'administration publique, l'industrie ou l'enseignement.

Un plateau télé sur la Cinq réunissait cinq scientifiques autour d'un sujet astrophysique. Dans le feu du débat, tous ont croisé les doigts à un moment ou à un autre. J'ai décrypté quatre cognitifs sur les cinq invités.

La position du pouce gauche ou droit dans la reproduction du croisement des doigts est un phénomène objectif. C'est également un refrain gestuel invariable. J'ai pu contrôler le sens que j'ai attribué à ce refrain gestuel à de multiples reprises en le mettant en relation avec l'activité professionnelle des sujets observés ou leur mode de raisonnement.

Invité dans une émission people sur France 2, j'ai fait la connaissance de Miss France 2002, une splendide Antillaise. Elle faisait des études d'ingénieur civil quand elle a été élue. Je ne fus pas du tout étonné de la voir croiser les doigts avec un pouce droit dominant (cognitif) au cours de l'émission.

Je pourrais multiplier ce genre d'anecdotes à l'infini. Le fait est que ce code gestuel n'est pas insignifiant même s'il n'est pas réaliste d'envisager de tester tous les fonctionnaires des finances pour évaluer la proportion de cognitifs et d'affectifs au sein de ce ministère.

J'ai donc abouti à ces conclusions en procédant par induction.

La psychologie dynamique de Lewin envisage l'Homme dans son champ psychologique, agissant et réagissant, soumis à des tensions internes ou externes découlant de son réseau de relations socio-affectives. Son objectif consiste à cerner les motivations inconscientes des individus, tout comme l'observation de ce refrain gestuel particulier.

La dynamique mentale affective

Le pouce gauche dominant indique la fréquence sur laquelle repose la dynamique de vos sentiments. Si vous croisez les pouces sur le mode affectif, **votre dynamique mentale est émotionnelle.** La fréquence équivaut notamment au ton du discours, le ton de l'affectif est plus passionnel que celui du cognitif.

Sensible, créatif, curieux de la nouveauté, tolérant, vous êtes un homme ou une femme qui cultive le plaisir, privilégiant la qualité de vie par rapport au désir d'aboutir. Ambitieux certes, mais pas au détriment des plaisirs de la vie et d'un besoin d'authenticité. Les autres sont indispensables à votre équilibre psychologique, ils nourrissent votre climat mental. Par les autres, j'entends aussi l'autre moitié du couple. Le pouce gauche dominant est investi dans toutes les déclinaisons du plaisir, de l'émotion à l'imagination, de la créativité à l'empirisme. Le carburant de ses motivations ou de son ambition prend sa source dans l'idée du plaisir qu'il retirera de l'achèvement de ses entreprises ou de ses initiatives. Le pouce gauche dominant s'engage au coup de cœur et marche à l'inspiration. Il est très souvent plus instinctif ou intuitif que rationnel. Il croit que ce qu'il ressent est vrai. Selon son mode de communication, il sera créatif s'il est introverti ou social s'il est extraverti.

Les affectifs sont des bavards comparativement aux cognitifs. Les **défensifs affectifs extravertis** (profil générique de l'idéaliste), par exemple, sont des artistes du dialogue. En revanche, les **offensifs affectifs introvertis** (profil générique de l'intuitif) sont des as du monologue.

En résumé, ce qui distingue l'affectif, ce sont ses qualités créatives et/ou sociales. C'est un être de pur plaisir !

La dynamique mentale cognitive

Le pouce droit dominant indique la fréquence sur laquelle repose votre dynamique. Si vous croisez les pouces sur le mode cognitif, la dynamique de vos sentiments est empreinte d'une certaine sérénité. Votre communication est rationnelle et pragmatique.

Le pouce droit dominant est cartésien, il croit que ce qu'il voit est vrai. C'est un homme ou une femme de désir, au sens large du terme. Il ne mesure jamais la distance avant de l'avoir franchie, contrairement au pouce gauche dominant. Il a besoin de preuves et non d'hypothèses ou d'intuitions pour progresser dans la vie. Sur le plan de la communication, son esprit critique le rend plus difficile à influencer ou à convaincre. Sa faculté de s'enthousiasmer est plus modérée mais aussi plus durable.

En tandem avec un mode défensif de gestion du territoire (défensif cognitif), l'inspiration n'est pas sa tasse de thé, il réfléchit avant de s'engager et ne s'implique jamais à la légère. Ce qui en fait un individu de parole sur lequel on peut généralement compter. Le pouce droit dominant est un pilier. Il est le gage de la stabilité d'une structure. Il tire sa force de la durée de son engagement et la perd en cas de licenciement ou de mise au placard. C'est souvent un être linéaire dont l'existence ou la carrière ressemble à un long fleuve tranquille. Les licenciements économiques ont jeté d'innombrables ouvriers défensifs cognitifs à la rue, victimes de la concurrence ou de la mauvaise gestion.

J'ai souvent observé aux infos les ouvriers des différentes entreprises qui ont déposé leur bilan, la majorité croisaient les bras de manière défensive. Est-ce un hasard ? Sens théorique et sens pratique sont les deux prédispositions principales qui distinguent le cognitif. C'est un être de désir ! Il sera **spéculatif** (cérébral ou narcissique) s'il est introverti ou **fonctionnel** (chasseur ou relationnel) s'il est extraverti.

Autres variantes

Chez les enfants en bas âge et chez certains adultes, le choix de l'oreille réceptrice est variable. En revanche, le tressage des doigts est invariable dès le plus jeune âge. L'observation entraînera dès lors une modification des profils.

Le sujet sera affectif introverti et extraverti (social ou/et créatif) ou sera cognitif introverti et extraverti (fonctionnel et spéculatif). Cependant, ils resteront toujours immuables par rapport au flux dynamique de leurs émotions. Ce qui signifierait que ce flux dynamique est inscrit dans le patrimoine génétique de l'enfant.

On naîtrait cognitif ou affectif ? Il est vrai que la dynamique mentale est une infrastructure héréditaire, comme la personnalité de base.

J'ai observé que les individus frustes ne croisaient pas les pouces. Soit ceux-ci reposaient côte à côte sans se superposer, soit les pouces étaient réfugiés derrière le tressage des doigts. Ni désir, ni plaisir est la signification de cette position particulière des pouces. Ce ne sont pas des séducteurs !

L'oreille téléphonique

Votre mode de communication

La parole sert à communiquer avec autrui et à transmettre des informations factuelles ou émotionnelles. « Je t'aime » est une information émotionnelle. « Quelle heure est-il ? » est une information factuelle. On peut transformer l'émotionnel en factuel et vice versa. « Mais bien sûr que je t'aime » est factuel. « Quelle heure est-il ? Je suis vachement pressé » est un message émotionnel. Mais le mode de transmission de l'information ne s'arrête pas à ces deux critères. Elle est soit filtrée par l'ego, soit factuelle et indépendante du Moi. « Je suis sûr qu'il ment » est une affirmation filtrée par l'ego et découle de ce fait d'une transmission introvertie. « Il ment » est un constat factuel et procède d'une transmission extravertie. La transmission introvertie distille une information filtrée par l'ego du sujet. La transmission extravertie définit un individu qui est à l'écoute de l'autre sans ressentir le besoin de faire référence à son propre champ d'expérience. Il constate.

Le mode de communication se situe notamment dans le choix de l'oreille qui écoute au téléphone, mais aussi par la rotation subtile de la tête à l'écoute de l'autre. Ce dernier critère passe souvent inaperçu, tant la rotation est faible.

L'oreille droite est rationnelle puisqu'elle dépend du cerveau cognitif. L'oreille gauche est émotionnelle puisqu'elle dépend du cerveau droit. L'oreille réceptrice gauche identifie un individu dont la communication est introvertie. L'oreille réceptrice droite identifie un individu dont la communication est extravertie. En somme, cela revient à dire : « Dis-moi comment tu m'écoutes et je te dirai comment tu communiques. »

Les introvertis posent rarement des questions ouvertes (pourquoi, comment, où, etc.), contrairement aux extravertis curieux d'en savoir plus.

Quand un introverti pose une question, elle est :

a) Fermée (la réponse est oui ou non) : « Tu crois qu'il faut partir ? »
b) Contenue dans l'énoncé de la question : « Tu ne crois pas qu'il faudrait aller le voir ? »
c) Entraînée par les verbes moteurs : se dire, se demander, etc. Il s'adresse la parole en circuit fermé.

En principe, l'introverti n'est vraiment curieux que des informations qui le concernent directement. Les introvertis font de mauvais policiers et de piètres psy, sauf s'ils parviennent à prendre conscience de leurs comportements. Cette prise de conscience permet de transformer un introverti en extraverti, car ce mode de transmission n'est pas forcément coulé dans l'ambre de la personnalité comme le mode de gestion du territoire ou comme la dynamique mentale, évoqués précédemment.

Il y a une énorme différence entre « je m'informe » et « j'informe ». L'introverti informe son Moi et s'exprime à travers lui. L'extraverti informe l'autre et écoute ce que l'autre lui répond sans y mêler son ego. Ces deux visions de la communication montrent que n'importe quel offensif affectif fera un excellent animateur s'il est extraverti et un artisan de talent s'il est introverti.

Si votre communication passe par le mode introverti

Toute communication verbale est une transmission d'information qui a besoin d'un canal pour être véhiculée. Il n'existe que deux canaux possibles : celui qui passe par l'ego du locuteur et celui qui passe par l'ego de l'interlocuteur. L'introverti se communique à l'autre, il emprunte le canal de son propre ego pour transmettre l'information. Il est « je » avant d'être « tu » ! Il affirme plus qu'il ne questionne. L'introverti peut aussi poser des questions, mais il écoute rarement les réponses jusqu'au bout. Son ego le rend sourd à toute considération qui ne cadre pas avec ses convictions. C'est son talon d'Achille mais peut-être aussi un mode de protection contre les orages émotionnels dont il est parfois victime malgré lui ! L'introverti projette ses désirs sur l'environnement par le truchement d'une conscience fortement imprégnée par son MOI. Il est très centré sur lui-même, très « moi, je... » pour ne parler que de son refrain verbal le plus courant. Il ne perçoit les autres qu'à travers le filtre de son ego qui le protège efficacement contre toutes les frustrations de l'existence. S'il faut en croire Desmond Morris, les introvertis vivent en général plus vieux que les extravertis. Bien évidemment, tous les extravertis ne correspondent pas à ce portrait théorique. Il existe des variantes qui atténuent cette description.

J'ai défini quatre portraits qui cernent les comportements introvertis :

Le cérebral est un défensif cognitif introverti

Bras gauche dominant + pouce droit dominant + écoute gauche

L'émotif est un défensif affectif introverti

Bras gauche dominant + pouce gauche dominant + écoute gauche

Le narcissique est un offensif cognitif introverti

Bras droit dominant + pouce droit dominant + écoute gauche

L'intuitif est un offensif affectif introverti

Bras droit dominant + pouce gauche dominant + écoute gauche

Nous retrouverons ces quatre profils introvertis sous des appellations transposées dans la typologie des séducteurs.

Votre mode de communication est extraverti

Toute communication verbale est une transmission d'information qui a besoin d'un canal pour être véhiculée. Il n'existe que deux canaux possibles : celui qui passe par l'ego du locuteur et celui qui passe par l'ego de l'interlocuteur. L'extraverti communique avec l'autre, il est « tu » avant d'être « je ». Il questionne plus qu'il n'affirme. L'ouverture aux autres est une richesse qui a un coût énergétique !

Les extravertis dépensent trop d'énergie à écouter le monde pour pouvoir l'investir dans une carrière qui exige un égocentrisme forcené. Ils préfèrent souvent assister au spectacle qu'en faire partie. Ce qui ne signifie pas qu'ils négligent leur carrière pour autant. La différence avec l'introverti, c'est que l'extraverti qui réussit y arrive souvent grâce aux autres. L'extraverti cultive les amitiés ; l'introverti, les opportunités. C'est là tout le secret du premier. C'est un observateur-né et un extraordinaire auditeur.

Les extravertis peuvent être idéalistes, tribaux, chasseurs ou relationnels, pour reprendre quatre des huit types génériques. Quel est celui qui vous correspond le mieux ?

L'idéaliste est un défensif affectif extraverti

Bras gauche dominant + pouce gauche dominant + écoute droite

Le tribal est un offensif affectif extraverti

Bras droit dominant + pouce gauche dominant + écoute droite

Le chasseur est un offensif cognitif extraverti

Bras droit dominant + pouce droit dominant + écoute droite

Il dispose d'un sens aigu des ressources humaines et sait en tirer le meilleur profit.

Le relationnel est un défensif cognitif extraverti
Bras droit dominant + pouce droit dominant + écoute gauche
Les sensations priment sur les sentiments.

Comme toujours, le mode de communication idéal se situe à mi-chemin entre les deux. L'introverti peut apprendre à communiquer avec les autres et l'extraverti à se communiquer aux autres pour rééquilibrer la balance. L'introverti restera toujours un introverti, mais il compensera ses difficultés de communication en apprenant à neutraliser son ego. De même en ce qui concerne l'extraverti qui devra prendre conscience de l'importance de son image de soi (ego) pour rééquilibrer une image publique trop effacée au profit de l'autre.

Chapitre 9

Les profils

Les profils génériques

Les profils génériques sont des profils de base qui n'ont rien à voir, *a priori,* avec les typologies de la séduction. Cependant, il est important de les connaître pour mieux comprendre le rapport qui lie la combinaison des trois refrains gestuels décrits et les profils psychologiques auxquels ils correspondent. Il est cependant important de les connaître pour pouvoir en tirer parti dans les premiers temps d'une rencontre amicale ou amoureuse.

Les spéculatifs

Le narcissique est offensif, cognitif et introverti, ce qui se traduit gestuellement de la manière suivante : bras droit dominant, pouce droit dominant et oreille gauche.

Le cérébral est défensif, cognitif et introverti, ce qui se traduit gestuellement de la manière suivante : bras gauche dominant, pouce droit dominant et oreille gauche.

Définitions

Le narcissique est un perfectionniste, un idéaliste, un amoureux de la beauté sous toutes ses formes. La beauté d'un corps ou la pureté des traits sont les atouts séducteurs qui lui importent en priorité. Les narcissiques investissent souvent les métiers de l'image.

Le cérébral est un être spéculatif, réaliste et plutôt pessimiste. Les qualités intellectuelles, même dissimulées derrière de grosses lunettes, ont plus d'attraits pour le cérébral que n'importe quel tour de poitrine.

Les profils sociaux

L'idéaliste est défensif, affectif et extraverti, ce qui se traduit gestuellement de la manière suivante : bras gauche dominant, pouce gauche dominant et oreille droite.

Le tribal est offensif, affectif et extraverti, ce qui se traduit gestuellement de la manière suivante : bras droit dominant, pouce gauche dominant et oreille droite.

Définitions

L'idéaliste dispose d'une empathie qui en fait un psy instinctif. Il ressent les autres sans avoir besoin de les interroger. Son intelligence émotionnelle est son atout majeur.

Le tribal est un coordinateur et, sur le plan sentimental, un animateur du groupe ou du couple, très festif, avec lequel on ne s'ennuie jamais.

Les profils fonctionnels

Le chasseur est offensif, cognitif et extraverti, ce qui se traduit gestuellement de la manière suivante : bras droit dominant, pouce droit dominant et oreille droite.

Le relationnel est défensif, cognitif et extraverti, ce qui se traduit gestuellement de la manière suivante : bras gauche dominant, pouce droit dominant et oreille droite.

Définitions

Le chasseur est parfois un leader et toujours un fédérateur. Le relationnel est un communicateur. **Chasseurs et relationnels** sont des individus pragmatiques (fonctionnels). Sur le plan sentimental, le chasseur est plus direct et moins consensuel que le relationnel.

Les profils créatifs

L'émotif est défensif, affectif et introverti, ce qui se traduit gestuellement de la manière suivante : bras gauche dominant, pouce gauche dominant et oreille gauche.

L'intuitif est offensif, affectif et introverti, ce qui se traduit gestuellement de la manière suivante : bras droit dominant, pouce gauche dominant et oreille gauche.

Définitions

La différence entre un **intuitif** et un **émotif ?** L'intuitif a des idées mais ne sait pas comment en tirer parti, l'émotif n'a pas d'idées mais sait comment les exploiter. Sur le plan de la séduction, les émotifs prennent les initiatives et les intuitifs attendent qu'on leur montre le chemin. L'intuitif est plus allumeur que consommateur. L'émotif préfère consommer que goûter du bout des lèvres.

La séduction au féminin singulier

Les sentimentales

La muse

Bras droit dominant, pouce gauche dominant, écoute gauche

Équivalent du **profil générique de l'intuitif,** la muse est une femme fatale, fille de la fatalité, fatalement attirée par les hommes de pouvoir ou de talent, les lauréats, dont elle est souvent le premier supporter, à défaut d'en être la compagne. Elle est aussi imprévisible que le grand destin des personnalités auxquelles elle s'attache discrètement pour ne pas gêner leur carrière. Car ces hommes qui vivent par, pour et à travers leur plan de carrière sont souvent mariés à des égéries, des vraies, qui les portent à bout de bras jusqu'au faîte de la gloire ou jusqu'à la victoire finale. Provocantes et impulsives, les muses sont surtout aussi imprévisibles que des divas mais curieusement plus sentimentales qu'on ne pourrait le croire. Le registre gestuel de la muse est d'une richesse hors du commun. Les places sont chères, mais les cibles sont souvent consentantes. Si vous avez ce qu'il faut là où il faut, vous avez toutes vos chances.

Si vos refrains gestuels vous définissent comme une muse et que vous n'avez pas encore trouvé l'homme de votre vie, il est possible que vous n'ayez pas visé assez haut ou que le critère de l'indisponibilité amoureuse vous ait stoppée dans vos élans. Si vous êtes une vraie muse jusqu'au fond des yeux, dirigez vos regards vers les hommes de pouvoir ou de notoriété sans vous soucier de leur état civil. On entre en politique comme on entre en religion, sauf qu'en politique l'abstinence sexuelle est fortement déconseillée, les scrupules aussi.

- Le partenaire idéal : le sensuel
- Le partenaire à éviter : l'impulsif
- Une muse célèbre : Michèle Pfeiffer

La groupie

Bras gauche dominant, pouce gauche dominant, oreille gauche

Introvertie, souvent timide, impressionnable, sentimentale ou romantique à souhait, la groupie appartient au **profil générique de l'émotive**, le genre Meg Ryan, a besoin qu'on la protège et interpelle paradoxalement les intellectuels plutôt que les amateurs de biscotos ou les forts en gueule. Le registre gestuel qui la caractérise est tout en finesse, totalement en adéquation avec un look fondé sur un physique plus mignon que pulpeux, des attitudes plus souriantes que distantes et surtout, une capacité d'écoute plus vraie que nature. C'est de cette dernière aptitude que ce profil particulier tire son potentiel de séduction. Elle peut aussi se transformer en *passionaria* pour protéger son pré carré de la concurrence déloyale des voleuses de maris. Mais l'émotive peut aussi jeter sa gourme et devenir **provocatrice** pour se défaire de cette fragilité qui l'indispose. C'est le cas de Victoria Abril, défensive et introvertie, fonceuse par réaction et exhibitionniste par nécessité plus psychologique que professionnelle.

- Le partenaire idéal : la star
- Le partenaire à éviter : le timide

La groupie est une timide qui sublime sa timidité en se passionnant pour l'homme de sa vie. Il faut qu'il représente « le rêve fait homme » à ses yeux pour lui plaire. Un séducteur timide lui rappellera trop ce climat mental étouffant auquel elle tente d'échapper.

- Groupies célèbres qui sont devenues des stars : Hélène Hunt et Cameron Diaz

La séductrice bio

Bras droit dominant, pouce droit dominant, oreille gauche

Elle fait partie de la **famille générique des narcissiques.** Très « biosensuelle », elle paraît toujours libre et disponible pour le grand amour ou pour une aventure à valeur ajoutée. Le regard qui pétille comme du champagne est une de ses particularités. Le sourire à la boutonnière, les joues roses de bonheur, elle donne l'impression de traverser l'existence en compagnie d'un pot de yaourt. Peau d'orange et kilos superflus passent au large. Si le profil vous correspond et si vous avez le look sans cellulite, suivez le guide et choisissez le bon partenaire, même s'il est carnivore à outrance et pas bio du tout.

- Le partenaire idéal : l'énigmatique
- Le partenaire à éviter : le perfectionniste
- Bio célèbres : Nathalie Baye et Virginie Ledoyen, mais sans garantie absolue

La sentimentale

Bras gauche dominant, pouce droit dominant, oreille gauche

Épigone du **profil générique du cérébral**, la sentimentale est timide et très conservatrice dans ses transports amoureux, la sentimentale est discrète et plus fataliste qu'il y paraît à première vue. Un fataliste est un individu qui prend la vie comme elle vient, contrairement au philosophe qui suit la vie comme elle va. À ce titre, la muse est plus philosophe que fataliste. Elle est d'ailleurs l'image inverse de la sentimentale. La sentimentale est assez proche de l'émotive mais moins provoc et moins impulsive. Elle aime en gardant les pieds sur terre. Et si elle a la chance de croiser le destin d'un séducteur festif, leur complémentarité idéale en fera un couple de légende auprès de leurs nombreux amis. Hélas, le festif n'a d'yeux que pour les bimbos et il passe à côté du bonheur sans même un regard pour la sentimentale qui se languit de ne pas rencontrer l'élu de son cœur. Ces deux-là sont pourtant taillés pour s'entendre toute une vie.

- Le partenaire idéal : le festif

Il est l'image gestuelle inverse de la sentimentale. La sentimentale a les pieds sur terre pour deux, c'est exactement le type de qualité qui fait défaut au festif.

- Le partenaire à éviter : le romantique
- Une sentimentale célèbre : Fanny Ardent

L'égérie

Bras droit dominant, pouce droit dominant, oreille droite

L'égérie est à la fois une inspiratrice, comme la muse, et une séductrice fonctionnelle. Elle a un profil de chasseur ou de chasseresse. Elle n'est pas aussi motivante que la muse mais motivatrice et animatrice des ambitions du partenaire sur lequel elle aura jeté son dévolu. L'égérie est en quête de son Graal, un homme ambitieux dont elle sera le coach et qui lui devra sa réussite professionnelle. C'est un véritable leader par procuration. Extravertie, elle sera toujours à l'écoute de son homme et sa première admiratrice, pour autant qu'il marche droit. L'égérie est une manipulatrice qui aime ce que son homme deviendra, mais non ce qu'il est et encore moins ce qu'il a été. Pouvoir, richesse et/ou notoriété sont les objectifs vitaux de l'égérie. Ensuite viennent la famille et la pérennité du couple, quelles que soient les infidélités par lesquelles il faudra bien passer.

L'égérie est une séductrice au comportement plus classique et plus « classe » que les autres profils. Elle est intelligente et exclusive dans ses transports amoureux. Hautaine, parfois distante, elle refroidit plus d'un amateur de parties de jambes en l'air. Elle sait se rendre inaccessible jusqu'à rendre fou celui qu'elle a décidé d'épouser. Elle attire principalement les notables ou les hommes en recherche de notoriété publique qui ont besoin de ce type de séductrice comme d'un bristol destiné à favoriser leur carrière. Hillary Clinton, Isabelle Adjani, Sophie Marceau, Claire Chazal, etc., en sont les parangons incontestables. Ce sont des femmes de tête, au caractère bien trempé, capables de construire la carrière de l'homme qu'elles aiment ou de le remplacer le cas échéant. Que serait François Hollande sans le soutien actif et discret de Ségolène Royal, son épouse ? Il lui manquerait les 9/10 de l'envergure qu'il a acquise depuis l'échec de Lionel Jospin aux dernières présidentielles. Les hommes ne sont pas toujours ce qu'ils paraissent être. On oublie qu'ils ne sont que la moitié de l'image publique qu'ils étalent avec orgueil et que l'autre moitié demeure en coulisses.

Les atouts maîtres de l'égérie sont la grâce, l'élégance et la distance de la première prise de contact jusqu'à l'issue de la parade amoureuse. Elle fuira toujours pour qu'il la suive ! Et s'il se perd en chemin, elle se consolera toujours en se persuadant qu'il n'était pas à la hauteur.

• Le partenaire idéal : le timide

Elle en fera son amant de cœur, jamais son partenaire. Pourquoi ? Parce que le timide n'est pas un acteur au sens large du terme, mais plutôt un contemplatif dont il faut réveiller les ardeurs et la combativité. Il est parfaitement capable de correspondre au partenaire idéal de l'égérie, s'il est très amoureux et donc très motivé à lui plaire.

• Le partenaire à éviter : la star

L'égérie est parfaitement capable de s'adapter à un partenaire star si ce dernier a l'étoffe d'un lauréat. Elle misera sur le crack par intérêt et non par amour. L'infidélité congénitale de son partenaire n'est pas faite pour l'inquiéter outre mesure. Elle tient le gouvernail de sa carrière d'une main de fer. Jusqu'au jour où le jeu ne l'amuse plus.

• Une égérie célèbre : Hillary Clinton

Céline a épousé Roger avec l'accord tacite de leurs familles respectives. Elle vient d'avoir vingt ans et Roger en a vingt de plus. Il s'est déjà taillé une belle réputation dans son métier : il est galeriste. Céline s'initiera aux arcanes du métier de son mari, un mari qu'elle n'aime pas vraiment mais dont la réussite financière la rassure. Elle fera tout pour le conseiller et l'aider à s'enrichir. Deux enfants vont naître de cette union très conventionnelle et surtout très opportune. Roger boit beaucoup et oublie parfois de rentrer dormir à la maison. Céline l'aime de moins en moins, mais elle ne veut pas le quitter et perdre le confort, le succès professionnel de son mari dont elle est, en partie, l'artisan de l'ombre. Mais comment se débarrasser d'un mari encombrant sans perdre automatiquement les avantages matériels et la sécurité qu'il apporte ? Indubitablement, il y a des crimes parfaits bien propres et entièrement planifiés dont nul ne peut se douter, sauf celui auquel on vient confesser ce genre de turpitudes, vingt ans après : à savoir le psy de service.

Le couple fait une sortie campagnarde avec une de leurs voitures, une Porsche. Ils sortent de table, Roger a un peu trop bu mais il prend le volant d'autorité. Contrairement à son habitude, Céline le laisse faire. Elle attache sa ceinture de sécurité. Roger a négligé ce détail. Son épouse l'observe du coin de l'œil. Il a le teint cireux. Elle ne dit rien. La voiture file à vive allure sur une petite route départementale peu fréquentée. À plusieurs reprises, elle dérape sur la chaussée humide. Une ligne droite, Roger accélère imprudemment. 100, 110, 140, 150 km/h ! La route bifurque brusquement, Roger freine un quart de seconde trop tard. La Porsche poursuit en droite ligne et s'encastre violemment dans un platane. Céline avait-elle prévu le coup ? Elle a collé ses jambes contre son tronc et les a bloquées avec ses bras. La ceinture de sécurité est solide, elle fait une prière pour s'en tirer sans trop de casse. Elle s'en sortira pratiquement indemne. Roger est mort sur le coup, le volant légèrement encastré dans son plexus. La direction ne s'est pas brisée sous l'impact du choc. Curieusement, la carrosserie n'est enfoncée que du côté du conducteur. Le choc a-t-il été si violent que cela ? En réalité, le médecin légiste diagnostiquera une mort par arrêt cardiaque et non à cause du choc. Roger avait déjà eu des antécédents. Le rapport de la gendarmerie conclura à une mort accidentelle. Céline est veuve et riche. Elle va pouvoir élever ses deux enfants comme elle l'entend et conserver le confort acquis au cours des années de galère qu'elle a subies avec son défunt mari.

– Mais... mais... Comment avez-vous fait ? J'en bégaie de surprise.

Elle me répond avec un sourire naïf en me regardant droit dans les yeux :

– J'avais mis un poison rare dans son vin. Un ami me l'a procuré car ce poison sert aussi à restaurer des toiles de maître. Je savais qu'il était indécelable sauf par des examens toxicologies précis.

– Donc, vous l'avez empoisonné ?

– Si on veut voir ça comme ça !

– Et pourquoi venez-vous vous confesser chez moi ?

Je la trouve saumâtre. Je ne suis ni flic ni curé, et je me passerais bien de servir de dépositaire à ce genre de secret de famille.

– Parce que vous êtes psychologue et que j'ai besoin de me défaire d'un sentiment de culpabilité qui me pousse à boire comme mon défunt mari.

– Vous n'avez pas peur que je vous dénonce à la police ?

– Il n'y a plus aucune preuve et puis ils ne vous croiraient pas.

Je l'ai aidée à se déculpabiliser. J'ai fait mon boulot. Je n'avais pas à mélanger les genres. De toute façon, ce n'était pas la première fois que j'avais affaire à l'auteur d'un crime parfait. Ils sont bien plus nombreux qu'on ne l'imagine et seule leur conscience peut les juger et leur propre inconscient les punir. Elle correspondait au profil type de l'égérie, évidemment. Ce qui ne signifie pas automatiquement que toutes les égéries sont des Lucrèce Borgia en puissance.

La jalouse

Bras gauche dominant, pouce gauche dominant, oreille droite

La séductrice jalouse appartient au **profil générique** de l'**idéaliste.** C'est une femme possessive et prête à tout pour garder son homme, même à le partager jusqu'à ce qu'elle trouve le moyen d'abattre la concurrence. Elle peut se conduire de manière aussi déroutante que son alter ego masculin pour entretenir le mystère dont elle joue avec virtuosité. La jalouse n'est pas une bavarde mais une redoutable auditrice qui entend même ce que vous avez omis de lui dire et ne voit que ce que vous essayez de lui cacher. Attention, elle est psy de naissance.

• Le partenaire idéal : le narcissique

La jalouse se conduira comme une mère abusive, fière de la beauté, de l'intelligence ou de la réussite de son rejeton. Sauf que le rejeton en question est son partenaire dans la vie. Elle est l'esprit, il est le corps.

• Le partenaire à éviter : l'énigmatique

Ésotérique distingué, le séducteur énigmatique cultive le mystère de sa foi en l'occulte. Il se veut un magicien de l'amour et multipliera les conquêtes, ce qui pour la jalouse est forcément « une insoutenable légèreté de l'être ».

• Jalouses célèbres entre toutes : Emanuelle Béart, Julia Roberts, Véronique Genest et Meg Ryan, aussi étonnant que cela puisse vous paraître

La lolita

Bras gauche dominant, pouce droit dominant, écoute droite

Partie prenante dans le **profil du relationnel**. Défensive, le bras gauche domine le droit quand elle croise les bras, et elle les croise souvent, mais il lui arrive aussi de passer d'un croisement à l'autre quand elle est perturbée. Ce mode invariable pour la majorité ne l'est pas autant pour la lolita. En revanche, quand elle croise les doigts, c'est le pouce droit qui domine le gauche. Sa dynamique mentale est cognitive, donc investie dans ses désirs, ses motivations ou ses ambitions. C'est une croqueuse de diamants, relativement chère à l'entretien ! Enfin, elle porte toujours l'écouteur à l'oreille droite. Elle est extravertie, c'est-à-dire à l'écoute attentive de l'autre.

Les lolitas, le look fausses vierges, sont des séductrices hors concours. Si vous avez l'âge et le look nécessaires et suffisants pour vous transformer en pucelle du XXIe siècle, genre Alizée, n'hésitez pas une seule seconde, le résultat dépassera vos espérances les plus folles. Les hommes d'âge mûr adorent jouer aux pères-amants, toute considération morale mise à part. Les gestes et attitudes qui suivent peuvent vous aider à camper le personnage avec une crédibilité accrue.

Quand elles vieillissent, les lolitas tentent de freiner la course du temps et certaines y parviennent grâce à l'aide de la chirurgie esthétique, entre autres mais pas seulement. Leur corps est un sanctuaire dont elles se préoccupent en priorité. Crèmes régénératrices, antirides, raffermissantes et autres potions de jouvence débordent de l'armoire de la salle de bains. Les plus courageuses s'inscrivent dans une salle de gym ou d'aérobic. Elles y croisent des ex-bimbos qui se cherchent un second souffle. La seconde jeunesse de la lolita varie entre quarante et soixante ans. En général, après la mort annoncée de son vieux mari. Elle est avide de compliments et se tourne vers des hommes beaucoup plus jeunes (ou toys boys) qu'elle pour endosser à son tour le rôle de la mère-maîtresse. Et n'oubliez pas de travailler vos **lèvres boudeuses**, elles sont l'arme absolue de la lolita d'élite. Et si elles sont trop minces, un petit tour chez le chirurgien esthétique leur fera le plus grand bien.

• Le partenaire idéal : l'impulsif

... parce qu'il est tellement inattendu. Les lolitas adorent par-dessus tout les surprises.

• Le partenaire à éviter : le sensuel

• Une lolita, mais quelle lolita : Audrey Tautou

La bimbo

Bras droit dominant, pouce gauche dominant, écoute droite

Très **profil tribal,** les bimbos sont avant tout pulpeuses à souhait, exhibitionnistes, voyeuses, allumeuses, suggestives et frivoles. De Marilyn Monroe à Pamela Anderson, en passant par Angelina Jolie ou Jennifer Lopez, les bimbos jouent sur des détails physiques incontournables (les seins ou les fesses) et une gestuelle plus suggestive que nature. En ce qui concerne Jennifer Lopez, la perfection de l'harmonie gestuelle est à l'origine de son impact séducteur sur la masse de ses fans.

Sensuelle, dragueuse, lubrique ou débauchée comme un lupanar, dévergondée comme Madonna, perverse comme Britney Spears, la bimbo est aussi une croqueuse de diamants et une « killeuse ». Elle ne sort son six-coups que pour tuer à coup sûr les résistances les plus farouches. Si le rôle vous attire, il faudra vous débarrasser de tous les scrupules qui vous ont guidée jusqu'à ce jour dans votre quête de l'homme. À vous de jouer ! Les bimbos pures et dures ont toutes les audaces, y compris celle d'embrasser en public une autre bimbo sur la bouche, comme Madonna, la reine de ces nouvelles « sans culotte » de la révolution sexuelle.

Effronterie, défi, provocation, les bimbos sont des sociopathes qui ont bien tourné. Ce sont des individus instables socialement, impulsifs et difficiles à gérer qui ne respectent aucune règle dès qu'elles ont atteint un certain degré de notoriété. Elles ont la chance d'avoir hérité de la beauté plastique ou du talent, ce qui a fait d'elles des modèles de référence pour des millions de jeunes filles qui les admirent... de loin, heureusement. À mon avis, elles plaisent parce qu'elles font peur, comme toutes les provocatrices. Jean-Paul Gaultier parle de Madonna comme s'il en avait peur tout en faisant semblant de l'admirer. Il est vrai que c'est une excellente cliente du couturier. On ne crache pas dans la soupe.

Le registre gestuel de la bimbo est le plus riche de tous. Elles fréquentent les discothèques et les boîtes à la mode. Ce sont elles qui draguent les hommes en fonction d'un critère élémentaire : le niveau de sa fortune, ses signes de richesse extérieurs ou de notoriété. Justin Timberlake n'est pas spécialement craquant, mais sa célébrité lui a permis de devenir un prédateur qui les croque toutes. La laideur n'est qu'une vue de l'esprit.

- Le partenaire idéal : le romantique

... sorte de poète crotté sans le sou mais qui convertira la bimbo au bonheur sur terre et la guérira de ses exigences de star névrosée. Et puis, le romantique n'est pas un gros jaloux.

- Le partenaire à éviter : le festif

Festifs et bimbos s'entendent comme larrons en foire. Ils représentent la colonne vertébrale de toutes les soirées branchées. Et s'ils sont d'excellents animateurs, ils ne sont pas faits l'un pour l'autre. Les apparences sont souvent malhonnêtes.

- Les bimbos célèbres : je n'en ai jamais rencontré, ni repéré sur l'écran, ce qui ne veut pas dire qu'elles n'existent pas parmi les *people*.

La séduction au masculin singulier

Pour recadrer le mode de séduction, j'ai divisé la population des séducteurs en huit profils distincts les uns des autres. Ces profils sont fonction, comme pour le féminin singulier, des codes gestuels réflexes de chacun, ce qui permet au lecteur de se reconnaître très facilement à travers les portraits décrits. En clair, votre mode de séduction se décode à travers les trois mêmes refrains gestuels invariables que vous privilégiez.

Il existe deux sortes de séducteurs : les sentimentaux et les sensitifs. Les sentimentaux sont **introvertis**, les sensitifs sont **extravertis**.

Sentiments et sensations ne sont pas issus du même terreau. Comme j'aime définir les termes avant de me lancer dans la description de nos agréables turpitudes amoureuses, voyons ensemble quelle est la différence entre ces deux termes.

La sensation est la conséquence d'un stimulus externe à la conscience de l'individu. Elle est traitée par le cerveau gauche cognitif. **« J'ai l'impression de lui déplaire »** est l'expression d'une sensation. **« Il me fait froid dans le dos », « Je l'ai dans la peau »** sont des expressions de sensitifs, c'est-à-dire d'individus plus sensuels que sentimentaux. Les extravertis sont réceptifs aux sensations. Ils sont plus sensitifs ou sensuels que les introvertis qui sont généralement plus sentimentaux et moins sensuels.

Le sentiment est la traduction d'un affect élaboré par le Moi. Il est traité par le cerveau droit affectif. **« Je me sens mal dans ma peau », « J'ai peur de lui déplaire », « Il est craquant (pour : il me fait craquer) »** sont l'expression de sentiments. Les introvertis sont réceptifs aux sentiments. Ils sont plus sentimentaux ou romantiques que les extravertis. Ils peuvent aussi devenir cyniques ou sarcastiques, comme Jean Yanne qui était un séducteur émotif.

Ceci étant posé, passons aux portraits hauts en couleur des huit types de séducteurs que je propose et parmi lesquels vous trouverez certainement une ressemblance frappante avec certains de vos amis ou certaines de vos rencontres amoureuses.

Les sentimentaux

L'impulsif

Bras droit dominant, pouce gauche dominant, oreille gauche

Déclinaison du **profil de l'artiste, l'intuitif** est un baratineur, un *serial lover* sentimental et un boulimique affectif. Et ce n'est pas là le moindre de ses paradoxes. Introverti, il se raconte pour séduire plus qu'il ne s'intéresse à sa partenaire. En somme, il se met en scène pour fasciner son public intime. Il ne recherche pas des sensations mais vise à s'emparer des sentiments de sa conquête. Tel est son véritable objectif caché. Quand elle craquera, il prendra ses distances. À moins qu'elle ne fuie pour qu'il la suive. Une excellente manière de le frustrer. Car le baratineur est un personnage qui ne marche qu'à la frustration. Refusez-vous à lui et il vous mangera dans la main ! Donnez-lui un doigt là où il espère avoir le bras tout entier !

- La compagne idéale : la lolita
- La partenaire à éviter : la muse
- Les séducteurs impulsifs célèbres : Daniel Ceccaldi, Daniel Prévost, Bruno Solo

Le romantique

Bras gauche dominant, pouce droit dominant, oreille gauche

Le séducteur romantique est un personnage réaliste et conservateur qui appartient **au profil du cérebral**. Un cartésien ! Il a des principes qu'il cache hypocritement jusqu'à ce que son coup de cœur accepte de se glisser sous ses draps. Un peu égocentrique et surtout introverti, ce n'est pas un communicateur de génie, peu s'en faut. Et puis, comme tous les romantiques, il a des idées bien arrêtées sur le couple, la famille et tout ça. La fantaisie, c'est pas son truc. Ceci étant, il ne crachera pas sur le porte-jarretelles. Il est un peu fétichiste.

Tout homme enfant est un séducteur romantique. Romantique, platonique, timide, désolé de ne pas vous sauter dessus à la cosaque dans la mesure où il est souvent puceau au-delà du raisonnable. Il aime que les autres choisissent pour lui, déléguant à ses potes le pouvoir maternel qui a guidé ses pas depuis l'enfance. Beaucoup d'hommes enfants sont issus de familles monoparentales dans lesquelles l'image du père est absente ou démissionnaire. Mais tous les romantiques ne sont pas des hommes enfants, rassurez-vous ! Un plus majeur : le romantique n'est pas jaloux et ne se sentira pas cocu si vous lui êtes infidèle, ce qui pour une bimbo est un atout fondamental.

- La compagne idéale : la bimbo
- La partenaire à éviter : la sentimentale
- Les séducteurs romantiques célèbres : Michel Boujenah, Matt Damon, Pascal Legitimus, Ben Stiller, Lino Ventura

Le timide

Bras gauche dominant, pouce gauche dominant, oreille gauche

Le séducteur timide est un **profil émotif**. Brusque, grande gueule ou réservé et en retrait, le timide est l'homme d'une vie ou d'une tranche de vie et d'une femme, à la fois. Il ne fera jamais le premier pas, par peur d'être ridicule ou d'essuyer un refus. Ses sentiments sont la lave d'un volcan qui implose en permanence dans son ventre. Il a le trac. C'est un homme de cœur, mais n'attendez pas de lui de longues conversations au coin du feu. Il parle peu, n'écoute pas forcément ce que vous lui dites, mais observe tout. C'est un visuel pur sucre et un voyeur pur porc. Si vous êtes exhibitionniste, l'affaire est dans le sac. C'est un sentimental qui a les yeux plus gros que le ventre ! On trouve statistiquement et proportionnellement plus de séducteurs timides dans les milieux du cinéma et de la télévision, comme si l'appartenance à ces milieux professionnels pouvait exorciser leur timidité et satisfaire leurs besoins de voyeurisme.

- La compagne idéale : l'égérie
- La partenaire à éviter : la groupie
- Les séducteurs timides célèbres : Richard Berry, Jean-Jacques Goldmann, Francis Huster, Richard Anconina

Le perfectionniste

Bras droit dominant, pouce droit dominant, oreille gauche

Le perfectionniste est un **narcissique**. Il recherche la femme idéale, évidemment. C'est un individu très intello et surtout très plastique. Il est passionné par la beauté et l'intelligence associées et la perfection à tous les étages du corps jusqu'au sommet de l'esprit.

J.P. est ce qu'on peut appeler un beau mec. Un sourire éclatant d'une blancheur irréelle, un visage carré, une carrure triangulaire et un ventre plat. Un mètre quatre-vingts sans un gramme de graisse, le tout proportionné au millimètre près. La plupart des jeunes femmes qui le fréquentent rêvent de le faire craquer. En vain ! J.P. est un allumeur, comme la majorité des beaux gosses narcissiques. Il lui arrive de consommer, bien entendu, mais à son corps défendant. En général, il se laisse draguer après avoir allumé sa cible. La plupart de ses prétendantes se cassent le nez en le raccompagnant chez lui. Car J.P. n'a pas de voiture, il profite de celle de ses amis et surtout de celle de ses coups de cœur. À trente ans, il n'est toujours pas marié et vit encore chez ses parents. Description live du modèle standard d'un alexithymique ! J.P. n'a jamais éprouvé le moindre sentiment à l'égard des prétendantes qui continuent à se bousculer au portillon. Il est charmant, très égocentrique mais vide de tout ressenti affectif. Il fonctionne comme un bourreau des cœurs, au sens propre de l'expression. Chaque conquête non consommée est une sorte de Prozac vivant destiné à le rassurer sur son pouvoir de séduction. Son perfectionnisme est doublé d'un idéalisme plastique qui handicape chacune de ses rencontres. Elles ont toutes un petit défaut physique qu'elles dissimulent, une démarche sans grâce, des gestes décalés, des larmes hideuses ou un sourire trop mécanique. J.P. est un juge sans pitié. « Je vise la perfection », réplique-t-il quand je lui fais remarquer que sa mère, son modèle, n'est pas une femme séduisante zéro défaut. Ses trois refrains gestuels de base le situent comme un perfectionniste (offensif, cognitif, introverti), mais son extrémisme est relativement rare chez les individus qui appartiennent à ce profil particulier. Il faut dire que J.P. est tellement beau (genre Roch Voisine) que je le soupçonne d'être un homosexuel refoulé.

Les J.P. sont nombreux à fréquenter les endroits festifs à la mode, à prendre leurs congés dans des clubs de vacances réputés « fesses à l'air », mais peu d'entre eux tombent véritablement amoureux au point de se fixer.

Autre portrait du perfectionniste : l'intellocrate. Un intello...crate ou crote, c'est selon le niveau de son QI ! En tout état de cause, s'il croise le bras gauche sur le droit, le pouce droit sur le gauche et écoute son portable de l'oreille gauche, votre intello est perfectionniste. Reste à situer son degré de narcissisme, plastique, artistique ou intellectuel, avant de statuer.

• La compagne idéale : la séductrice jalouse

En principe, sa mère ! En pratique, toute femme qui réussira à supplanter sa mère dans son esprit. C'est-à-dire une séductrice jalouse, aussi possessive que sa mère !

• La partenaire à éviter : la séductrice bio
• Les séducteurs perfectionnistes célèbres : Daniel Auteuil, George Clooney, Yves Régnier, Hervé Villard

Les sensitifs

Le sensuel

Bras gauche dominant, pouce droit dominant, oreille droite

Le sensuel est affectueux comme un toutou. Il fait partie de la bande des **relationnels**. Il aime faire l'amour, mais ce sont les caresses qu'il préfère. C'est un faux extraverti, individualiste et parfois marginal. Il adore parler de son sujet favori, lui ! Mais il en parle si bien que sa partenaire en oublie parfois qu'elle aussi existe. Ce qui ne l'empêche nullement d'accepter de dialoguer ou d'écouter sa partenaire avec une attention soutenue quand cela s'avère nécessaire. Les sensuels sont parfois des communicateurs ambivalents : ils écoutent leur correspondant, alternativement de l'oreille gauche ou droite.

Gustatif et tactile, il aime embrasser, goûter l'autre comme un fruit mûr. C'est un grand sensitif, comme de juste. Il adore jouer au psy de salon, sorte de Jésus-Christ reconverti dans le sauvetage des âmes perdues sur les tabourets de bar. C'est le bon samaritain dont les intentions ne sont pas aussi pures que les propos qu'il vous tiendra sur le pouce avant de vous inviter à visiter sa garçonnière sur cour. Très superstitieux, surtout s'il s'en défend, il privilégie les rencontres prédestinées, les regards prémonitoires et les hasards dont il sera toujours le démiurge. S'il pose les coudes en appui sur la table pour vous écouter et plonger ses yeux dans les vôtres, il vous subjuguera sans ouvrir la bouche.

- La compagne idéale : la muse
- La partenaire à éviter : la lolita
- Les séducteurs sensuels célèbres : Mel Gibson et Claude Berri

Il est vrai que les séducteurs sensuels ne courent pas les rues.

L'énigmatique

Bras gauche dominant, pouce gauche dominant, oreille droite

Le séducteur énigmatique est un beau ténébreux, une copie conforme de Merlin l'enchanteur. Son portrait correspond au **profil générique de l'idéaliste**.

Olfactif et tactile, il tombera amoureux si votre grain de peau et votre odeur lui conviennent. Votre QI l'indiffère profondément. Plutôt séducteur passif, il ne fera pas le premier pas, s'il peut l'éviter. Le séducteur énigmatique est un peu narcissique. Les initiatives amoureuses, c'est pas son truc. C'est un sensitif ! Pas de sensibilité introvertie du style sentimental, rien qu'une recherche de sensations rares qu'il partagera parcimonieusement avec une partenaire follement éprise de son physique.

Le séducteur énigmatique est un mec zéro défaut au physique (Richard Gere, Leonardo Di Caprio, Jacques Dutronc). Gravure de mode, image d'Épinal pour grande fille romantique, exemplaire unique à conserver sous cloche. Narcissique jusqu'à la pointe du prépuce, il n'est jamais une affaire au lit. En revanche, c'est le mec idéal pour faire baver d'envie les copines. C'est la *prima donna,* version Hollywood ! Généralement maniaque de l'ordre et de la propreté, il a le soucis du détail qui tue (voir aussi au chapitre 4).

• La compagne idéale : la séductrice bio

Le couple type : Dutronc et Hardy ! Très généreuse de nature, elle sera prête à partager son homme, si c'est le prix à payer pour le garder au chaud dans le lit conjugal. La séductrice bio n'est pas possessive de nature comme la séductrice jalouse. En revanche, son compagnon énigmatique pourra parfois se montrer hyperjaloux, si elle fait mine de vouloir séduire ailleurs.

• La partenaire à éviter : la jalouse

Les jaloux ne s'entendent pas entre eux.

• Les séducteurs énigmatiques célèbres : Russel Crowe et Jack Nicholson

Le festif

Bras droit dominant, pouce gauche dominant, oreille droite

Le séducteur festif est un être fondamentalement **tribal**. Il adore les surprises et les sorties impromptues. Il aime rire, danser, manger, flirter et déconner avec les copains. Extraverti, il adore discuter des nuits entières, mais il sait aussi écouter. C'est un sensitif ! Mais le festif est aussi et souvent un obsédé de sexe. Avec lui, vous saurez tout, tout, tout sur le zizi ! Ses connaissance sur le sujet sont intarissables, irréfragables et insubmersibles. C'est un mateur et un amateur éclairé, voire illuminé par « la danse des canards ».

Le regard du mateur est un regard spécifique reconnaissable entre tous. Les paupières tombantes à force de se focaliser sur les seins, le galbe des jambes ou la rondeur prometteuse des fessiers. Un tic qui le trahit : son pouce est souvent coincé entre l'index et le majeur. Le pouce préfigure le pénis et les autres doigts les « lèvres » qu'il rêve de pénétrer, évidemment.

Il arrive que le festif soit aussi un looser sur le plan de la drague. Il aime trop l'humour pour rester sérieux trois secondes d'affilée. Et l'humour, on l'a dit, est un excellent apéritif mais un exécrable digestif. En d'autres termes : « La blague est à l'humour ce qu'une poitrine généreuse est à un bonnet A. »

Il bouge beaucoup, fait beaucoup de vent et finit par plonger dans l'inertie la plus totale dès qu'il est remercié. *A contrario,* beaucoup de festifs trouvent leur bonheur avec des femmes réservées et sexuellement discrètes.

- La compagne idéale : la sentimentale

Elle est loin d'être aussi « sexe » ou « trash » que la bimbo. La sentimentale est une partenaire réservée mais réaliste et capable de s'investir sur la durée de son couple. Elle est dotée d'une patience et d'un caractère zen que le festif est incapable fût-ce de contrefaire.

- La partenaire à éviter : la bimbo
- Les séducteurs festifs célèbres : Brad Pitt (aussi étonnant que cela puisse vous paraître), Bernard Campan, Jack Lang, Paul McCartney

La star

Bras droit dominant, pouce droit dominant, oreille droite

Profil générique correspondant au **praticien**, la star est un séducteur qui joue de son charisme pour séduire ses coups de cœur. Il vous écoutera avec attention, mesurera vos émois et vous emballera dès que vous aurez franchi la ligne de démarcation qui sépare le désir du passage à l'acte. Vous serez séduite bien avant de réaliser ce qui vous arrive, hypnotisée par son image publique si parfaitement imparfaite (Gainsbourg, qui était à l'origine un timide). Un sensitif qui ne s'embarrasse pas de sentiments superflus ! Si vous lui plaisez plus que la moyenne, il vous proposera un tour de manège et plus si affinités. Pour la star, l'amour est une affaire de cœur, de cul et d'écus, mais une affaire avant tout. Il est très sexiste, en règle générale, et plutôt expéditif quand le poisson est ferré. Il porte son égoïsme à la boutonnière et il faudra vous en accommoder, s'il vous a choisie pour coacher sa carrière. Pour lui, le choix d'une partenaire est indissociable de ses choix professionnels, opportunistes ou financiers.

- La compagne idéale : la groupie

Les stars finissent toujours par tomber amoureux d'une groupie.

- La partenaire à éviter : l'égérie

Mais il est vrai que l'égérie peut leur servir de guide au début de leur carrière. La majorité des stars divorcent de leur égérie quand ils sont devenus célèbres.

- Les séducteurs stars : Hugh Grant et Jean-Pierre Foucault

Troisième partie

Glossaire

Attractif ou répulsif

Nous fonctionnons tous comme des aimants de polarité contraire dès que nous sommes en présence d'autrui. Toute relation interpersonnelle entraîne de manière animale une attraction ou une répulsion instinctive, qui plus est, si on y ajoute un contexte particulier comme une situation d'examen, d'exception ou de séduction.

La polarité attractive correspond à la partie corporelle droite chez l'homme droitier et à la partie corporelle gauche chez la femme droitière. Attractivité et répulsion sont fonction des identifications aux images paternelles et maternelles des deux sexes. Elles révèlent le climat mental ponctuel d'un individu observé en situation de communication relationnelle.

Les codes gestuels réflexes alternatifs, tel le croisement des jambes, sont des indicateurs fiables de l'atmosphère du climat mental individuel.

Les énergies attractives et répulsives sont les traductions gestuelles des sentiments de sympathie ou d'antipathie que nous ressentons *a priori* face à des inconnus.

Il faut comprendre que l'Homme est, à la fois, émetteur et récepteur de phénomènes vibratoires. Les vibrations en question sont de deux ordres : attractives ou répulsives. Le carburant ou le support de chacune de ces vibrations sont, respectivement, l'angoisse, la dépression et l'émotion. Des émissions attractives trop puissantes submergent les cibles qu'elles sont censées atteindre, exactement comme le commercial qui use d'arguments redondants pour convaincre son client de plus en plus réticent. L'émission attractive aspire au double de ce qu'elle souhaite mais récolte en règle générale moins de la moitié de ce qu'elle espère. *A contrario,* l'émission répulsive est mieux acceptée et mieux récompensée de son manque d'empressement. Il ne faut pas prendre ici le terme répulsif dans son sens psychologique. Il ne s'agit pas d'un refus mais d'un frein opposé à l'énergie contraire lorsque cette dernière s'emballe. Ce jeu vibratoire pourrait se résumer en une seule phrase : « Suis-moi, je te fuis ! Fuis-moi je te suis ! » Chacun sait que la femme qui succombe trop vite est souvent bien moins récompensée que celle qui se refuse de prime abord. Une vibration doit entrer en résonance affective avec la cible qu'elle souhaite pénétrer. L'adéquation de cette résonance est essentielle. C'est la loi fondamentale du succès de toute entreprise de séduction.

Bâbord ou tribord

Vous avez certainement remarqué que votre position topographique dans le couple est pratiquement invariable.

Dans tous les reportages consacrés au couple Bush, le président se situe toujours à droite de son épouse, sauf quand il se trouve derrière une tribune. Dans ce dernier cas de figure, son épouse se tient en retrait à sa droite.

En principe, votre épouse marche presque toujours à votre droite ou à votre gauche. Quand vous prenez place côte à côte, cette latéralité demeure. Supposons que votre compagne se situe toujours à votre droite, cela entraîne donc le schéma suivant : vous êtes à bâbord (à gauche) et votre épouse à tribord (à droite). Vous êtes un couple bâbord-tribord. Un couple d'amis avec lequel vous allez régulièrement au restaurant est de latéralité inverse : le mari se situe à tribord (à droite) et sa femme à bâbord (à gauche). Ils sont un couple tribord-bâbord.

Quand vous prenez place à la table, les hommes se font face et les femmes aussi. Il n'y a pas de diagonale des sexes comme ce serait le cas si les deux couples adoptaient la même latéralité. Ce dispositif relationnel est la raison fondamentale de votre entente, voire de l'amitié qui vous lie à l'autre couple.

Pourquoi ? Parce que l'homme bâbord est un cérébral et l'homme tribord est un affectif. De même en ce qui concerne leurs compagnes. Les deux hommes et les deux femmes se complètent et ne peuvent en aucun cas s'affronter. Chaque sexe représente l'intégralité du fonctionnement psychique individuel. Les couples clones ne s'assoient pas selon le même dispositif puisqu'ils appartiennent tous deux à la même latéralité. La communication de ces couples est beaucoup plus conflictuelle et les affrontements ne sont pas rares. Leur manque de complémentarité en est la cause. Les hommes doivent s'adresser la parole en diagonale, coupant du même coup le flot de paroles de leurs compagnes.

Pourquoi ne pas changer de place, dans ce cas ? C'est parfaitement possible mais hautement inconfortable pour l'un des couples. La qualité de leur relation avec l'autre couple en souffrira obligatoirement. Les uns se complètent sans le savoir. Les autres doivent user de manipulation pour créer un rapport de force acceptable.

Quand vous êtes accompagné ou en présence de collègues, d'amis ou d'inconnus, situez immédiatement les sources de pollution en gardant en mémoire votre latéralité naturelle ! Si vous êtes un homme ou une femme tribord (droite), cela signifie que la source de pollution identifiée doit se situer impérativement à votre gauche pour être absorbée par les mécanismes de défense opérationnels du cerveau droit. Affectif, sensible, psy et créatif, votre champ relationnel protégé se situe à bâbord. Arrangez-vous pour que la source de pollution identifiée s'y retrouve. Cette identification ne pose aucun problème, par ailleurs. Soit vous connaissez les courants de sympathie ou d'antipathie qui vous lient ou vous éloignent les uns des autres, soit vous êtes en présence d'inconnus et vous ressentirez immédiatement le degré d'attraction ou de répulsion pour chacun d'entre eux. Fiez-vous à votre instinct, c'est votre meilleur baromètre !

Dans le même ordre d'idées, quand vous êtes au restaurant avec un collègue assis en face de vous mais à une table de quatre. Arrangez-vous toujours pour que la chaise vide se situe dans votre champ relationnel protégé : chaise vide à droite si vous êtes bâbord, à gauche si vous êtes tribord. Si d'aventure un autre collègue se pointe à votre table, il n'aura d'autre choix que de s'asseoir à la place vacante. Il n'est plus question, à ce stade, de pollution ou de stress mais d'une gestion préventive de votre territoire et de l'aire cérébrale qui détient les mécanismes de défense les plus performants pour vous protéger.

Un conseil pratique

Quand vous vous retrouvez dans les transports publics, le problème se pose de manière identique. Si vous êtes bâbord, choisissez un siège couloir central du côté droit de la rame et laissez le tribord s'asseoir à votre droite près de la fenêtre. Côté gauche de la rame, il vous faudra choisir la place près de la fenêtre. Vous constaterez très vite que le respect de cette petite règle vous offrira un voyage moins fatigant, voire relaxant.

Cerveau gauche et cerveau droit

Comme vous le savez déjà, sans doute, le cerveau gauche contrôle la moitié droite du corps, tandis que le cerveau droit contrôle la moitié gauche du corps. Du cerveau gauche dépend la parole. Il est rationnel, fonctionnel et pratique. Le cerveau gauche est donc droitier. Quant au cerveau droit, il est considéré comme étant le siège des intuitions, du sens spatial, temporel, de l'imaginaire et du sens créatif. Il est gaucher. Adam Smith explique que chaque culture dans le monde, que ce soit sur des bases physiologiques ou non, a mis en évidence cette séparation fondamentale des choses. Notez que le droit représente la loi et l'ordre et un héritier de la main gauche est un héritier illégitime.

Les aborigènes australiens portent un bâton « mâle » dans la main droite et un bâton « femelle » dans la main gauche. Le côté droit représente le père ou l'activité, et le côté gauche représente la mère, l'aspect passif, chez nombre de tribus primitives, que ce soient chez les Mohaves, les Bédouins ou les Bantous.

Partant de ces constats, entre autres, je pose l'hypothèse suivante : la partie droite du corps d'un sujet masculin et droitier appartient à une image paternelle intégrée dans son Surmoi. La partie gauche, en revanche, serait symbolique de l'image maternelle. L'homme droitier qui s'identifie à son image paternelle, dans la mesure où il est un homme comme son père, intégrera ses énergies attractives dans la partie droite de son corps et ses énergies répulsives dans la partie gauche. La femme droitière, en revanche, intégrera ses énergies attractives dans la partie gauche de son corps et ses énergies répulsives dans la partie droite. N'est-elle pas une femme comme sa mère ? Pour les hommes gauchers, les images parentales doivent être inversées : l'image du père se situera à gauche et celle de la mère à droite. Pour les gauchères, même type d'inversion. C'est de ce postulat que proviennent les règles gestuelles suivantes : pour les hommes, le croisement de la jambe droite sur la gauche correspond à une ouverture sur le plan de la communication. Mais si la jambe gauche couvre la jambe droite le sujet se referme, il n'est plus réceptif aux propositions émises. Pour les sujets masculins gauchers, il suffit d'inverser les rapports. Pour les femmes, le croisement de la jambe gauche sur la droite indique un climat mental réceptif à la discussion ou à toute proposition d'un autre ordre. Mais la jambe droite vient-elle à couvrir la gauche, il sera toujours temps d'ouvrir votre parapluie même s'il fait soleil, votre interlocutrice vient de virer de bord, et pas dans le sens qu'on accorde en général à cette expression.

Cerveau affectif et cerveau cognitif sont à la fois antagonistes et complémentaires. Cette vision des choses est évidemment simpliste mais la simplicité ne nuit jamais à la compréhension initiale de nos conduites.

Si je me frotte le nez de la main droite, c'est le cerveau cognitif qui commande ce geste de toilettage. Si je me **gratte le cou de la main gauche**, le cerveau affectif prend la direction de l'opération.

Le serveur se **gratte l'occiput de la main gauche** ! La question posée réveille-t-elle ses émotions ? Il sollicite sa mémoire dont le substrat est toujours affectif.

Obligé de faire l'addition dans l'urgence, il se **gratte l'arrière de la tête de la main droite**. Le calcul mental s'effectue avec l'appui du cerveau gauche.

Ces deux modes de communication intrapsychique ont chacun leurs spécialisations. Les gestes ne font qu'exprimer leur action ou servent aussi à évacuer le stress généré par la question posée.

Le climat mental

Champ psychologique décrit par Kurt Lewin, le climat mental est synonyme de ce que les psy nomment communément l'attitude mentale, en comparaison de l'attitude corporelle. Le climat mental d'un individu fonctionne sur la base des polarités attractives ou répulsives, il aime ou il n'aime pas, il adhère ou il rejette, il adore ou il déteste. Les variations du climat mental s'expriment aussi bien par le choix du vocabulaire verbal que par les réactions corporelles ou gestuelles destinées à évacuer le stress ou l'angoisse. À force de se retrouver confronté aux mêmes types de situations, le subconscient programme une réaction gestuelle identique, réaction d'évacuation du stress, qui se mue parfois en **refrain gestuel.**

Le climat de votre attitude mentale domine l'atmosphère de vos sentiments, obligeant parfois votre corps à se plier à des attitudes inconfortables pour satisfaire la tyrannie de certaines impressions désagréables. En repérant, à la longue, les tics gestuels qui vous caractérisent, vous serez en mesure de séparer les bonnes attitudes de celles qui trahissent un climat mental morbide, voire simplement négatif. Vous apprendrez, dès lors, à les déprogrammer d'instinct au profit des postures qui vous valorisent. La météo de vos humeurs n'est pas qu'une vue de l'esprit. Chaque sentiment qui apparaît dans votre conscience se traduit automatiquement sur le plan gestuel ou mimique, chaque pensée entraîne un effet gesticulatoire. Si vous envisagez de quitter votre job pour vous joindre à l'élaboration d'un projet en devenir, vous pourriez reproduire le geste suivant : **la main gauche se porte à hauteur du visage, paume retournée contre la bouche, comme pour éviter une gifle virtuelle.** Ce code gestuel traduit une peur de l'avenir parfaitement légitime, en l'occurrence. Le climat mental est donc le chef d'orchestre qui dirige ces effets. Les grands comédiens expriment à merveille ces multiples changements de météo en ayant recours à des mimiques ou des gestes appropriés au contexte imposé par le scénario. C'est là leur force et ce qui fait toute la différence entre un cabotin et une star.

Les distances de fuite

Les règles de la proxémique (science des distances) interviennent pour beaucoup dans l'établissement d'une relation entre deux individus séparés par des motivations antagonistes, tel l'acheteur et le vendeur. Il faut apprendre à mesurer la distance qui convient. La chorégraphie gestuelle qui s'installe entre deux personnes qui dialoguent est surprenante à observer. L'un se penche sur son bureau et l'autre se recule contre le dossier de son fauteuil. Il garde une distance de fuite. Le pouvoir de séduction est totalement tributaire de la distance qui sépare les individus. Encore faut-il savoir gérer cette distance en fonction des fluctuations de l'atmosphère. L'art de la séduction est le fruit de la distance, dois-je vous le rappeler ?

Empathie, sympathie, antipathie !

L'empathie... ou la capacité de ressentir ce que ressent l'autre est une qualité typiquement féminine, même si certains hommes en sont également dotés. Les bébés montrent dès leur naissance des comportements émotionnels spécifiques, différents et bien marqués suivant leur sexe. À peine âgée de quelques heures, une petite fille manifestera déjà une grande réceptivité aux émotions de son entourage immédiat. Elle répondra par exemple aux pleurs d'un autre bébé alors qu'un garçon n'y prêtera aucune attention. En définitive, les femmes expriment plus facilement ce qu'elles éprouvent et perçoivent davantage ce que l'autre ressent. Elles ne sont pas plus émotives mais communiquent mieux leurs émotions. Ce qui nous conduit à découvrir l'incontestable différence : les filles sont de plus grandes lectrices que les garçons. Sept lecteurs de romans sur dix sont des lectrices. En classe de troisième, 82 % des filles interrogées projettent de passer un baccalauréat littéraire. Cette aptitude est étroitement liée à la supériorité langagière des filles sur les garçons dès le plus jeune âge. Le sens de la séduction dépend largement du niveau d'empathie du séducteur, ce qui signifie que la séduction est une aptitude plus féminine que masculine. CQFD !

Les gestes décalés

Le décalage gestuel s'observe surtout dans des situations de stress intense (gêne, honte, situation d'exception ou de séduction). Les gestes ne sont plus appropriés à la personnalité du sujet ou à son discours. Mais il arrive que certaines séquences ne soient pas appropriées et perturbent l'image publique d'un interlocuteur. Un responsable qui évite de croiser le regard d'un subordonné, par exemple.

« Je me sens mal dans mon corps » est une phrase que l'on entend régulièrement dans les cabinets de psy. Ce sentiment de décalage entre le corps et l'esprit est un signe avant-coureur de la multiplication des gestes qui sonnent faux et du sentiment d'échec vital qui les accompagne. C'est la raison pour laquelle une rééducation dans le cadre d'une thérapie corporelle est une piste efficace pour chasser du climat mental les miasmes du sentiment d'échec. Ce type de thérapie corporelle est un travail de déprogrammation et de reprogrammation des séquences gestuelles préjudiciables à l'évolution d'une carrière, par exemple. La modification d'un geste est parfois plus pragmatique, donc plus concrète que la modification d'une attitude mentale polluante, voire d'un trouble psychologique difficile à cerner.

Les gesticulations

Les gesticulations permettent d'extérioriser le stress ou la colère inexprimable. Si les gestes n'étaient que de simples fantaisies acrobatiques produites par un corps stupide, comme le prétendent certains, ils n'auraient pas lieu d'être. La nature à laquelle nous appartenons ne fait jamais rien pour rien. Comme le dirait Jacques Monod, les intentions de la nature sont téléonomiques, elles ont toujours une racine et un objectif. Elles ne sont jamais gratuites.

Gesticulations, attitudes, postures instinctives, gestes conventionnels, qu'ils soient insignifiants ou non, les signaux corporels sont la manifestation de la recherche d'une harmonie psycho-corporelle. Les gestes ont pour rôle primordial d'assurer l'évacuation immédiate des crispations articulo-musculaires générées par l'environnement. Le moindre stress provenant de l'environnement (*thriller* télévisuel, bruits nocturnes, cris des voisins, etc.) engendre une série de crispations musculaires qui ne sont que la réverbération des événements que nous subissons. Ces stress innombrables sont donc dilués au quotidien, comme un goutte-à-goutte pernicieux dans toute la carapace musculaire. S'ils n'existaient pas, nous n'aurions pas besoin de nous mouvoir sans objectif ou de gesticuler sans raison pour les évacuer. Il est admis par tous les spécialistes de la sémiotique gestuelle que nous gesticulons à 80 % de manière insignifiante et ne produisons des gestes qui ont un sens que pour les 20 % restants.

La personnalité hypergesticulatoire trahit aussi un individu hypermimique au niveau des muscles du visage. Tempérament à composante hystéroïde, le gesticulateur bouge énormément dès qu'il se met à parler. En revanche, quand il écoute, c'est son visage qui approuve, commente ou répond de manière mimique au discours de son interlocuteur. Ce type de personnalité est souvent contrefait par les comiques de scène (Djamel Debouze). Qu'est-ce que cela cache ? Un énorme malaise, sans aucun doute. Mais aussi un besoin massif de communiquer avec l'autre pour arriver à lui plaire. Ces personnes compensent une enfance souvent difficile sur le plan de la communication familiale, doublée d'une carence émotionnelle fondamentale. Leurs parents étaient souvent incapables d'exprimer leurs émotions ou refoulaient toute démonstration d'affection vis-à-vis de leur enfant. C'est ce passé qui a fait d'eux des sémaphores vivants. Beaucoup de séducteurs de masse correspondent à ce portrait.

Surtout des comédiens comiques (Louis de Funès, Jerry Lewis, Jim Carrey).

Idéomotricité de la pensée

Chaque pensée ou groupe de pensées trouve instantanément sa traduction mimique sur le visage ou transparaît dans les attitudes du corps. Ainsi, la grimace de dégoût est universelle et n'importe quel clown se fera toujours comprendre par les enfants du monde entier sans pour autant s'exprimer dans la langue du cru. L'idéomotricité de la pensée est un phénomène connu de tous les physiologistes et surtout de tous les hypnotiseurs de spectacle. Ces derniers l'utilisent pour identifier la réceptivité hypnotique des spectateurs.

On dénombre sept sentiments de base qui influent non seulement sur tous les mouvements instinctifs du corps mais aussi sur l'alchimie de la communication interindividuelle de ce que Daniel Goleman a intitulé, à juste titre, l'intelligence émotionnelle. Il en décrit sommairement les effets dans un ouvrage culte [1].

« La **colère** fait affluer le sang vers les mains, ce qui permet à l'individu de s'emparer plus prestement d'une arme ou de frapper un ennemi, et une sécrétion massive d'hormones comme l'adrénaline libère l'énergie nécessaire à une action vigoureuse.

La **peur** dirige le sang vers les muscles qui commandent les mouvements du corps, comme les muscles des jambes, ce qui prépare la fuite et fait pâlir le visage, le sang en étant chassé (d'où la sensation de sang qui « se glace »). Simultanément, le corps est paralysé l'espace d'un instant, ce qui laisse peut-être à l'individu le temps de décider s'il est préférable de se cacher. Les centres émotionnels du cerveau sécrètent massivement des hormones qui mettent le corps en état d'alerte générale, celui-ci se tend, prêt à agir, l'attention se fixe sur la menace imminente, attitude idéale pour décider quelle réaction est la plus appropriée.

Le **bonheur** se caractérise par une augmentation de l'activité du centre cérébral qui inhibe les sentiments négatifs et favorise un accroissement de l'énergie disponible et un ralentissement de l'activité des centres générateurs d'inquiétude. Cependant, il ne se produit pas de modification physiologique particulière, si ce n'est un apaisement, grâce auquel le corps se remet plus rapidement des effets biologiques induits par les contrariétés. Cet état procure à l'organisme un repos général ; l'individu accomplit avec empressement et enthousiasme toutes les tâches qui se présentent à lui ; il se donne des buts plus variés. Le désir et le plaisir appartiennent à cette grande famille du bonheur.

L'**amour**, la tendresse et la satisfaction sexuelle provoquent une excitation parasympathique – l'inverse, sur

---

1. *L'Intelligence émotionnelle,* Daniel Goleman (Éditions Robert Laffont).

le plan physiologique, de la réaction « fuir ou se battre » de la colère ou de la peur. Le réflexe parasympathique, appelé « réponse de relaxation », consiste en un ensemble de réactions corporelles qui engendrent un état général de calme et de contentement propice à la coopération.

La **surprise** provoque un haussement des sourcils qui élargit le champ visuel et accroît la quantité de lumière atteignant la rétine. L'individu dispose ainsi de davantage d'informations concernant un événement inattendu. Cela lui permet de mieux évaluer la situation et de concevoir le meilleur plan d'action possible.

Partout dans le monde, le **dégoût** se manifeste par la même expression et possède la même signification : quelque chose est déplaisant, littéralement ou métaphoriquement. Comme l'avait observé Darwin, l'expression faciale du dégoût – la lèvre supérieure se retrousse sur les côtés tandis que le nez se plisse légèrement – semble refléter une tentative primitive pour fermer les narines à une odeur désagréable ou recracher un aliment toxique.

Une des fonctions principales de la **tristesse** est d'aider à supporter une perte douloureuse, celle d'un être cher par exemple, ou une grande déception. La tristesse provoque une chute d'énergie et un manque d'enthousiasme pour les activités de la vie, en particulier les distractions et les plaisirs, et, quand elle devient plus profonde et approche de la dépression, elle s'accompagne d'un ralentissement du métabolisme.

À chacun de ces sept sentiments qui chapeautent des milliers de micromessages gestuels dont la signification varie en fonction du contexte mais qui rejoignent *in fine* les sept catégories de sentiments décrits, il en manque un qu'aucun auteur ne mentionne : le **doute.**

Le **doute** se manifeste de manière universelle par une série d'expressions mimiques, dont la plus connue consiste en une protrusion des lèvres vers l'avant, bouche en cul de poule, avec parfois un lâcher d'air discret. Ce huitième sentiment est le plus réducteur de tous ceux qui sont décrits ici. Le doute est l'antidote de la foi et du besoin d'agir.

Image de soi

L'image que vous avez de vous-même est indiscutablement suspendue à la qualité des pensées qui vous traversent l'esprit. Quand tout va mal, les pensées morbides ne permettent certainement pas à votre image publique de rayonner. L'influence nocive d'un entourage morose dégrade aussi cette image. Or, cette fameuse image de soi est un capital essentiel et le moteur de l'image publique que vous projetez sur les autres. Il est facile, me direz-vous, d'avoir une bonne image de soi quand tout va bien. Détrompez-vous ! L'image de soi est toujours vulnérable du plus grand au plus petit, du plus célèbre au plus anonyme. Réussir sa vie, c'est à mon sens réussir à conserver une image de soi qualifiante envers et contre tout et non offrir une image publique, abritée sous les paillettes d'un succès précaire.

L'image de soi dépend toujours du regard des autres. Vous vivez en société et vous projetez vos sentiments à travers votre image publique sur votre entourage. Vous avez besoin des autres « Moi » pour rassurer le Moi qui est en vous. Un homme séduisant vient à passer, vous l'observez avec un zeste de concupiscence dans le regard, mais lui vous ignore. Le regard d'une jolie femme croise le vôtre, vos pupilles se dilatent d'envie, mais elle détourne la tête pour vous effacer de son champ visuel. Un sentiment d'amertume vous envahit, l'espace d'un instant. Un instant seulement mais suffisant pour que votre Moi se sente égratigné. Concupiscence et envie sont des sentiments mal perçus par l'autre, car ils violent la liberté de choisir. Le message porté par le regard est impitoyable pour l'ego de celui qui le reçoit.

L'image publique débute au fond des pupilles. L'intensité du regard en est la pierre angulaire. Dans le fond, **l'image de soi, c'est l'image du Moi qui se regarde dans le miroir de l'autre.** Et c'est de cette confrontation stratégique que naît ce que je nomme l'image publique.

Image publique

L'image publique est celle que les autres voient à travers les artifices qui améliorent l'ordinaire. Elle est généralement très différente de l'image que vous percevez de vous-même et qui est l'image de soi. Cette image sociale est forcément un reflet tronqué de l'image de soi dans la mesure où vous ne montrez jamais que l'endroit du décor. Cependant, certains refrains ou tics gestuels peuvent contredire votre sourire de convenance, vos affirmations ou vos professions de foi. Plus le fossé entre l'image de soi et l'image publique s'élargit, plus vous sonnez faux, en quelque sorte. Votre degré de crédibilité en souffre fatalement.

L'image qui vous représente aux yeux des autres n'est pas qu'un look uniforme, sec et sans grâce. Au-delà de vos choix vestimentaires, de la qualité de votre discours ou de la forme d'intelligence qui vous différencie de votre voisin de palier, demeure un décor gestuel qui vous particularise au point qu'un proche peut vous reconnaître de dos rien qu'à votre démarche. Les mouvements privilégiés par votre corps, c'est-à-dire vos refrains gestuels propres, appartiennent à la catégorie sociale ou professionnelle à laquelle vous vous identifiez, mais pas seulement. Vous avez d'abord acquis votre empreinte gestuelle à l'intérieur du cercle familial restreint représenté par vos parents, frères et sœurs aînés qui ont marqué vos comportements de leur influence par imitation. Par la suite, le processus d'absorption gestuelle s'est élargi à votre groupe social de prédilection pour enfin aboutir à la catégorie professionnelle à laquelle vous vous êtes identifié. En résumé, toutes les postures que vous adoptez ne sont que des choix d'imitation intégrés à l'insu de votre conscience.

L'intelligence gestuelle

Si la communication interindividuelle se limitait à un échange verbal, la société humaine ne serait qu'une vaste entreprise de télécommunications où chacun aurait l'écouteur de son portable incorporé dans l'oreille interne et un micro greffé sur les cordes vocales. Notez que le succès phénoménal du portable n'est peut-être que le stade préhominien de l'homme alphanumérique !

Dans cette perspective totalitaire du verbe, le mot tout-puissant élimine tout autre mode de communication et réduit les relations interpersonnelles à un échange basique de faits ou d'impressions égocentriques. Gestes, attitudes corporelles et mimiques du visage passent à la trappe. L'image s'efface au profit d'un univers de sons articulés avec ou sans signification. Les extravertis qui ont tant besoin de communiquer *de visu* avec les autres sont dominés par les introvertis qui se communiquent aux autres sans avoir besoin de les rencontrer physiquement. Car le succès du portable repose essentiellement sur l'adhésion massive des introvertis, grands bavards devant l'Éternel, dès qu'ils peuvent se cacher derrière leur téléphone. Moins sociables que les extravertis, les introvertis apprécient ce mode de communication qui leur permet de briller sans se montrer et sans se trahir. Ce sont eux qui squattent les tchatches du Web. Si on leur interdisait l'accès au réseau téléphonique, tout le secteur de la téléphonie serait en faillite. Car les extravertis utilisent le mode verbal de manière beaucoup plus pragmatique et privilégient surtout la rencontre physique au détriment du rendez-vous audio non visuel.

Certains scientifiques avancent l'hypothèse selon laquelle le mode de communication verbal ne représenterait que 20 % de tous les modes de communication utilisés par l'Homme. Quel intérêt ont-ils à minorer un mode au détriment d'un autre ? Il est évident que le geste, les attitudes corporelles, les mimiques du visage et le ton de la voix sont des dimensions aussi indispensables à une communication globale que celle du verbe. Mais ces dimensions-là sont-elles vraiment signifiantes ? À l'opposé, les tenants du discours dénient toute signification aux gesticulations qui animent le corps humain et affirment haut et fort que c'est le verbe qui a fait l'Homme et non l'inverse.

S'il faut en croire la Bible, après l'épisode de la tour de Babel, les hommes ont cessé de parler le même idiome et se sont dispersés sur la Terre car ils n'arrivaient plus à se comprendre. Les gestes sont restés identiques à eux-mêmes mais le discours commun a explosé en une multiplicité de dialectes. De nos jours, on considère la diversité des langues comme une richesse culturelle. Mais faut-il exclure pour autant l'unicité du langage gestuel de cette richesse culturelle ? Car les gestes conservent le même sens, sans distinction de race, de culture ou de religion. Pour autant qu'on accorde une signification aux gestes non conventionnels !

Êtes-vous introverti ou extraverti ?

Jung considère l'introversion comme un repli sur soi et l'extraversion comme un intérêt pour le monde extérieur. Ce qui en clair laisserait sous-entendre que l'introverti est un individu totalement introspectif et égocentrique et l'extraverti un être totalement sociable. C'est un peu trop manichéen à mon goût.

Comment savoir si vous êtes l'un ou l'autre ? Faites d'abord le test de l'allumette. Si vous la grattez instinctivement vers vous, vous êtes introverti. Si vous la grattez vers l'extérieur, vous êtes extraverti.

On peut aussi être introverti ou extraverti suivant les contextes auxquels nous sommes confrontés. Par exemple, dans un contexte de séduction, vous pourriez vous avérer parfaitement introverti et dans un contexte de danger, extraverti. Certains sont des héros sans le savoir. Tout n'est pas noir ou blanc ! On peut aussi être noir et blanc !

Comme toujours, le mode idéal se situe à mi-chemin entre les deux. L'introverti peut apprendre à communiquer « avec » les autres et l'extraverti à se communiquer « aux » autres pour rééquilibrer la balance. L'introverti restera toujours un introverti, mais il compensera ses difficultés de communication en apprenant à neutraliser son ego. De même en ce qui concerne l'extraverti qui devra prendre conscience de l'importance de son image de soi (ego) pour rééquilibrer une image publique trop effacée au profit de l'autre.

La définition du profil extraverti ou introverti exige plusieurs observations gestuelles fondées sur différents refrains gestuels invariables.

Les pupilles

Mydriase : dilatation de la pupille ; accommodation de l'œil à l'obscurité et à la distance.

Mysosis : rétraction de la pupille. Le fait que la dilatation de la pupille implique une accommodation de l'œil au sens de la distance tout en étant aussi un signal de plaisir conforte mon hypothèse selon laquelle la séduction est bien l'art de la distance.

Êtes-vous psychoflexible ou psychorigide ?

Psychoflexible ou psychorigide, deux expressions antagonistes très tendance.

En gros, le premier est souple dans sa relation avec les autres, le second a, comme on dit vulgairement, un balai dans le c...

Comment croisez-vous vos chevilles sous votre siège quand vous êtes assis ?

Si votre cheville droite retient votre cheville gauche, votre climat mental est rigide. Si **votre cheville gauche retient la droite**, votre climat mental est flexible.

La partie inférieure du corps est réceptrice. Elle traduit les impressions venues de l'extérieur. En réalité, le climat mental les digère et réagit par la reproduction de codes gestuels variables ou non par le canal des membres inférieurs. *A contrario,* les codes gestuels impliquent la partie supérieure du corps, émettrice.

Le **croisement des chevilles sous le siège** et non devant le siège, contrairement à celui des jambes, est alternatif. Il exprime une forme de perception ou de ressenti qui anime le climat mental de l'individu dans l'instant de sa reproduction.

Attention ! Il existe une différence fondamentale entre le **croisement des chevilles sous le siège** et celui qui se produit quand les **jambes sont en extension.** La seconde posture s'exprime quand un individu ressent le besoin de se détendre. Mais elle peut aussi traduire une attitude de relâchement après un stress.

Si vous avez tendance à croiser la cheville gauche sur la droite sous votre siège, vous disposez d'une **intelligence interpersonnelle** qui fait de vous un être sensible aux autres, tolérant et fatalement doué d'empathie. Votre émotivité est libérée et adaptative. **Vous êtes plutôt psychoflexible.** Vous extériorisez vos émotions. Votre niveau d'adaptation sociale sera plus fluide.

Votre relation à l'autre sera toujours plus intimiste ou plus proche. Mais cette tendance dépend entièrement du contexte de son apparition. Elle peut s'inverser, en situation de séduction, par exemple. Quand les choses ne tournent pas en votre faveur, vous vous surprendrez à croiser vos chevilles dans l'autre sens.

En revanche, si vous croisez systématiquement la cheville droite sur la gauche, vous êtes plus rationnel qu'émotionnel et la connaissance intuitive des autres n'est pas votre vocation relationnelle. Ce qui ne signifie pas automatiquement que vous n'êtes pas à votre place dans un métier ou une fonction de relation d'aide. Votre approche est plus rationnelle, plus contrôlée, moins tolérante ou plus pragmatique. **Vous êtes plutôt psychorigide.** Vos émotions sont sous contrôle sans être pour autant insensible. Votre niveau d'émotivité est plus faible que celui du profil psychoflexible et s'exprime en circuit fermé. Votre niveau d'adaptation sociale sera fatalement plus rigide. Votre relation à l'autre sera fonction de la distance.

En résumé, les **chevilles gauches dominantes** sont plus adaptatives que les **chevilles droites dominantes**. S'il peut y avoir une alternance chez certains sujets observés, elle indique une perturbation des émotions plus qu'un équilibre entre émotion et raison.

Selon Norbert Syllamy, l'individu émotif est impressionnable. Il vibre facilement, paraît susceptible et vulnérable mais n'est pas pour autant inadapté. L'émotivité est normale et utile car elle suscite un comportement adapté à la situation. La capacité d'adaptation psychosociale dépend étroitement du degré d'émotivité investi dans la relation à l'autre. L'émotif se montrera toujours plus sociable que l'apathique ou un individu présentant un niveau d'émotivité faible à nulle comme les alexithymiques qui sont incapables d'exprimer verbalement leurs émotions.

Selon J. Piaget, il y a adaptation lorsque l'organisme se transforme en fonction du milieu d'accueil et que cette variation a pour effet un équilibre des échanges entre l'environnement et l'organisme, échanges favorables à sa conversation.

Le relationnel favorise un échange qui exige une adaptation constante de la part de la conscience. L'Homme communique avec ses semblables pour assurer la conservation de son équilibre psychologique. Le besoin des contacts sociaux est donc vital et oblige l'individu à s'adapter aux autres. La misanthropie de l'ermite n'est pas une philosophie, quoi que vous en pensiez, mais une folie ou une forme d'entropie du système relationnel.

Les refrains gestuels

Le refrain gestuel est, à l'origine, un mécanisme de défense interpersonnel qui répond à une situation de stress. La programmation subconsciente de ces refrains révèle certains aspects cachés des modes de communication du sujet observé. Comme le simple fait de croiser les bras qui est un **refrain gestuel invariable**. Si le bras droit couvre le gauche, vous avez un **mode de communication offensif** ; dans le cas contraire, vous privilégiez un **mode de communication défensif**. Le croisement des bras est un code gestuel réflexe invariable. Il est quasi impossible d'alterner les deux modes de croisement. La manière d'applaudir en est un autre. On applaudit toujours de la même manière, main droite sur gauche ou l'inverse, sauf quand l'enthousiasme est au rendez-vous, les mains se percutent à mi-distance devant le visage ou au-dessus.

Le refrain gestuel invariable est à la fois invariable et indépendant du contexte, contrairement au refrain gestuel alternatif. Il est coulé une fois pour toutes dans l'ambre de la personnalité.

Le **croisement des pouces** quand on croise les doigts en supplication, par exemple, est un refrain gestuel qui peut être modifié consciemment, même si sa reproduction non spontanée est parfois inconfortable. La manière de **gratter une allumette** en est un autre.

Le **croisement des bras** est le premier refrain gestuel auquel il est indispensable d'être attentif. Il vous renseignera immédiatement sur la conduite à tenir face à l'autre. Qu'il s'agisse d'un rendez-vous amoureux, d'un entretien à caractère professionnel ou d'une réunion amicale, vous constaterez très vite que les individus miroirs de votre mode de croisement vous seront toujours plus sympathiques que ceux qui utilisent le même mode que vous.

Les refrains gestuels alternatifs

Ce type de refrain est toujours influencé par le contexte. Le sujet changera de latéralité en fonction des fluctuations de son climat mental. Tous les croisements qui ne sont pas invariables et tous les ancrages sont des refrains gestuels alternatifs, comme le **croisement des jambes,** les **chevilles croisées sous le siège,** les **mains en couverture (main prépondérante quand elles reposent sur un support),** la **main qui fume,** le **coude en appui privilégié, etc.**

Le refrain gestuel alternatif le plus visible est la posture des jambes croisées. L'alternance de ce croisement est totalement tributaire du contexte. Une femme **croisera la jambe gauche sur la droite** si son nouveau partenaire lui plaît, et adoptera le croisement inverse si elle se sent mal à l'aise. Un homme **croisera la jambe droite sur la gauche** s'il maîtrise la situation de séduction. Il inversera la position de ses jambes s'il perd le contrôle de la situation.

Êtes-vous un séducteur passif ou actif ?

« Séduire n'est pas aimer l'autre mais s'aimer à travers l'autre. »

Celui qui cherche à plaire n'a pas besoin de séduire. Celle qui veut séduire n'a pas besoin de plaire, *a priori.*

« C'est un mec zéro défaut ! J'te jure ! » Elle en est tellement persuadée que son regard se perd dans les nuages de son imagination. Il a un regard hypnotique, un visage qui prend la lumière, un physique avantageux, un sourire en forme de rayon de soleil, une chevelure drue comme un champ de blé, un corps sculpté dans l'ambre. Sa démarche subtilement chaloupée donne le mal de mer à plus d'une admiratrice. Un costume trois-pièces, coupe impeccable, cravate Gucci, des Weston noires comme neuves. Il a tout pour lui et pourtant... « Ne me dites pas qu'il est homo ? » Non ! Pas du tout ! Il parle un peu trop fort, évite systématiquement le regard de son interlocutrice quand elle s'adresse à lui et rajuste sa veste toutes les dix secondes. Un geste pare-chocs qui traduit le malaise qui lui tient compagnie en permanence. Ce mec zéro défaut est un séducteur passif mal dans sa peau dont le regard hypnotique n'accroche que les inconnues, dont le visage ne prend la lumière qu'à contre-jour, dont les dents rangées comme des petits soldats ont subi les affres d'un appareil dentaire durant des années. Le mec zéro défaut a été fabriqué dans un institut de relooking comme un vrai faux passeport.

Mais la question essentielle qui se pose consiste à départager ceux qui se contentent de plaire de ceux qui veulent séduire. Celui ou celle qui cherche à plaire n'est pas forcément un séducteur. Il se sert de l'autre comme d'un miroir dont le rôle essentiel consiste à le rassurer sur son degré de séduction sans passage à l'acte. Séducteur passif introverti, centré sur son ego, en comparaison du séducteur actif extraverti, c'est-à-dire à l'écoute des autres.

Curieusement, les séducteurs introvertis remportent plus de succès que les séducteurs extravertis. Il y a à cela une raison implicite. Le séducteur introverti se conduit comme un enfant à la fois fragile et égoïste. Cette fragilité est séduisante pour la mère qui sommeille au cœur de chaque femme, mais ce qui est vrai pour l'homme ne l'est pas du tout pour la femme : une femme vulnérable agace souvent son partenaire, plus qu'il n'oserait le dire.

« Elle était belle à damner un séducteur. Son sourire était un rayon de soleil. Cependant, je l'ai vue pleurer toutes les larmes de son corps. Son visage était méconnaissable. Il était laid à faire peur. »

Le corps humain est un volume en mouvement perpétuel. La manière dont il bouge est bien entendu fonction du mode de déplacement de ce volume mais aussi, et surtout, des pensées qui animent la conscience. De la même manière que la coupe d'un vêtement vous convient ou pas, chaque geste que vous reproduisez installe un décor mobile qui favorisera ou non l'image que vous offrez aux autres. Une image qu'il est difficile de dissimuler !

Ainsi, le physique le plus banal peut se métamorphoser en y inscrivant une série d'attitudes, de mimiques ou de gestes composés intégrés à la personnalité gestuelle de toute femme qui en éprouve l'envie ou le besoin. Certains codes gestuels expriment une sensualité refoulée ou proscrite par une éducation trop rigide, d'autres dévoilent un charme censuré par des postures dévalorisantes. À l'instar d'une coiffure, d'un style de vêtement ou d'un maquillage subtil, les gestes sont en mesure de modifier votre look sans que vous soyez obligée de vous soumettre à des séances de maintien. Le choix des gestes qui vous valoriseront est fonction de deux critères exclusifs : votre ressenti et un miroir.

Les gestes, contrairement aux langues étrangères, s'apprennent avec une facilité déconcertante, puisqu'ils s'intègrent par imitation. Vos enfants ne font rien d'autre quand ils vous copient instinctivement pour vous ressembler et s'identifier à l'idole que vous représentez à leurs yeux. Plaire ou séduire ? Telle est la question qui se pose ! Celui ou celle qui cherche à plaire n'est pas forcément un séducteur.

Situations d'examen ou d'exception

J'entends par là toute situation qui est susceptible de déstabiliser la confiance en soi, la maîtrise des événements ou de heurter l'ego de la personne plongée dans ce type de situation. Cela comprend aussi bien un entretien d'embauche qu'une situation de séduction, une confrontation avec son chef ou l'obligation de convaincre un client, etc. Ces situations exceptionnelles entraînent très souvent une déconnexion de la conscience du corps et une difficulté à prendre les réactions de l'autre en considération. L'ego se recentre sur lui-même pour assurer la défense du territoire mental et les yeux deviennent aveugles aux évidences gestuelles qui se voient comme le nez au milieu du visage.

La stratégie du miroir

L'image de soi est l'image du roi qui règne sur un immense royaume. C'est aussi un immense miroir d'une existence qui se déroule sous les projecteurs de votre ressenti mais aussi sous le regard des autres. Image de soi, image publique ! Le danger qui vous guette est la banalisation de cette existence souvent construite, jour après jour, sur la répétition des stimulations, des situations et des actes. Si le roi s'ennuie dans son palais, le Moi s'absente, happé par le cortège morbide de ses pensées parasites. Il perd le fil d'Ariane de son présent. La nostalgie du passé resurgit à la surface de la conscience d'être pour protéger son futur du vide vertigineux qui l'attend sans impatience. Le passé ressuscite dans l'avenir comme une erreur qui traîne son cortège d'amertumes.

« C'était mieux avant », clame-t-il à qui veut l'entendre. Mais personne ne l'écoute. Ceux qui professent ce point de vue n'ont déjà plus d'avenir, juste un passé en conserve dont la date de préemption est dépassée. Le terrain du devenir n'est pas constructible dans ces conditions. Le passé brouille le reflet du miroir et oblitère l'image de soi du nostalgique. **Ceux qui rêvent d'avant n'ont pas d'après.** Ils conjuguent leur présent à l'imparfait. « Je voulais vous dire » : un mode verbal qui les rend prévisibles et repérables à vue de nez. Si le moi était un fonds de commerce, la plupart de ces amoureux du passé seraient en faillite.

La notion d'image est essentielle pour comprendre l'importance stratégique que revêt le langage du corps, comme je l'ai déjà évoqué auparavant. L'image publique est celle que les autres distinguent à travers les artifices (objets séducteurs) qui améliorent l'ordinaire. Elle est généralement très différente de l'image que vous percevez de vous-même et qui est l'image de soi. L'image sociale ou publique est forcément un reflet tronqué de l'image de soi dans la mesure où vous ne montrez jamais que l'endroit du décor. Un sourire poli répondant à l'inconnu qui vous demande un renseignement ne fait pas automatiquement de vous un individu convivial. Certains refrains ou tics gestuels peuvent contredire votre pseudo-sourire, vos affirmations ou vos professions de foi. Le sourire se fige ou se désincarne face à l'hostilité ou l'indifférence de l'interlocuteur. Nous avons tous vécu ce genre d'expérience désagréable. Plus le fossé entre l'image de soi et l'image publique s'élargit, plus vous sonnez faux, en quelque sorte.

Le Surmoi

La somme des interdits y est concentrée sous la férule des images parentales intériorisées. C'est, en somme, la police et le tribunal qui gèrent le niveau de moralité, freinent les conduites impulsives et érigent des barrières de défense pour protéger l'esprit de toute invasion. Un Surmoi fragilisé s'observe dans la reproduction de **croisements répulsifs** trop fréquents. Les femmes qui marchent les **bras croisés** révèlent également une perturbation de sa confiance en soi.

Le territoire mental

Au-delà du territoire socio-corporel que nous nous accordons en fonction de divers critères (statut social ou professionnel, espace privé ou bureau, catégorie de voiture, etc.), nous disposons d'un territoire mental. Ce territoire particulier est le siège de nos convictions, de nos doutes ou de nos motivations.

Il peut être envahi par le discours d'un manipulateur ou influencé par des croyances populaires auxquelles nous adhérons parfois pour des raisons de confort ou de sécurité. Les béni-oui-oui (**ceux qui hochent la tête en permanence**) acceptent cette invasion pour plaire à leurs interlocuteurs, quelle que soit, au demeurant, leur opinion qu'ils préfèrent garder pour eux. Ils cèdent une partie de ce territoire à l'autre pour se préserver.

L'extension de ce territoire mental est évidemment le territoire corporel. Le croisement des bras indique le mode de protection de ce territoire : **offensif ou défensif**.

Les tics gestuels

Les doigts restent croisés mais s'écartent au rythme du débit verbal de l'animateur. C'est Stéphane Bern dont le tic gestuel devient caricatural et indique à quel point l'animateur est mal à l'aise devant la caméra.

Les sourcils de la journaliste se soulèvent régulièrement pour ponctuer ses phrases. C'est Elise Lucet qui hypnotise les téléspectateurs de France 3 en usant d'un tic qui colle à son image de séductrice de masse.

Un tic gestuel est une marque de fabrique décalée ou non mais qui colle à l'image publique de son reproducteur. Les doigts du président Chirac reproduisent constamment le cercle digital pour exiger ou garantir ses promesses, les poings de boxeur du Premier ministre Jean-Pierre Raffarin sont autant de gestes intégrés à leur image respective et qui finissent par leur coller aux semelles comme un vieux chewing-gum. On se demande parfois qui est responsable de leur image publique.

Il ne faut pas confondre refrain gestuel et tic. Les tics apparaissent souvent quand le trac s'installe, mais si vous les apercevez hors d'un contexte d'exception, le pronostic de névrose est plus près de la vérité du sujet observé.

Épilogue

La séduction n'est pas une activité futile. Nous ne séduisons pas pour nous plaire mais parce que sans l'apport de la séduction l'Humanité n'existerait pas. C'est arrivé à cause de cette pomme ! Cette foutue pomme dont nous parle la Genèse et qui a valu à Adam et Ève d'être chassés du Paradis. Cette pomme maléfique est, paradoxe, le symbole du seul moyen de survivre au temps qui passe : le pouvoir de séduction. Cette conduite, considérée par beaucoup comme un divertissement frivole, est bien plus essentielle au devenir de l'humanité que certaines croyances philosophiques ou religieuses le prétendent, elles qui considèrent l'Homme comme une sorte de cloporte infrahumain tout juste bon à se reproduire sans conscience, sans désir et sans plaisir. Un coup d'œil à la nature suffit à balayer toutes les objections possibles : séduire est un besoin essentiel, au même titre que le besoin d'apprendre, de comprendre, de rêver, d'espérer, d'aimer ou de s'accomplir. À l'instar de la Nature qui a fixé les couleurs ou les parfums des fleurs, la séduction n'est pas laissée au hasard des rencontres aléatoires entre individus. Je veux croire qu'il existe une « Nature humaine » dont les règles sont écrites au sein de l'inconscient individuel ou collectif. Je veux croire à un certain déterminisme commandé par des instances bio-psychologiques subconscientes.

Si le hasard était le meneur de jeu, combien de chances auriez-vous eu de rencontrer l'homme de votre vie ? Une sur plusieurs millions ? Les amoureux seraient comme les perdants de la Française des Jeux : cocus, innombrables et indénombrables.

Pour clôturer cet ouvrage, je vous propose d'imaginer brièvement un modèle de fonctionnement du phénomène de la séduction qui rassurera ceux ou celles qui croient que le destin les a abandonnés sur la bord de la route. Je pars du principe élémentaire que chaque être humain est important à ses propres yeux et à ceux de la collectivité inconsciente, dont il est un élément indispensable. Aucune société animale ou humaine ne tiendrait la route, si son fonctionnement ne reposait pas sur ce principe fondamental.

L'inconscient programme l'enchaînement des événements qui conduira le *moi* de Pierre à Jacques, de Jacques à Sandrine, de Sandrine à l'objectif assigné et connu par les forces obscures qui guident le *moi* vers son destin, à savoir la meilleure amie de Sandrine : Marie-Pierre. Il sait, l'inconscient, que Marie-Pierre existe avant que la conscience n'en soit informée. Il prépare le *moi* à cette rencontre essentielle qui débouchera sur une histoire d'amour. Sur un remède contre le pire ennemi de l'amour : la peur de la mort, solution finale et éternelle. Le *moi* hypnotisé hypnotisera l'inconscient complice de celui de Marie-Pierre. Les règles de la fascination ne s'exercent jamais sans préalable, sans une préparation rigoureusement inconsciente de celui, de celle ou de ceux qui en seront les cibles. Dans ce dernier cas de figure, l'histoire peut paraître idyllique. Une histoire d'amour qui débute ne l'est-elle pas toujours ?

Mais l'inconscient ne s'embarrasse pas de serments amoureux. Il programme le commencement et connaît déjà l'issue heureuse ou malheureuse qui attend les amants. L'inconscient ne peut se permettre de cultiver des états d'âme ! Il fonctionne sur le mode utilitaire, nécessaire et indispensable à la préservation de l'ensemble corps-esprit dont il a la charge. La raison d'État subconsciente prime le désir verbalisé de la conscience. L'instinct de survie, égoïste par définition, prévaut dans tous les cas. Il faut se survivre en procréant, en donnant naissance à des héritiers pour avoir droit à la vie éternelle, se survivre en conservant une image idéale de soi qui conservera le même âge jusqu'à l'issue du contrat. Le corps peut vieillir mais l'esprit est doué d'éternelle jeunesse. Comment pourrait-il (se) séduire autrement ? Chacun a droit a sa part de bonheur, il suffit de mordre dans une pomme pour découvrir le secret de la séduction. D'ailleurs, vous connaissez ce proverbe fameux anglais librement traduit et adapté à la culture française : « An apple a day keep the doctor away ».

« Une pomme par jour et vous rencontrerez le grand amour »

Joseph MESSINGER

Index gestuel thématique

C

D

E

F

G

H

I

N

O

P

T

V

W

Y

Z

Index des personnes et émissions citées

Bibliographie

Love Signals, DB Givens (Crown - New York)

Human Sexual Response, W. Masters, H. & V.E. Johnson (Churchill - London)

Le Piercing : des rites ancestraux à la pratique moderne, Véronique Zbinden (Éditions Favre)

Les Tatouages du milieu, Jacques Delarue (Éditions L'Oiseau de Minerve)

L'Art d'aimer, Erich Fromm (EPI)

Des Médicaments contre le chagrin d'amour, Dr Jacqueline Renaud (Science et vie n° 789)

The expression of the emotions in man and animals, C. Darwin (Joh, Murray-London)

The silent language, E.T. Hall (Doubleday – New York)

Body language, A. Pease (Sheldon Press – London)

Origins, usage and coding of non verbal behavior, Paul Ekman (Étude du centre d'enquêtes sociales de Buenos Aires – Argentine)

La Magie du corps, Desmond Morris (Grasset)

L'Intelligence émotionnelle, D. Goleman (Robert Laffont)

L'Inhibition de la l'action, H. Laborit (Masson)

La Clef des gestes, D. Morris (Grasset)

Le Singe nu, D. Morris (Grasset)

Le Couple nu, D. Morris (Grasset), Le Livre de Poche

Qu'est-ce que la suggestologie ?, Jean Lerède (Privat)
L'Ambiguïté humaine, Maurice Auroux (Buchet/Chastel)
Pourquoi les hommes n'écoutent jamais rien..., Allan et Barbara Pease (First)
Pourquoi les hommes mentent et les femmes pleurent, Allan et Barbara Pease (First)
La Genèse (Extrait)
Le Cœur de l'Homme, Erich Fromm (Payot)

Table des matières

DEUXIÈME PARTIE

Impression réalisée par

CPI
Brodard & Taupin

52258 – La Flèche (Sarthe), le 15-05-2009
Dépôt légal : mai 2006
Suite du premier tirage : mai 2009

POCKET – 12, avenue d'Italie - 75627 Paris cedex 13

Imprimé en France